AF574208

365 FOTO'S PHOTOS IMAGES BILDER 1914-1918

365 FOTO'S PHOTOS IMAGES BILDER 1914-1918

Julus Serafien D'haene & André Gysel

LANNOO

INLEIDING

Toen in de zomer van 1914 de 'Grote Oorlog' begon, had de fotografie al een hele ontwikkeling achter de rug. Tijdens de oorlog schaften veel welgestelde soldaten zich een zakcamera aan en maakten ze opnames op glasplaatjes, een techniek die wij niet meer kennen, maar waarvan er nog veel negatieven bestaan. Privéfotoalbums uit die tijd sluimeren in lades of worden door verzamelaars gekoesterd. Honderdduizenden kiekjes werden er genomen. Maar ook perscamera's lieten zich niet onbetuigd en waren om veel redenen heel actief, want het publiek wou beelden zien van de strijd.
De officiële oogst is indrukwekkend. Tijdens de oorlog verzorgde de Brusselse uitgever Van Cortenbergh het tijdschrift *L'Evénement (De Gebeurtenis)* onder het toeziende oog van de Duitse censuur. De Centralen, dat zijn Duitsland en zijn bondgenoten, pakten uit met *Illustrierter Kriegs-Kurier (De Geïllustreerde Oorlogskoerier)* en voorzagen elke foto van meertalig commentaar. De Britten verzorgden hun *War Pictorial*. Eind 1915 begreep onze regering dat de fotografie een belangrijk element kon zijn om een propagandaoorlog te voeren. Met levensechte beelden konden ze immers de Verenigde Staten overtuigen aan de strijd deel te nemen en zo het kleine onder de voet gelopen België te helpen. Zo ontstond de Service Photographique de l'Armée Belge, die de Belgische sector in de IJzervallei vanaf eind 1915 in beeld bracht. Het doel van die verzameling was om een bewijs te hebben van de Belgische oorlogsinspanningen. Na de oorlog haastte de uitgeverij Van Cortenbergh zich om in 1919 360 beelden uit te geven in sepiakleur onder de titel *N'oublions jamais*, als losse prenten in dertig mapjes van twaalf foto's of in twee boeken, zonder veel commentaar. Een aantal van die foto's verscheen ook als briefkaart of werd als briefhoofd gedrukt, ten voordele van de oorlogsweduwen en -wezen. Als resultaat van een merkwaardige Frans-Duitse samenwerking verscheen in 1930 *Ce qu'ils ont vu (Wat zij gezien hebben)* met een verrassend goede fotokwaliteit maar soms wrede beelden, die na de oorlog wel door de mazen van de censuur glipten.

365 foto's 1914-1918 verzamelt de reeks *N'oublions jamais*, verrijkt met beelden die zorgvuldig geselecteerd werden door Julus Serafien D'haene en André Gysel. Elke foto in dit boek illustreert op een menselijke manier het dagelijkse leven tijdens de Eerste Wereldoorlog.

N'oublions jamais kan in twee delen worden opgesplitst: een eerste deel toont mensen aan het front, een tweede deel ruïnes. Vooral stukgeschoten kerken komen merkwaardig genoeg vaak aan bod, verspreid over de hele frontzone, als bewijs van de barbaarsheid van de Hunnen, zoals de Duitsers ook wel genoemd werden. De drie Frontsteden vormen veelal de setting van de beelden: Nieuwpoort tijdens de oorlog, Diksmuide erna omdat het tijdens de oorlog door de Duitsers bezet was, en Ieper, met de Britse sector. Loopgraven met indrukwekkende stapelwerken van Belgische soldaten ontbreken niet, evenmin als tragische, maar prachtige beelden van de onderwaterzetting van een deel van de IJzervallei.
Toch vormt de militaire verschijning de rode draad in het beeldmateriaal. Daardoor kunnen de beelden gewoon chronologisch worden gerangschikt, al ontbreekt de datering vaak. Die kunnen we dan achterhalen aan de hand van de bewapening, de kleding of een ander element. Soms kan ze helemaal niet bepaald worden.

De platen hadden we volgens bepaalde 'thema's' kunnen indelen. Zo zijn er de beelden met gewonden die gedragen of verpleegd worden op een brancard, of beelden die het dagelijkse leven in de loopgraven illustreren, het ontspanningsleven, de wapens tijdens de stellingenoorlog, de munitiefabrieken met burgers, de schildwachten bij de voetbruggetjes, de ijzige winters, de geniewerkzaamheden, de vliegtuigen, de artillerie, regimenten die naar het front marcheren, enzovoort.
Af en toe zien we een belangrijk personage verschijnen. Zo is er bijvoorbeeld koning Albert I, koningin Elisabeth, kroonprins Leopold, dokter Depage, de Franse president Poincaré en de geallieerde opperbevelhebber Foch.
De gevechtsscènes op de beelden zijn hoogstwaarschijnlijk geënsceneerd, al zijn uitzonderingen mogelijk. De soldaten dragen bijvoorbeeld niet altijd de helm die ze in november 1915 allemaal kregen of hebben geen dekking. Bovendien is het ongeloofwaardig dat de Duitse kogels boven de hoofden van de fotografen vlogen. Of waren die kerels echt zo gek om hun leven te riskeren?

Hoe gingen de fotografen met de dood om? Er zijn geen beelden van Belgische gesneuvelden. Maar wel een paar van Duitse, waarbij je de indruk krijgt dat onze soldaten zonder respect op hun lijken neerkijken. De graven van de Belgische soldaten, die dicht bij het front hun rustplaats kregen, werden goed verzorgd. Ze dragen een kruis omdat bijna alle Belgen christelijke jongens waren, ze zijn met bloemen getooid en met wapens, zoals geweren en granaten. Zoveel eer kregen de Duitse soldaten niet, zoals blijkt uit een beeld met vier lijken, waarvan de stoffelijke resten tot op vandaag niet op een militaire begraafplaats geborgen zijn.

De fotografie is een heel belangrijke factor in de bewustmaking van het publiek over de mensonwaardige toestanden in elke oorlog. Een aantal beelden blijft op het netvlies gebrand en houdt de herinnering aan de wreedheden van de Eerste Wereldoorlog meer dan levendig. Dat, samen met een eerbetoon aan alle gesneuvelden, is uiteindelijk ook de bedoeling van deze publicatie.

In *365 foto's 1914-1918* hebben we ervoor gekozen de beelden chronologisch te rangschikken. De beelden behouden de originele nummering uit de reeks *N'oublions jamais*. Elk beeld heeft een Romeins cijfer en een Arabisch cijfer. Het Romeinse cijfer verwijst naar een van de dertig mapjes waartoe het beeld behoorde tijdens de eerste uitgave, en het Arabische cijfer naar de volgorde in dat mapje. Verder is de volgorde in die eerste uitgave volledig willekeurig.
De beelden kregen in de oorspronkelijke uitgave slechts één zinnetje uitleg, in het Frans. Dit bronzinnetje hebben we zoveel mogelijk overgenomen met hier en daar noodzakelijke aanpassingen die (waar nodig) gerechtvaardigd worden onder de titel 'verbeteringen Franse brontekst'. Julus Serafien D'haene nam het initiatief om het werk in vier talen uit te brengen en verrichtte het opzoekingswerk bij het opmaken van de indexen. André Gysel bekommerde zich om de kaarten en de tijdlijn en kroop in de pen om vijfenveertig beelden van uitgebreidere commentaar te voorzien.

INTRODUCTION

Quand la « Grande Guerre » éclata au cours de l'été 1914, la photographie avait déjà connu un développement considérable. Beaucoup de soldats aisés s'étaient achetés un appareil de poche et développaient leurs clichés sur des plaques en verre, un procédé qui n'est plus utilisé aujourd'hui mais dont on a conservé bon nombre de négatifs. Des albums privés datant de cette époque sommeillent encore dans les tiroirs ou sont jalousement conservés par des collectionneurs. Des centaines de milliers de clichés ont été pris. Les appareils photo de presse ne chômèrent pas non plus pendant les conflits, cela, pour diverses raisons. Le public voulait en effet voir des images des combats.
Le rendement officiel est impressionnant. Pendant la guerre, le magazine *L'Événement* était publié par l'éditeur bruxellois Van Cortenbergh, sous l'œil attentif de la censure allemande. Les empires centraux, c'est-à-dire l'Allemagne et ses alliés, faisaient paraître *l'Illustrierter Kriegs-Kurier*, un illustré hebdomadaire, dont chaque photo était commentée en plusieurs langues. Les Britanniques publiaient leur *War Pictorial*. Fin 1915, notre gouvernement prit conscience de l'importance de la photographie pour mener une propagande de guerre et convaincre ainsi les États-Unis à venir en aide à la Belgique, écrasée dès le début des hostilités. C'est ainsi que naquit le Service Photographique de l'Armée Belge, qui documenta désormais le secteur belge de l'Yser, toujours dans le but de réaliser une collection destinée à illustrer les efforts de guerre de notre pays. Une fois la paix signée, en 1919, la maison Van Cortenbergh se hâta de publier, sous le titre *N'oublions jamais*, 360 photos couleur sépia. Il parut d'une part trente carnets de douze photos, de l'autre deux albums, dans lesquels les clichés étaient assortis de brefs commentaires. Certaines furent également éditeés sous forme de carte postale ou imprimeés comme en-tête de lettre, le tout au profit des veuves et des orphelins de guerre. La série « Ce qu'ils ont vu », produit d'une remarquable collaboration franco-allemande, parut en 1930 avec une qualité technique étonnamment bonne. Après la guerre, des images parfois atroces passèrent ainsi au travers des mailles de la censure.

365 photos 1914-1918 réunit la série *N'oublions jamais* enrichie de photos soigneusement sélectionnées par Julus Serafien D'haene et André Gysel. Cet ensemble illustre avec humanité la vie quotidienne pendant la Première Guerre mondiale.

La série *N'oublions jamais* peut être scindée en deux parties: l'une montre des hommes au front, l'autre des ruines. Cette seconde partie présente un nombre étonnant d'églises détruites, éparpillées sur toute la zone du front, attestant de la barbarie des « Huns », comme on surnommait alors les Allemands. Les trois villes de front forment souvent le décor des photos: Nieuport pendant la guerre, Dixmude après celle-ci (car sous occupation allemande pendant la guerre) et Ypres, qui faisait partie du secteur britannique. Les photos de tranchées, brillamment renforcées par nos soldats, sont légion, de même que les images à la fois tragiques et magnifiques de l'inondation d'une partie de la vallée de l'Yser.

Toutefois, ce sont les événements militaires qui constituent le fil rouge de ce matériel visuel. De ce fait, la série peut être classée chronologiquement, même si les dates font souvent défaut. Il est possible de les retrouver à l'aide de l'étude des armements, tenues vestimentaires et autres éléments visibles sur les photos. Il arrive hélas parfois que la date ne puisse être déterminée. Les images auraient tout aussi bien pu être classées par rubriques, comme les soins donnés aux blessés ou le transport de ces derniers sur des brancards, la vie quotidienne dans les tranchées, les loisirs, l'armement dans la guerre de positions, les usines de munitions avec des civils, les sentinelles près des passerelles, les hivers glacés, les travaux du génie, les avions, l'artillerie, les régiments se rendant au front, etc.
Les personnages importants ne sont pas non plus absents de ces clichés. On y aperçoit non seulement le roi Albert Ier mais aussi la reine Élisabeth, le prince héritier Léopold, le docteur Depage, le président français Poincaré, le maréchal Foch, etc.
On peut supposer que les scènes de combat, à quelques exceptions près, ont été reconstituées de toutes pièces. On constate en effet que les soldats y portent parfois un autre casque que celui qu'ils ont tous reçu en novembre 1915. De plus, ils apparaissent souvent sans couverture. Or, les photographes n'étaient pas immunisés contre les balles allemandes et sûrement pas assez fous pour risquer leur vie.

Comment les photographes ont-ils abordé la mort? Il n'existe pas d'images de soldats belges tombés au champ d'honneur, mais certaines mettant en scène des victimes allemandes existent bel et bien, donnant ainsi l'impression que nos soldats manquaient de respect à leur égard. Les tombes des soldats belges qui ont trouvé une dernière demeure à proximité du front ont été bien entretenues. Elles ont été pourvues d'une croix – la majorité des soldats étaient en effet catholiques – et décorées de fleurs et d'armes, telles que des fusils et des grenades. Tant d'honneur n'a pas été rendu aux soldats allemands, comme en témoigne par exemple une image montrant trois cadavres dont les dépouilles n'ont pas été transportées dans un cimetière militaire.

La photographie constitue un facteur très important dans la conscientisation du public quant aux conditions dégradantes créées par toute guerre. Certaines images restent gravées dans les mémoires et permettent de conserver un souvenir très net des atrocités commises lors de la Première Guerre mondiale. Tel est finalement le but de cette publication, qui constitue également un hommage à tous les hommes tombés au champ d'honneur.

Dans *365 photos 1914-1918*, nous avons opté pour un classement chronologique. Les clichés conservent la numérotation originale de la série *N'oublions jamais*. Chacun porte un chiffre romain et un chiffre arabe. Le premier renvoie à l'un des trente dossiers dont la photo faisait partie dans la première édition, le second à l'ordre de succession dans ce dossier. À noter que l'ordre de succession de cette première édition est totalement arbitraire.
Dans l'édition originale, les photos n'étaient accompagnées que d'une courte phrase en français. Nous l'avons reprise moyennant quelques adaptations çà et là. Vous pouvez retrouver ces adaptations dans le chapitre « correction texte français de source », en fin d'ouvrage, où vous trouverez également un index. Nous devons à Julus Serafien D'haene l'initiative d'éditer cet ouvrage en quatre langues et les recherches nécessaires à l'établissement des index. André Gysel s'est chargé de réaliser les cartes et la ligne du temps et a mis la main à la plume pour commenter quarante-cinq photos.

INTRODUCTION

When the Great War began in the summer of 1914, the relatively recent art of photography had already come a long way. During the war, many of the more well-to-do soldiers bought themselves a portable camera which allowed them to make photographs on sensitive glass plates – a technique with which we are no longer familiar but for which thousands of negatives still exist. For many years, these photographs gathered dust in family albums, cherished only by relatives and a few dedicated collectors. These 'amateur' photographers made an untold number of photographs for 'the folks back home', but the press photographers were just as active, and for the same reason: the public wanted to know what the war was really like.

This official 'harvest' was impressive, both in terms of quantity and quality. For example, during the war years, the Brussels publishing house Van Cortenbergh produced the magazine *L'Evénement* (The Event) under strict German censorship. The Central Powers – Germany and her allies – published a similar weekly photo magazine of their own – *Illustrierter Kriegs-Kurier* (The Illustrated War Courier) – which images had comment in various languages. In Great Britain, *War Pictorial* enjoyed great popularity. By the end of 1915 the Belgian government was beginning to understand that photography could be an important weapon in the propaganda war. With real-life pictures they might after all be able to persuade the United States to join the conflict and come to the aid of 'brave little Belgium'. This realisation led to the creation of the Belgian Army Photographic Service, which from the end of 1915 recorded the action in the Belgian sector of the front along the Yser. The purpose of this collection was also to provide proof of the heroic Belgian contribution to the Allied cause.
After the war, in 1919, the publishers Van Cortenbergh rushed to produce a commemorative series of 360 sepia photographs under the title *N'oublions jamais* (Lest We Forget). These photographs were either sold loose in thirty separate packs of twelve photos each, or in two bound volumes with little text: it was intended that the images should speak for themselves. Some of these photographs were also sold as postcards or were printed as letterheads for the purpose of raising money for war-widows and war-orphans. One of the most remarkable projects of this kind was the 1930 publication of *Ce qu'ils ont vu* (What They Saw) – a Franco-German collaboration. The photographic quality was surprisingly good and surprisingly realistic, with sometimes gruesome images which were allowed to slip through the censor's net now that the war was over.

In *365 images of 1914-1918* the series of *N'oublions jamais* has been enriched by images which were carefully selected by Julus Serafien D'haene and André Gysel. Each photo in this book illustrates the human side of daily life during the First World War.

The photographs in *N'oublions jamais* can be broadly divided into two different categories. A first part shows the lives of people at the front, a second part depicts the ruins of buildings in the front region. Particularly a remarkable number of shell-shattered churches from across the length and breadth of the front zone were shown, designed to provide 'proof' of the barbarity of the Hun (as the Germans were then generally called). Prominent amongst this collection are shots of the three 'front towns': Nieuwpoort during the war, Diksmuide after the war (it was occupied by the Germans until October 1918) and Ypres (which was in the British sector). There are also numerous photographs of the trenches, with their impressive constructions of sandbags and Belgian soldiers, and of the tragic, but impressive pictures of the flooded valley of the Yser.

Even so, the 'military' images form the connecting theme of the visual material. This is why the photographs could be arranged chronologically, although in many cases a specific date is not known. However, particular types of clothing, weaponry or equipment can often provide a clue, although in several instances the date remains unknown.

Equally, the pictures could have been classified by 'themes', such as images of carrying or nursing the wounded on stretchers, daily life in the trenches, rest and recreation, trench weaponry, civilian munitions factories, guards and footbridges, winter cold, engineering works, planes, artillery, marching to the front, etc. Occasionally we see important people appearing, such as king Albert I, queen Elisabeth, crown prince Leopold, docteur Lepage, president Poincaré of France, the allied commander-in-chief marshal Foch, etc.
It is probably reasonable to assume that the battle scenes – with a few possible exceptions – were deliberately 'posed' in the reserve lines or behind the front. For example, the soldiers are not always wearing the helmets which they were issued with in November 1915, or they have no cover. Moreover, it seems unlikely that the photographers would risk their lives for 'true life' shots, when they could 'fake' the same scenes just as dramatically, but in much safer locations.

How did the photographers deal with images of death? The series contains no photographs of dead Belgian soldiers, but several show German casualties. These often give the impression that the Belgian soldiers viewed the bodies of their enemies without respect. In contrast, several photographs show that the graves of the Belgian fallen near the front were well maintained by their comrades. As most of the Belgians were Christians, their graves were marked with a cross and were decorated with flowers, and (perhaps more curiously) rifles and shell-cases. Much less honour was accorded to the German dead, as witnessed by the photograph of the four German bodies, whose remains were destined never to find their way into one of Flanders many military cemeteries.

Photography is a crucial factor in making the public aware of the inhuman conditions which prevail in every war. Some of the images will remain in our memory, and will keep alive the memory of the atrocities of the First World War. That, together with our homage to all who died, is the main purpose of this publication.

In *365 images of 1914-1918* we have chosen to show the pictures in chronological order. The pictures keep their original numbering from the set in *N'oublions jamais*. Each picture has a Roman and an Arabic number. The Roman number is a reference to one of the thirty files in which the picture appeared in the first publication, and the Arabic one to its place in that file. Moreover, the order of the pictures in that first publication was completely random.
In the original publication the pictures were only given one line of explanation, in French. We have adopted that line, with the occasional amendment. You can find the amendments listed at the back in the chapter headed 'emendation french source text'. You will also find an index at the back of this book. Julus Serafien D'haene took the initiative to bring out this book in four languages and he did the research on compiling the indexes. André Gysel was concerned with the maps and the time line and he put pen to paper in order to provide forty-five images with extended comment.

EINLEITUNG

Als im Sommer 1914 der so genannte Große Krieg begann, hatte die Fotografie schon eine beträchtliche Entwicklung hinter sich. Viele wohlhabende Soldaten schafften sich eine Pocket-Kamera an, mit der sie auf kleinen Glasplatten Aufnahmen machten – eine Technik, die es heute nicht mehr gibt, von der aber noch viele Negative existieren. Private Fotoalben aus dieser Zeit schlummern in Schubladen vor sich hin oder werden von Sammlern gehegt und gepflegt. Es wurden hunderttausende solcher Schnappschüsse gemacht. Aber auch Pressekameras standen nicht zurück und wurden aus den vielfältigsten Gründen eingesetzt. Schließlich wollte die Öffentlichkeit den Kampf auf Fotos mitverfolgen.

Die offizielle Ausbeute ist beeindruckend. Der brüsseler Verleger Van Cortenbergh betreute beispielsweise während des Krieges, unter Aufsicht der deutschen Zensur, die Zeitschrift *L'Evénement (Die Begebenheit)*. Die Mittelmächte, Deutschland und seine Bundgenossen, warteten ihrerseits mit dem *Illustrierter Kriegs-Kurier* und versahen jedes Foto mit einem mehrsprachigen Kommentar. Die Britten wiederum gaben das *War Pictorial* heraus. Ende 1915 wurde unserer Regierung klar, dass man sich die Fotografie in einem Propagandakrieg zunutze machen konnte. So ließen sich die Vereinigten Staaten schließlich dazu bringen, dem kleinen, überrannten Belgien zur Hilfe zu eilen, indem sie sich am Krieg beteiligten. Das war die Geburtsstunde des „Service Photographique de l'Armée Belge", der ab Ende 1915 den belgische Sektor im IJzertal fotografisch darstellte. Das Ziel dieser Sammlung war es die belgischen Kriegseinsätze zu dokumentieren. 1919, also unmittelbar nach dem Krieg veröffentlichte der Van Cortenbergh-Verlag 360 Sepia-Fotos unter dem Titel *N'oublions jamais* (dt. Lasst uns nie vergessen). Es gab sie als lose Aufnahmen in dreißig Mäppchen zu zwölf Fotos oder in Form von zwei Büchern, mit nur wenigen Kommentaren. Manche dieser Fotos wurden auch als Postkarte oder Briefkopf gedruckt. Das damit eingenommene Geld kam wiederum Kriegswitwen und Kriegswaisen zugute. 1930 erschien, als Ergebnis einer außergewöhnlichen französisch-deutschen Zusammenarbeit, die Reihe *Ce qu'ils ont vu (dt. Was sie gesehen haben)*, deren Bilder von erstaunlich hoher Qualität waren. Die manchmal sehr grausamen Bilder wurden nach Kriegsende nicht mehr so stark zensiert.

365 Bilder 1914-1918 ist eine um Fotos ergänzte Reproduktion der Reihe *N'oublions jamais*. Die Bilder wurden von Julus Serafien D'haene und André Gysel sorgfältig ausgewählt. Jedes Foto dieses Bildbandes illustriert auf humane Weise den Soldatenalltag im Ersten Weltkrieg.

Die Reihe *N'oublions jamais* behandelt im Grunde zwei Hauptthemen: Sie zeigt entweder Menschen an der Front oder Ruinen. Zur letzten Gruppe zählen erstaunlich viele zerschossene Kirchen, über die gesamte Frontzone verteilt, als Beleg für die Barbarei der Hunnen, wie die Deutschen gelegentlich genannt wurden. Häufig sind die drei Frontstädte auf den Bilder thematisiert: Nieuwpoort zur Zeit des Krieges, Diksmuide danach – denn es wurde von den Deutschen besetzt während des Krieges – sowie Ypern, das zum britischen Sektor gehörte. Es fehlt nicht an Schützengräben mit beeindruckenden Konstruktionen aus Sandsäcken, genannt „vaderlandertjes". Genauso wenig wie die tragischen, aber prächtigen Aufnahmen von der teilweisen Überflutung des IJzertals. Der weitaus größte Teil des Bildmaterials gilt allerdings der Darstellung militärischen Alltags.

Dadurch lässt sich die Reihe relativ einfach chronologisch ordnen, auch wenn oft eine Datierung fehlt. Diese muss dann anhand der Bewaffnung, der Kleidung oder eines anderen Elements herausgefunden werden. In manchen Fällen gibt es jedoch keinen einzigen zeitlichen Anhaltspunkt.

Man hätte die Bilder auch nach anderen Themenbereichen einteilen können. Es sind beispielsweise der Transport oder die Versorgung von Verwundeten auf Tragen zu sehen, darüber hinaus Alltagsszenen in den Schützengräben, Phasen der Entspannung, die Bewaffnung im Stellungskrieg, Zivilisten in den Munitionsfabriken, Wachposten bei den Fußgängerbrücken, Szenen in den eiskalten Wintern, Pioniertätigkeiten, Flugzeuge, die Artillerie, an die Front marschierende Regimenter usw.
Gelegentlich tauchen auch wichtige Persönlichkeiten auf. So ist unter anderem König Albert I zu sehen, aber auch Königin Elisabeth, Kronprinz Leopold, Doktor Depage, der französische Präsident Poincaré, der alliierte Oberbefehlshaber Foch.
Wir müssen davon ausgehen, dass die Kampfszenen – von einigen Ausnahmen abgesehen – inszeniert sind. Manchmal tragen die Soldaten beispielsweise einen anderen Helm als den, der an jeden Waffenträger im November 1915 ausgeteilt wurde. Außerdem stehen die Soldaten auf Fotos oft deckungslos da. Da auch Fotografen nicht gegen deutsche Kugeln immun sind, waren sie wohl kaum so dumm, ihr Leben zu riskieren.

Wie gingen die Fotografen mit dem Thema Tod um? Es gibt keine Bilder von belgischen Gefallenen, jedoch ein paar von deutschen. Diese Fotos vermitteln den Eindruck, als schauten unsere Soldaten ohne Respekt auf die deutschen Leichen herab.

Die Gräber der belgischen Soldaten, die ihre letzte Ruhestätte nahe der Front bekamen, wurden gut gepflegt. Da es sich fast ohne Ausnahme um junge Christen handelte, bekamen alle ein Kreuz. Auf den Gräbern legte man Blumen und Waffen nieder wie Gewehre oder Granaten. Soviel Ehre wurde den deutschen Soldaten nicht zuteil, was man z. B. an dem Bild sieht, auf dem vier Leichen zu sehen sind, deren sterbliche Überreste bis heute nicht auf einem Militärfriedhof beigesetzt wurden.

Die Fotografie spielt eine vorrangige Rolle darin, das öffentliche Bewusstsein auf die menschenunwürdigen Zustände in eines jeden Krieges zu lenken. Manche dieser Bilder bleiben im Gedächtnis haften und halten die Erinnerung an die Grausamkeit des Ersten Weltkriegs mehr als wach. Dies ist, neben der Ehrung aller Gefallenen, der eigentliche Grund für diese Veröffentlichung.

Für den Bildband *365 Bilder 1914-1918* fiel die Entscheidung zugunsten einer chronologischen Reihenfolge der Fotos. Die originale Nummerierung aus dem Band *N'oublions jamais* wurde beibehalten. Jedem Foto ist eine römische und eine arabische Ziffer zugeordnet. Die römische Ziffer verweist auf den entsprechenden der dreißig Kartenauszüge, zu dem das jeweilige Foto in der Erstausgabe gehörte, und die arabische Ziffer bezieht sich auf die spezifische Reihenfolge in dieser Karte.
In der ursprünglichen Ausgabe wurden die Fotos jeweils lediglich durch einen einzigen Satz in französischer Sprache erklärt. Den Satz haben wir übernommen und nur in einigen Fällen etwas abgeändert. Diese Änderungen lassen sich im Kapitel „Verbesserung Quellentext" am Schluss dieses Bildbandes nachvollziehen. Dort ist auch ein Index zu finden. Der Verlauf des Weltkrieges wird durch eine Zeittabelle und einige Karten auf den folgenden Seiten genauer verdeutlicht. Julus Serafien D'haenes Initiative ist es zu verdanken, dass der Titel in vier Sprachen herausgegeben wird. Er sorgte für die nötige Recherche beim Erstellen der Indizes. André Gysel kümmerte sich um die Landkarten und die Zeittafel und griff zur Feder, um die fünfundvierzig Fotos mit einem ausführlicheren Kommentar zu versehen.

1914-1918: GLAZEN PLATEN VERTELLEN...

De fototheek van het Koninklijk Museum van het Leger en de Krijgsgeschiedenis bewaart honderdduizenden afdrukken op papier; sommige dateren van het midden van de 19de eeuw. Naast deze afdrukken conserveert de afdeling eveneens duizenden glazen platen, vooral over de Eerste Wereldoorlog. De Grote Oorlog is ongetwijfeld het eerste belangrijke conflict dat in het fotografisch geheugen wordt bewaard. Nu de honderdste verjaardag van het begin van het conflict eraan zit te komen, heeft het museum besloten om zijn fotografische patrimonium van 1914-1918 te herwaarderen en meer bepaald bijzondere aandacht aan de onschatbare verzameling glazen platen te besteden.

Deze collectie sijpelde vanaf het midden van de jaren 1920 het museum binnen en telt vandaag zo'n 35.000 platen – positieven en negatieven op glas – van diverse formaten, met inbegrip van stereoscopische beelden. Het leeuwendeel hebben we aan de Fotografische Dienst van het Belgische Leger te danken. Deze officiële dienst, gesticht in het kielzog van zijn Franse tegenhanger, zag het licht op 5 november 1915. Conform de wensen van de minister moest de dienst een fotografisch archief met historische documentatie over de oorlog aanleggen dat was bestemd voor de opleiding van de jeugd én voor het illustreren van propaganda-artikels die in het buitenland zouden verschijnen. Om deze opdracht tot een goed einde te brengen, richtte de dienst drie departementen op die respectievelijk instonden voor archivering, reportage en propaganda. Gewapend met speciale toelatingen dweilden fotografen het front af op zoek naar beeldmateriaal. Om de eigen productie te vervolledigen, ging de dienst tijdens de eerste achttien maanden van de oorlog ook opnames van privépersonen verzamelen. Ondanks het verbod hadden talrijke soldaten toch een fototoestel meegesmokkeld en zo werden ontelbare beelden van het dagelijkse leven van de militairen geschoten. Het fotografische geheugen van het begin van de oorlog werd – bij gebrek aan een officiële dienst – door dergelijke beelden gevoed, en door foto's van persagentschappen. Na de wapenstilstand telde de verzameling van de Fotografische Dienst niet minder dan 26.000 platen. Ongeveer negen tienden van de publicaties uit die tijd werden met precies die beelden geïllustreerd. De officieren die overal in het land voordrachten over de oorlog hielden, konden over een op maat gemaakt iconografisch fonds beschikken en alle initiatieven ten voordele van de oorlogsslachtoffers, zoals bijvoorbeeld de reeks heliogravuren die onder de titel *N'oublions jamais* verscheen, vonden er het nodige materiaal. De dienst werd in 1926 ontbonden en de bevoegdheden werden van dan af gedeeltelijk door de Cinematografische Dienst van het Belgische Leger overgenomen.

De Eerste Wereldoorlog bevestigde het belang en de waarde van de fotografie als informatiebron, propagandamiddel, vehikel voor de herinnering of kunstwerk, maar daarbij werden de fotografen vreemd genoeg over het hoofd gezien. Ze werden louter als ambachtslui gezien, mensen die aan dienstverlening deden. De meesten bleven anoniem, slechts sommigen slaagden erin om na de oorlog een reputatie op te bouwen.

De glazen platen stonden lange tijd in de schaduw van de papieren afdrukken, maar vandaag staan ze volop in de belangstelling van erfgoedconservatoren.

Gedurende vele decennia draaide het louter om de inhoud van de foto's. Het andere, minstens even belangrijke aspect is de materiële vorm: een foto is en blijft een artefact, het resultaat van een creatief proces dat het moment van de opname duidelijk overstijgt. Het gekozen onderwerp en de afmetingen van het beeld, de interpretatie bij de uitvergroting, het voor echt verklaren door middel van een handtekening, de sfeer die door de gebruikte materialen wordt opgeroepen of de slijtagesporen die op een gebruikscontext wijzen, zijn evenveel elementen in dat proces. Elke serieuze conserveringsinspanning op het gebied van fotografisch erfgoed moet zich eerst en vooral toespitsen op de vrijwaring van de originele opname. Het gebruikte materiaal levert zeker evenveel historische, culturele en esthetische informatie als het beeld zelf. De digitalisering van de platen is in dat opzicht slechts een bijkomende stap op weg naar de conservering van het visuele geheugen van onze maatschappij. Het origineel wordt beschermd omdat manipulatie bij herhaalde raadpleging niet meer hoeft. Daarnaast vereenvoudigt de toegang tot de beeldinformatie wat zeker interessant is voor reproductie en verspreiding in de media. Dat wil echter niet zeggen dat we ons niet meer om de originele dragers hoeven te bekommeren. Het zijn immers veelzeggende werken die aan de toekomstige generaties moeten worden doorgegeven. De inspanningen van het museum inzake vrijwaring en opwaardering van de verzameling glazen platen passen volledig in deze logica.

Anne Godfroid

Titularis van het Documentatiecentrum

Koninklijk Museum van het Leger en de Krijgsgeschiedenis, Brussel

1914-1918: DES PLAQUES DE VERRE RACONTENT…

La photothèque du Musée Royal de l'Armée et d'Histoire Militaire recèle plusieurs centaines de milliers de tirages sur papier, dont certains remontent au milieu du XIXe siècle. A côté de tirages d'époque, elle conserve également des dizaines de milliers de plaques de verre, se rapportant principalement à la Première Guerre mondiale. La Grande Guerre est sans conteste le premier conflit majeur à bénéficier d'une mémoire photographique.

A l'approche des commémorations liées au centenaire du conflit, le Musée a entrepris de valoriser son patrimoine photographique 1914-1918 et, en particulier, son inestimable collection de plaques de verre.

Entrée progressivement dans le patrimoine du musée à partir du milieu des années vingt, celle-ci se compose aujourd'hui de quelque 35 000 plaques – positifs et négatifs sur verre – de formats variables, en ce compris des vues stéréoscopiques. La majorité d'entre elles sort des laboratoires du Service photographique de l'Armée belge (SPhAB). Fondé le 5 novembre 1915 dans la foulée de son *alter ego* français, ce service officiel attaché au Grand Quartier général est chargé, conformément aux vœux du ministre de la guerre de l'époque, de constituer des archives photographiques devant « servir à la documentation historique relative à la guerre et à l'éducation nationale de la jeunesse future, ainsi qu'à l'illustration d'articles de propagande publiés à l'étranger ». Pour s'acquitter de ses missions, le service se dote de trois départements respectivement en charge de l'archivage, du reportage et de la propagande. Munis d'accréditations, des opérateurs sillonnent le front en quête d'images. Pour compléter sa propre production, le SPhAB s'emploie à rassembler les très nombreux clichés pris par des particuliers au cours des 18 premiers mois de la guerre. En effet, en dépit de l'interdiction, de nombreux militaires ont emporté dans leur paquetage un appareil photographique et immortalisent les scènes qui constituent leur quotidien. Cette source, complétée par les photographies prises par quelques agences de presse ou de publicité, constituera, faute de service officiel, la mémoire photographique du début du conflit. Au lendemain de l'Armistice, les collections du SPhAB comptent pas moins de 26 000 vues, qui illustrent près de neuf dixièmes des ouvrages publiés à l'époque, offrent aux officiers du Groupement des conférenciers un support iconographique et servent les multiples initiatives destinées à collecter des fonds au profit des victimes de la guerre, comme les séries d'héliogravures diffusées sous le titre *N'oublions jamais*. En 1926, le service est dissous, ces compétences étant partiellement prises en charge par le Service cinématographique de l'Armée belge.

Si la Première Guerre mondiale a vu la reconnaissance croissante du rôle de la photographie comme vecteur d'information, instrument de propagande, souvenir ou œuvre d'art, les photographes demeurent les grands oubliés. Ils sont relégués au rang d'artisans fournissant une prestation. Mais bien que la majorité d'entre eux reste anonyme, certains réussissent après guerre à se faire un nom dans la discipline.

Longtemps négligées au profit des épreuves sur papier qui en sont tirées, les plaques de verre sont aujourd'hui au centre des préoccupations des conservateurs du patrimoine. Le Musée Royal de l'Armée et d'Histoire Militaire n'échappe pas à cette tendance. Des décennies durant, le contenu des photographies était seul pris en considération. Or, l'information transmise ne constitue qu'un aspect de l'image photographique. L'autre aspect, tout aussi important, est sa forme matérielle: une photographie est toujours un *artefact*, le résultat d'un processus créatif, qui dépasse largement le moment de la prise de vue. Le choix de l'extrait et des dimensions de l'image, son interprétation lors de l'agrandissement, l'authentification par une signature manuscrite, l'aura qui émane des matériaux utilisés ou les traces d'usure qui révèlent un contexte d'utilisation sont autant d'éléments de ce processus. S'ils se veulent sérieux, les efforts visant la préservation du patrimoine photographique doivent se concentrer tout d'abord sur la conservation des images originales. Le matériau utilisé est tout aussi significatif dans la compréhension historique, culturelle et esthétique que l'image elle-même. La numérisation des images ne constitue dans ce sens qu'une mesure complémentaire pour la sauvegarde de la mémoire visuelle de notre société. Elle protège en effet l'original en limitant la fréquence d'utilisation; elle simplifie aussi grandement l'accès rapide à l'information en image quand il s'agit de la reproduire et de la diffuser dans les médias. Mais elle ne dégage pas de la tâche urgente qui consiste à apprendre à comprendre et à estimer les supports originaux de ces informations comme des œuvres significatives et à les protéger pour les générations à venir. Les efforts consentis par le Musée en vue de la préservation et de la valorisation de sa collection de plaques de verre s'inscrivent précisément dans cette logique.

Anne Godfroid

Titulaire du Centre de documentation

Musée Royal de l'Armée et d'Histoire Militaire, Bruxelles

1914-1918: GLASS PLATES HAVE A STORY TO TELL...

The photo archive of the Royal Museum of the Armed Forces and of Military History in Brussels has hundreds of thousands of paper prints; some dating from the middle of the nineteenth century. As well as these prints the department also holds thousands of photographic glass plates, particularly covering the First World War. The Great War was undoubtedly the first important conflict to be recorded photographically.
Now that the centenary of the start of the war is approaching, the museum has decided to re-evaluate its photographic heritage of 1914-1918 and in particular to pay special attention to the invaluable collection of glass plates.
The museum started collecting these in the mid-1920s and today the collection numbers some 35,000 plates – positives and negatives on glass – of various sizes, including some stereoscopic images. We have to thank the Photographic Service of the Belgian Army for the lion's share of it. This official service, founded in the wake of its French equivalent, was created on 5 November 1915. In accordance with the wishes of the minister the service had to assemble a photographic archive of the war with historic documentation, intended for the education of the young, and also to illustrate propaganda articles which might appear abroad. To achieve this task, the service set up three departments, respectively for creating an archive, reporting, and propaganda. Armed with special permits photographers haunted the front in their search for material. To supplement their own production during the first eighteen months of the war, the service also started collecting shots taken by private individuals. Despite the fact that it was prohibited, many soldiers had smuggled a camera in with them, so that innumerable shots of the soldiers' daily life were taken. The photographic record of the early days of the war became – in the absence of any official service – based on such pictures, and on photographs by press agencies. After the armistice the Photographic Service collection came to no fewer than 26,000 plates. About nine-tenth of publications of that period are illustrated with precisely those pictures. The officers who everywhere in the country gave lectures about the war could draw on a tailor-made iconographic store, and all the initiatives for the benefits of victims of the war, for instance, the series of photogravures which appeared under the title *N'oublions jamais* (Never forget), found the material they needed there. The service was dissolved in 1926 and from then on its duties were taken over by the Cinematographic Service of the Belgian Army.

The First World War comfirmed the importance and the value of photography as a source of information, an instrument of propaganda, a vehicle for reminiscence or works of art, but in all this the actual photographers were strangely enough ignored. They were regarded purely as technicians, people who were paid for the services they provided. Most of them remained anonymous, only a few succeeded in building up a reputation after the war.

For a long time the glass plates were overshadowed by the paper prints, but today they are very much the focus of attention by the conservators of our heritage.
For many decades all that mattered was the content of the photos. The other aspect, at least as important, is their material form: a photo is and always will be an artefact, the result of a creative process that clearly transcends the moment of its taking. The subject chosen and the dimensions of the image; the interpretation of any enlargement; the authentication by means of a signature; the atmosphere evoked by the materials used and the traces of wear which indicate the context of their use, are all elements in that process. Every serious attempt at conservation in the field of photographic heritage must first and foremost concentrate on protecting the original take. The material used certainly offers just as much historical, cultural and aesthetic information as the picture itself. The digitalization of the plates is in that respect an additional step on the way to the conservation of the visual record of our society. The original is protected because there is no longer any need for manipulation by repeated consultation. Moreover, access to the visual information in it simplifies what is sure to be interesting for reproduction and distribution by the media. That does not, however, mean that we need no longer concern ourselves with its original bearers. There are, after all, very revealing works which need to be passed on to future generations. The efforts of the museum for the protection and revaluation of the collection of glass plates fully satisfies these arguments.

Anne Godfroid
Curator of the Documentation Centre
Royal Museum of the Armed Forces and of Military History, Brussels

1914-1918: GLASPLATTEN ERZÄHLEN…

Die Fotothek des Königlichen Museum der Armee und der Kriegsgeschichte bewahrt hunderttausende Papierabdrucke auf. Manche bestehen schon seit der Mitte des 19. Jahrhunderts. Neben diesen Abdrucken konserviert die Abteilung ebenfalls tausende Glasplatten, vor allem in Bezug auf den Ersten Weltkrieg. Dieser Große Weltkrieg ist zweifellos der erste wichtige Konflikt, der in dem fotografischen Speicher aufbewahrt wird. Bald ist es 100 Jahre her, dass der Konflikt angefangen hat. Deswegen hat das Museum entschieden, sein fotografisches Kulturerbe von 1914-1918 aufzuwerten. Dabei wird vor allem der unschätzbaren Glasplattensammlung besondere Aufmerksamkeit gewidmet. Seit der Mitte der 20. Jahre kamen die ersten Exemplare aus dieser Kollektion im Museum an. Heutzutage zählt die Sammlung etwa 35.000 Platten beziehungsweise Positiv- und Negativbilder auf Glas. Außerdem haben diese Platten sowie die stereoskopischen Bilder alle ein unterschiedliches Format. Der Löwenanteil dieser Kollektion haben wir dem fotografischen Dienst der Belgischen Armee zu verdanken. Dieser offizielle Dienst, gegründet im Gefolge seines französischen Gegenteils, kam am 5. November 1915 zustande. Der damalige Minister wollte, dass der Dienst ein fotografisches Archiv mit historischer Kriegsdokumentation gestaltete. Dieses Archiv war vor allem für die Ausbildung der Jugend bestimmt, sowie für die Illustrierung propagandistischer Artikel, die im Ausland erscheinen würden. Indem der Dienst diesen Auftrag zu einem guten Abschluss bringen wollte, wurden drei Unterabteilungen eingerichtet. Diese waren verantwortlich für beziehungsweise Archivierung, Berichterstattung und Propaganda. Die Fotografen –gerüstet mit Zulassungsscheinen– gingen an die Front, auf der Suche nach Bildmaterial. Indem der Dienst auch die eigene Produktion vervollständigen möchte, wurden während der ersten achtzehn Monate des Kriegs auch Aufnahmen von Privatpersonen gesammelt. Trotz des Verbots schmuggelten zahlreiche Soldaten immerhin Fotoapparate, und so gab es zahllose Bilder des Kriegsalltags. Der fotografische Speicher des Kriegsanfangs wurde –mangels eines offiziellen Dienstes– von solchen Bildern sowie von Fotos der Presseagenturen ausgefüllt. Nach dem Waffenstillstand zählte die Sammlung des fotografischen Dienstes knapp 26.000 Platte. Ungefähr neun von zehn damaligen Publikationen wurden mit diesen Bildern illustriert. Auf diese Weise verfügten auch die Offiziere, die überall im Land Vorträge über den Krieg hielten, über einen maßgearbeiteten Bilderfonds. Außerdem war das Bildmaterial auch geeignet für allerlei Initiativen zugunsten Kriegsopfer, wie zum Beispiel die Heliografienserie *N'oublions jamais*. Der Dienst wurde 1926 aufgelöst und ab diesem Jahr übernahm der kinematografische Dienst der Belgischen Armee allmählich dessen Tätigkeiten.

Der Erste Weltkrieg bestätigte die Bedeutung und den Wert der Fotografie als Informationsquelle, Propagandamittel, Denkmal oder Kunstwerk. Das eigenartige war aber, dass die Fotografen übersehen und nur als Handwerker und Diensteanbieter betrachtet wurden. Da es nur Wenigen gelang, nach dem Krieg an Ansehen zu gewinnen, blieben die meisten Fotografen anonym.

Die Papierabdrucke haben die Glassplatten lange in den Schatten gestellt, aber heutzutage wird ihnen von den Erbehütern große Aufmerksamkeit gewidmet. Während Jahrzehnten war nur der Inhalt der Fotos bedeutsam. Aber der andere –genauso wichtige– Aspekt ist die materielle Form: ein Foto ist und bleibt ein Artefakt und das Ergebnis eines kreativen Prozesses, der die Momentaufnahme deutlich übersteigt. Das gewählte Thema und die Maße des Bildes, die Interpretation, die Unterschrift, die das Bild reell macht, die Stimmung, die durch die verwendeten Materialien entsteht oder die Verschleißspuren sind alle gleichwertige Elemente in diesem Prozess. Eine Konservierung fotografischen Erbguts soll vor allem das Original bewahren. Das verwendete Material gibt bestimmt genauso viel historische, kulturelle und ästhetische Informationen her wie das Bild selbst. In dieser Hinsicht ist die Digitalisierung der Platten nur ein zusätzlicher Schritt zur Konservierung des visuellen Speichers von unserer Gesellschaft. Da Manipulation bei mehreren Konsultierungen nicht mehr nötig ist, wird das Original geschützt. Daneben wird der Zugang zu den Bilderinformationen vereinfacht, und das kommt der Reproduktion und Verbreitung in den Medien zugute. Das heißt aber nicht, dass wir uns nicht mehr um die Originalen kümmern sollen. Im Gegenteil, die Originalen sind vielsagende Kunstwerke, die den künftigen Generationen überliefert werden sollen. Die Bemühungen des Museums in Bezug auf die Bewahrung und Aufwertung der Glasplattensammlung entsprechen völlig dieser Logik.

Anne Godfroid

Inhaberin der Dokumentationsstelle

Königliches Museum der Armee und Kriegsgeschichte, Brüssel

LATEN WE NOOIT VERGETEN ~ **WOORD VOORAF IN 1919**

De oorlog is in de eerste plaats een actie: vlug, brutaal, groots door zijn heldhaftigheid en aangrijpend door zijn afschuw.
Hoe kunnen we deze actie beter vastleggen dan door de kracht van het beeld? Hoe kunnen we beter een indruk geven van iets wat maar een ogenblik heeft geduurd dan door de illustratie, die men in een oogwenk ziet? Dit is dus geen historie van de oorlog. Het is de veelvormige visie erop en het veranderende beeld ervan.

Anderen zullen het verhaal vertellen van de gebeurtenissen: er bestaan boeken over de rol van het Belgische Leger in de Grote Oorlog. Daar geven woorden gedachten weer. Hier, in deze productie, doen momentopnames sensaties heropleven. Wie erbij was, zal kunnen zeggen: 'Het was echt zo. De oorlog heeft tragische ruïnes veroorzaakt. Wij hebben het zo beleefd in de loopgraven. Wij hebben op die manier in de veldslag geleden. We hebben de aarde en de mens onder het geschut gekweld en gekwetst gezien, zoals u ze hier ziet.' Daarom zullen de geschreven boeken, die tot de verbeelding spreken, complementair zijn met deze publicatie, die de ogen opent.
Om de betekenis en de draagwijdte ten volle te begrijpen, moet de lezer van dit boek ervan overtuigd zijn dat de authenticiteit van de volgende reeks foto's onbetwistbaar is. De foto's behoren immers tot de collectie van de Fotografische Dienst van het Belgische Leger.
Een dergelijke publicatie spreekt voor zich: woorden zouden enkel de betekenis van de afbeeldingen verzwakken. Woorden schieten tekort om de heldhaftigheid van ons leger en de grootsheid ervan weer te geven.

N'OUBLIONS JAMAIS ~ **PRÉFACE EN 1919**

La guerre est avant tout une action, rapide, brutale, à la fois grandiose par son héroïsme et poignante par son horreur. Comment fixer cette action, sinon par la photographie? Comment transmettre ces impressions qui n'ont duré qu'un moment, sinon par l'illustration qui se voit d'un coup d'œil? Ceci n'est donc pas une histoire de la guerre, c'en est la vision multiforme et l'image changeante.

D'autres feront le récit des événements: des livres existent qui racontent le rôle de notre armée dans la Grande Guerre. Là, les mots traduisent des pensées, ici l'instantané fait revivre des sensations. Ceux qui y participèrent pourront dire: 'C'était ainsi, la guerre était tragique, nous avons vécu de la sorte dans les tranchées, nous avons souffert ainsi durant la bataille, nous avons vu la terre et les hommes agoniser sous les canons et meurtris, comme vous les voyez ici'. C'est pourquoi les livres qui parleront à l'esprit seront le complément de cette publication qui parle aux yeux.
Tous ceux qui les liront, devront pour en pénétrer vraiment le sens et en comprendre la portée, se rapporter à cette suite de planches dont le caractère d'absolue authenticité est indiscutable parce qu'émanant du Service Photographique de l'Armée Belge.
Une telle publication se suffit à elle-même: le texte qui en serait la paraphrase en affaiblirait l'éloquence. Il n'est point nécessaire d'user des mots pour traduire autrement l'héroïsme de notre armée et la grandeur de son rôle.

LEST WE FORGET ~ **PREFACE IN 1919**

War is above all action, quick, brutal, at the same time imposing by its heroism and moving by its horror. How better to record this action than by photography? How can we best give an impression of something that lasted only a single moment, than by an illustration seen at a glance. So, this is not a history of the war; it is a multiform vision and changing image of it.

Others tell the story of events. Books exist which relate the role of the Belgian Army in the Great War. In these books, words represent thoughts; here snapshots recover the experience of moments again. Those who were there would have been able to say: 'This is how it was, the war caused tragic destruction, this is how we lived in the trenches, this is how we suffered in battle, we saw the earth and man racked and destroyed by artillery fire, as you see them here'. That's why books written to appeal to the imagination will complement this publication which opens the eyes.
To understand fully the significance and the scope of it, readers of this book may rest assured of the indisputable authenticity of the series of photographs which follow, which are part of the collection of the Photographic Service of the Belgian Army.
Such a publication speaks for itself: words would only diminish the impact of the photographs. There are still not enough words to describe the heroism of this army and the magnitude of their role.

LASST UNS NIEMALS VERGESSEN ~ **VORWORT IM JAHRE 1919**

Der Krieg ist vor allem eine Handlung: Schnell und brutal. Er ist durch Heldentaten und zugleich durch Grausamkeiten gekennzeichnet. Wie kann man eine solche Handlung festhalten, wenn nicht durch die Kraft des Bildes? Wie kann man einen Eindruck von etwas vermitteln, das nur einen Augenblick gedauert hat, wenn nicht durch das flüchtig gewonnene Bild davon? Dies ist also keine Geschichte des Krieges, sondern die vielseitige Sicht darauf und das sich ändernde Bild davon.

Andere werden über die Ereignisse schreiben: Es gibt Bücher, welche von der Rolle unserer Armee im Großen Krieg erzählen. Dort werden die Gedanken in Worte gefasst. Hier lässt eine Momentaufnahme die Empfindungen von damals wieder aufleben. Diejenigen, die dort waren, werden sagen können: 'So war der Krieg, er hat eine Trümmerlandschaft hinterlassen. Genauso haben wir den Krieg in den Schützengräben erlebt und genauso haben wir in der Schlacht gelitten. Wir haben die vom Artilleriebeschuss gezeichnete Erde und verwundeten Menschen gesehen, genauso, wie man es hier sehen kann'.
Daher bilden die Bücher, die mit dem Verstand erfasst werden, eine Ergänzung zu dieser Publikation, deren Bilder mit dem Betrachter sprechen. All diejenigen, die diese lesen werden, sollten, um die Bedeutung und die Tragweite davon wirklich erfassen zu können, die von der Fotografischen Abteilung der belgischen Armee stammenden Bilder, deren Echtheit unumstritten ist, stets vor Augen haben.
Eine solche Publikation reicht an sich aus: Ein Text als Erläuterung würde die Aussagekraft der Bilder nur schwächen. Es ist überflüssig, Worte zu benutzen, um damit auf eine andere Weise die Heldentaten unserer Armee und die Größe ihrer Rolle anders darzustellen.

TIJDLIJN 1914-1918 ~ LIGNE DU TEMPS 1914-1918 ~ TIME LINE 1914-1918 ~ ZEITTABELLE 1914-1918

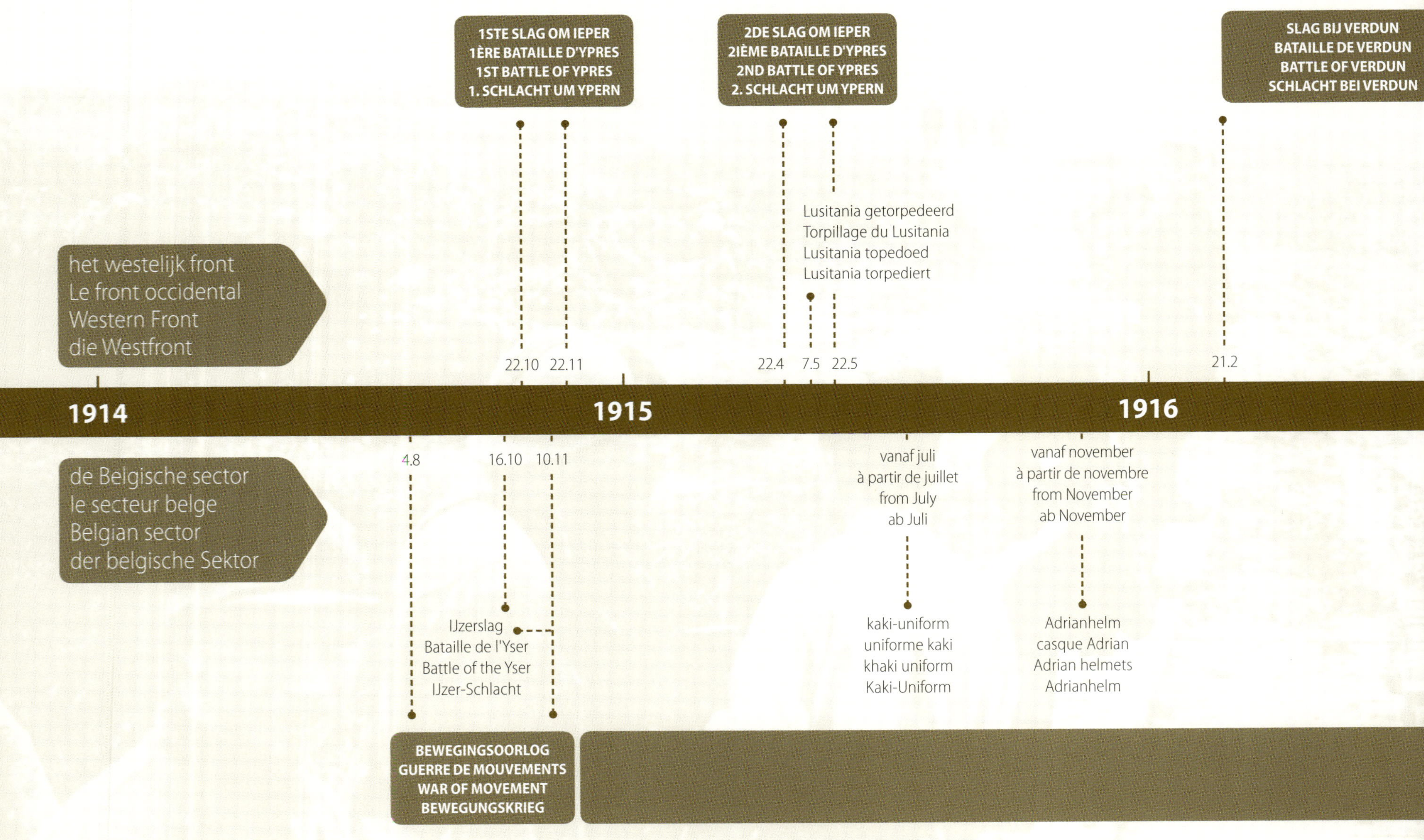

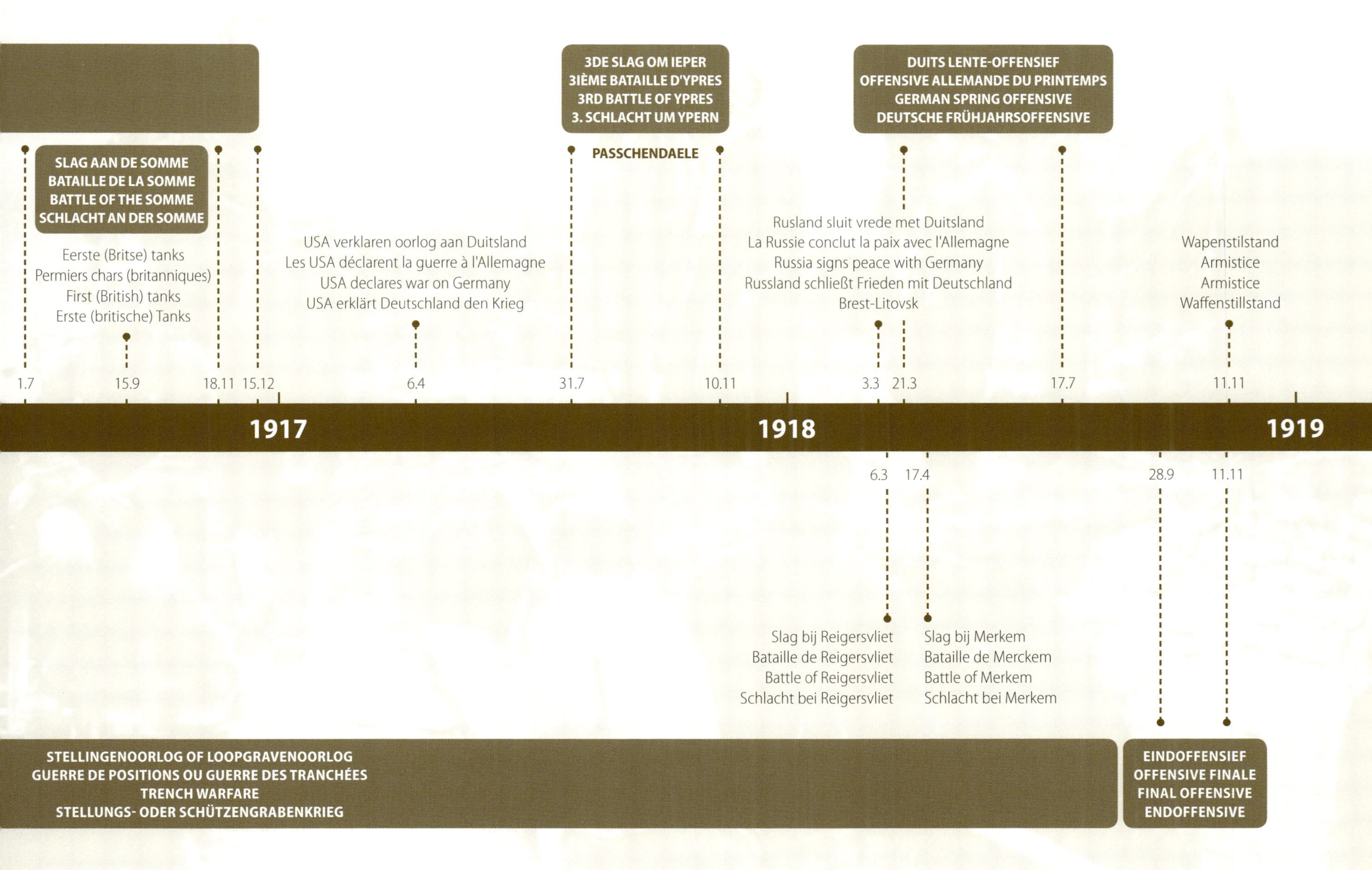

SLAG AAN DE SOMME
BATAILLE DE LA SOMME
BATTLE OF THE SOMME
SCHLACHT AN DER SOMME
Eerste (Britse) tanks
Permiers chars (britanniques)
First (British) tanks
Erste (britische) Tanks
USA verklaren oorlog aan Duitsland
Les USA déclarent la guerre à l'Allemagne
USA declares war on Germany
USA erklärt Deutschland den Krieg
3DE SLAG OM IEPER
3IÈME BATAILLE D'YPRES
3RD BATTLE OF YPRES
3. SCHLACHT UM YPERN
PASSCHENDAELE
DUITS LENTE-OFFENSIEF
OFFENSIVE ALLEMANDE DU PRINTEMPS
GERMAN SPRING OFFENSIVE
DEUTSCHE FRÜHJAHRSOFFENSIVE
Rusland sluit vrede met Duitsland
La Russie conclut la paix avec l'Allemagne
Russia signs peace with Germany
Russland schließt Frieden mit Deutschland
Brest-Litovsk
Wapenstilstand
Armistice
Armistice
Waffenstillstand
1.7
15.9
18.11
15.12
6.4
31.7
10.11
3.3
21.3
17.7
11.11
1917
1918
1919
6.3
17.4
28.9
11.11
Slag bij Reigersvliet
Bataille de Reigersvliet
Battle of Reigersvliet
Schlacht bei Reigersvliet
Slag bij Merkem
Bataille de Merckem
Battle of Merkem
Schlacht bei Merkem
STELLINGENOORLOG OF LOOPGRAVENOORLOG
GUERRE DE POSITIONS OU GUERRE DES TRANCHÉES
TRENCH WARFARE
STELLUNGS- ODER SCHÜTZENGRABENKRIEG
EINDOFFENSIEF
OFFENSIVE FINALE
FINAL OFFENSIVE
ENDOFFENSIVE

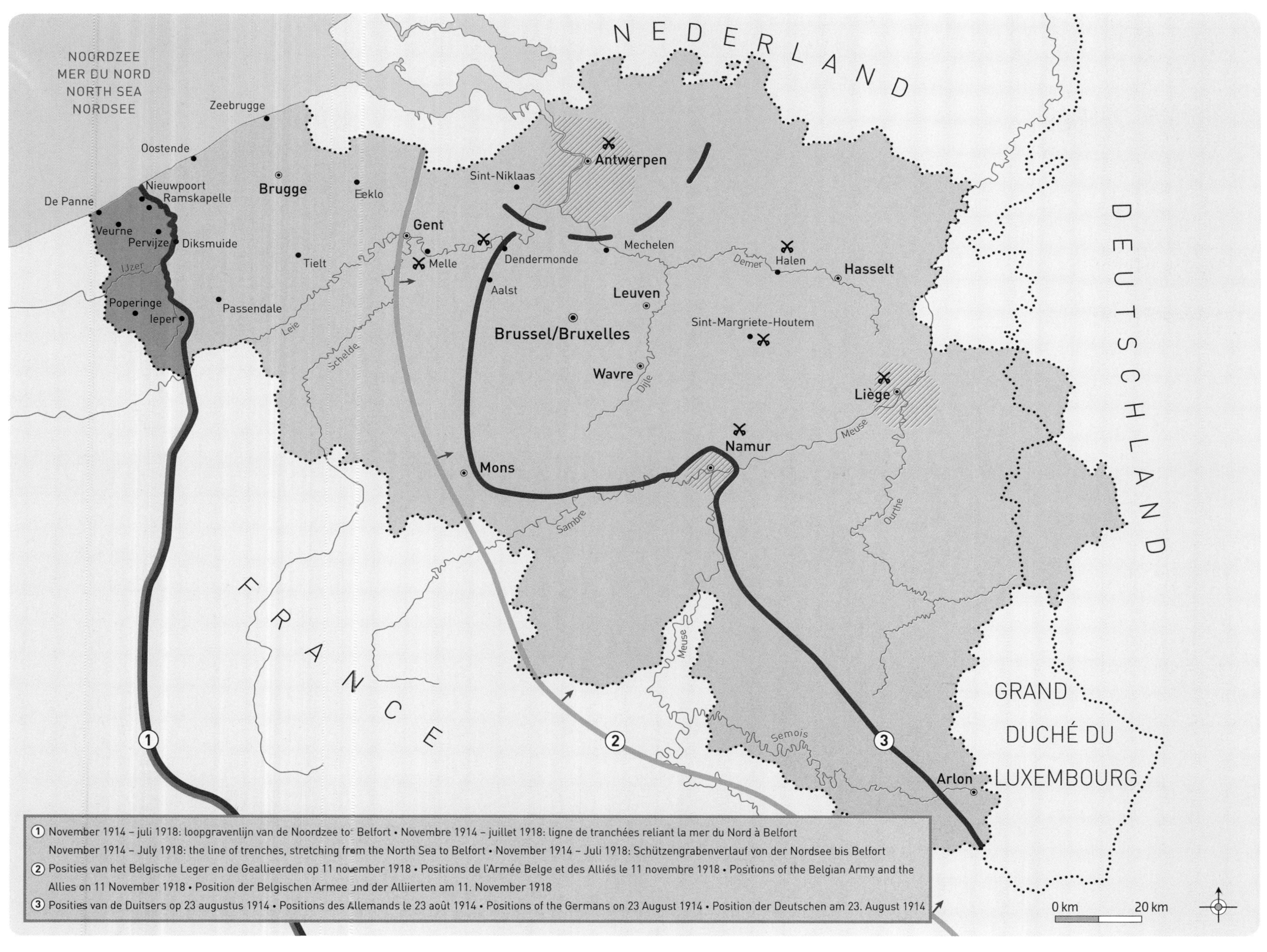
NEDERLAND
NOORDZEE
MER DU NORD
NORTH SEA
NORDSEE
Zeebrugge
Oostende
Nieuwpoort
Ramskapelle
De Panne
Brugge
Eeklo
Veurne
Pervijze
Diksmuide
IJzer
Tielt
Poperinge
Ieper
Passendale
Leie
Schelde
Gent
Melle
Sint-Niklaas
Antwerpen
Dendermonde
Aalst
Mechelen
Demer
Halen
Hasselt
Leuven
Brussel/Bruxelles
Sint-Margriete-Houtem
Wavre
Dijle
Liège
Meuse
Namur
Mons
Sambre
Ourthe
DEUTSCHLAND
FRANCE
Meuse
Semois
Arlon
GRAND
DUCHÉ DU
LUXEMBOURG
1
2
3
0 km
20 km
① November 1914 – juli 1918: loopgravenlijn van de Noordzee tot Belfort • Novembre 1914 – juillet 1918: ligne de tranchées reliant la mer du Nord à Belfort
November 1914 – July 1918: the line of trenches, stretching from the North Sea to Belfort • November 1914 – Juli 1918: Schützengrabenverlauf von der Nordsee bis Belfort
② Posities van het Belgische Leger en de Geallieerden op 11 november 1918 • Positions de l'Armée Belge et des Alliés le 11 novembre 1918 • Positions of the Belgian Army and the Allies on 11 November 1918 • Position der Belgischen Armee und der Alliierten am 11. November 1918
③ Posities van de Duitsers op 23 augustus 1914 • Positions des Allemands le 23 août 1914 • Positions of the Germans on 23 August 1914 • Position der Deutschen am 23. August 1914

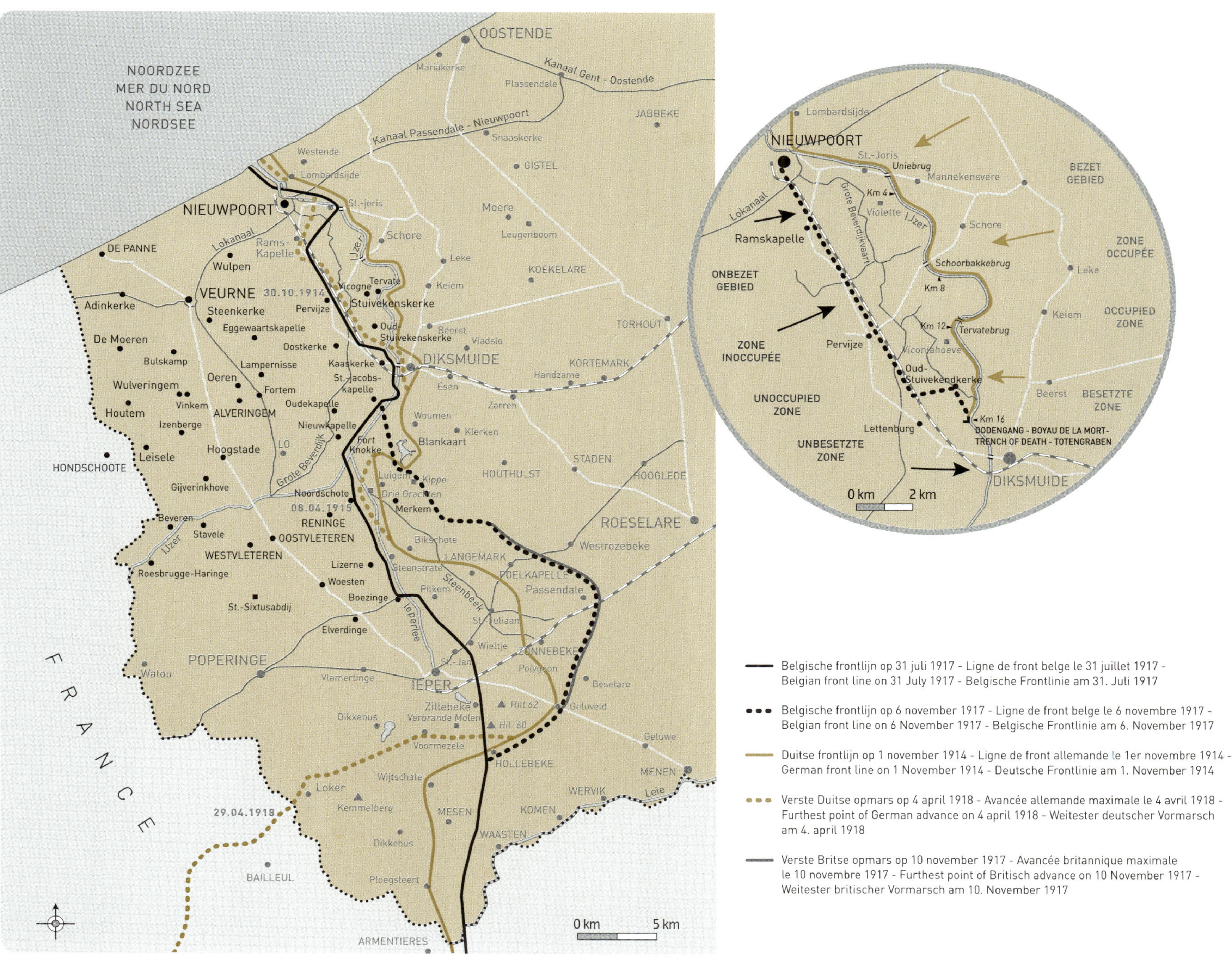
NOORDZEE
MER DU NORD
NORTH SEA
NORDSEE
OOSTENDE
Mariakerke
Kanaal Gent - Oostende
Plassendale
JABBEKE
Kanaal Passendale - Nieuwpoort
Snaaskerke
Westende
Lombardsijde
GISTEL
NIEUWPOORT
St.-joris
Moere
Leugenboom
DE PANNE
Lokanaal
Rams-Kapelle
Schore
Leke
Wulpen
IJzer
KOEKELARE
VEURNE
30.10.1914
Vicogne
Tervate
Keiem
Adinkerke
Steenkerke
Pervijze
Stuivekenskerke
Eggewaartskapelle
Oud-Stuivekenskerke
Beerst
TORHOUT
De Moeren
Oostkerke
Vladslo
Bulskamp
Lampernisse
Kaaskerke
DIKSMUIDE
KORTEMARK
Oeren
St.-Jacobs-kapelle
Handzame
Wulveringem
Fortem
Esen
Vinkem
Oudekapelle
Zarren
Houtem
ALVERINGEM
Izenberge
Nieuwkapelle
Woumen
Klerken
LO
Fort Knokke
Blankaart
Leisele
Hoogstade
HONDSCHOOTE
Grote Beverdijk
Luigem
Kippe
HOUTHULST
STADEN
Gijverinkhove
Noordschote
Drie Grachten
HOOGLEDE
08.04.1915
Merkem
Beveren
RENINGE
ROESELARE
Stavele
OOSTVLETEREN
Bikschote
IJzer
Westrozebeke
WESTVLETEREN
LANGEMARK
Roesbrugge-Haringe
Lizerne
Steenstrate
POELKAPELLE
Woesten
Passendale
Pilkem
Steenbeek
Boezinge
St.-Sixtusabdij
St.-Juliaan
Ieperlee
Elverdinge
Wieltje
ZONNEBEKE
POPERINGE
St.-Jan
Polygoon
Watou
Vlamertinge
IEPER
Beselare
Zillebeke
Hill 62
Geluveld
Dikkebus
Verbrande Molen
Hill 60
Voormezele
Geluwe
HOLLEBEKE
Wijtschate
MENEN
Loker
WERVIK
Leie
Kemmelberg
MESEN
KOMEN
29.04.1918
WAASTEN
Dikkebus
BAILLEUL
Ploegsteert
ARMENTIERES
FRANCE
0 km
5 km
Lombardsijde
NIEUWPOORT
St.-Joris
Uniebrug
Mannekensvere
BEZET GEBIED
Lokanaal
Grote Beverdijkvaart
Km 4
Violette
IJzer
Schore
Ramskapelle
ZONE OCCUPÉE
Schoorbakkebrug
Leke
ONBEZET GEBIED
Km 8
Keiem
OCCUPIED ZONE
Km 12
Tervatebrug
ZONE INOCCUPÉE
Pervijze
Viconiahoeve
Oud-Stuivekenskerke
Beerst
BESETZTE ZONE
UNOCCUPIED ZONE
Km 16
Lettenburg
DODENGANG - BOYAU DE LA MORT - TRENCH OF DEATH - TOTENGRABEN
UNBESETZTE ZONE
DIKSMUIDE
0 km
2 km
Belgische frontlijn op 31 juli 1917 - Ligne de front belge le 31 juillet 1917 - Belgian front line on 31 July 1917 - Belgische Frontlinie am 31. Juli 1917
Belgische frontlijn op 6 november 1917 - Ligne de front belge le 6 novembre 1917 - Belgian front line on 6 November 1917 - Belgische Frontlinie am 6. November 1917
Duitse frontlijn op 1 november 1914 - Ligne de front allemande le 1er novembre 1914 - German front line on 1 November 1914 - Deutsche Frontlinie am 1. November 1914
Verste Duitse opmars op 4 april 1918 - Avancée allemande maximale le 4 avril 1918 - Furthest point of German advance on 4 april 1918 - Weitester deutscher Vormarsch am 4. april 1918
Verste Britse opmars op 10 november 1917 - Avancée britannique maximale le 10 novembre 1917 - Furthest point of Britisch advance on 10 November 1917 - Weitester britischer Vormarsch am 10. November 1917

1914-1918

XXIV.
12

XXV.
5

XXIV.12 Na de slag bij Halen: de resten van een versperring liggen rondom verspreid (augustus 1914).
Après le combat de Haelen: autour de ce qui fut une barricade (août 1914).
After the Battle of Halen: the scattered remains of a barricade (August 1914).
Nach der Schlacht von Halen: herumliegende Überreste einer Barrikade (August 1914).

XXV.5 Een Belgisch pantservoertuig van de 1ste Cavaleriedivisie.
Une auto blindée belge de la 1ière D.C. (Division de cavalerie).
A Belgian armoured car belonging to the 1st Cavalry Division.
Ein belgisches Panzerfahrzeug der ersten Kavalleriedivision.

XXVII.1 Een gepantserde trein in het station van Aalst (september 1914).
Un train blindé en gare d'Alost (septembre 1914).
An armoured train in the station at Aalst (September 1914).
Ein gepanzerter Zug im Bahnhof von Aalst (September 1914).

XXVII.
1

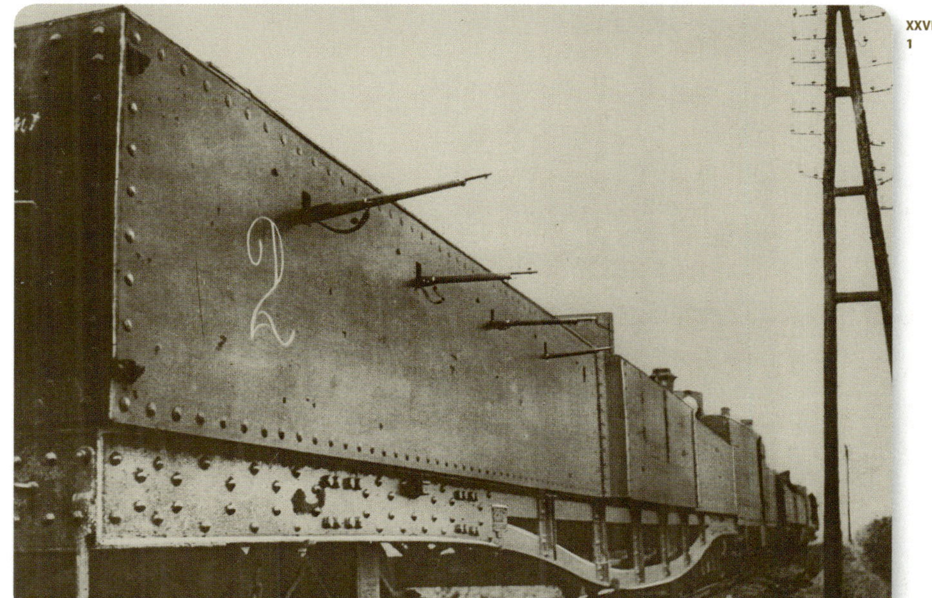

Al in de oudheid bouwden en gebruikten de Romeinen gevechtswagens en Leonardo Da Vinci tekende modellen van pantsers in het begin van de 16de eeuw. Maar wie had verwacht dat uitgerekend het Belgische leger zo vooruitstrevend was om met een heel nieuw wapen op de proppen te komen? De pantserauto Minerva was het militaire zusje van de gelijknamige personenwagen. Minerva was ooit een veelgeprezen oerdegelijk Belgisch automerk met vestiging in Antwerpen, maar het bedrijf ging definitief over de kop tijdens de economische crisis van de jaren dertig van de vorige eeuw. De Belgische pantserauto van 1914 was een coproductie van Minerva en Sava, met in camouflagekleuren geschilderde 4 mm-pantserplaten, afkomstig van de Cockerillfabriek in Hoboken en uitgerust met een Hotchkissmitrailleur. Vandaar dat het vier ton wegende voertuig ook wel 'Automitrailleuse Minerva' werd genoemd. Bij de gevechten om Aalst en Dendermonde begin september 1914 speelden de pantserauto's een bescheiden maar gewaardeerde rol als verkenningsvoertuigen en om de verraste Duitsers de stuipen op het lijf te jagen. Achter de IJzer kon men die voertuigen niet meer gebruiken. De Belgische legerleiding leende ze dan later samen met hun bemanning uit aan het Rusland van tsaar Nicolaas II.

Dans l'antiquité déjà, les Romains construisirent et utilisèrent des chars de combat et au début du XVIe siècle, Léonard de Vinci dessina des modèles de blindés. Mais qui aurait pu imaginer que l'armée belge serait à la pointe du progrès en présentant une arme tout à fait révolutionnaire? L'auto blindée Minerva était la petite sœur militaire de la voiture de tourisme du même nom. Minerva fut une marque automobile très appréciée pour la qualité de ses voitures. Installée à Anvers, la firme allait définitivement péricliter pendant la crise économique des années trente du siècle dernier. L'auto blindée de 1914 était une coproduction de Minerva et de Sava. Elle était équipée de blindages de 4 mm d'épaisseur, provenant des usines Cockerill de Hoboken et d'une mitrailleuse Hotchkiss. Elle était peinte en teintes de camouflage. C'est pourquoi ce véhicule pesant quatre tonnes fut également appelé automitrailleuse Minerva. Lors des combats d'Alost et de Termonde au début du mois de septembre 1914, ces voitures blindées jouèrent un rôle modeste mais apprécié en tant que véhicules de reconnaissance. Elles ne manquèrent pas d'effrayer les Allemands, surpris par une telle apparition. Derrière l'Yser, ces engins ne purent plus être utilisés. Le commandement de l'armée belge décida donc de les prêter plus tard avec leur équipage à la Russie du tsar Nicolas II.

Already in ancient times, the Romans were building mobile fighting machines and during the 16th century Leonardo Da Vinci drew models of what were effectively 'tanks'. But who would have thought that the Belgian Army would also have been so inventive in the field of mobile warfare? The Minerva armoured car was the military 'sister' of the saloon car of the same make. The Minerva was once a reliable and highly-respected name in the automobile world, but the Antwerp-based company finally went bankrupt during the great economic depression of the 1930s. The armoured car which saw service in 1914 was in fact a joint venture between Minerva and Sava. The cars had 4 mm thick armour-plating, painted in camouflage colours, and were made at the Cockerill factory in Hoboken. They were armed with a Hotchkiss machine-gun, which explains why this mini-tank was sometimes referred to as the Minerva Machine-gun Carrier. Whatever its name, it played a modest but valuable role as a reconnaissance vehicle in the fighting around Aalst and Dendermonde at the beginning of September 1914 and often surprised the Germans by its rapid appearance 'out of nowhere'. However, the Minerva was much less suited to use in the watery wastes of the Yser front, and so the high command lent the cars and their crews later to the army of Tsar Nicholas II in Russia.

Schon in der Antike bauten und benutzten Römer Kampffahrzeuge und Leonardo Da Vinci zeichnete Anfang des 16. Jahrhunderts Panzermodelle. Aber wer hätte gedacht, dass ausgerechnet das belgische Heer so fortschrittlich war, mit einer ganz neuartigen Waffe aufzuwarten? Der Panzerwagen Minerva war die militärische Variante zum gleichnamigen Personenwagen. Die Minerva war ursprünglich eine hoch gelobte, grundsolide belgische Automarke mit Sitz in Antwerpen, der Betrieb ging jedoch während der Wirtschaftskrise der Dreißigerjahre des letzten Jahrhunderts endgültig in Konkurs. Der belgische Panzerwagen aus dem Jahr 1914 war eine Gemeinschaftsproduktion von Minerva und Sava. Die in Tarnfarben gestrichenen 4-mm-Panzerplatten stammten aus der Cockerill-Fabrik in Hoboken und waren mit einem Hotchkiss-Maschinengewehr ausgerüstet, weshalb das vier Tonnen schwere Fahrzeug, auch ‚Auto-Maschinengewehr Minerva' genannt wurde. Bei den Kämpfen um Aalst und Dendermonde Anfang September 1914 spielten die Panzerwagen eine bescheidene, wenn auch sehr geschätzte Rolle als Erkundungsfahrzeuge, aber auch, um den überraschten deutschen stellenweise einen Schrecken einzujagen. Hinter dem Fluss IJzer konnten die Fahrzeuge nicht mehr verwendet werden. Sie wurden später mitsamt der Besatzung von der belgischen Heerführung an Russland unter Zar Nikolaus II ausgeliehen.

IX.5 Een batterij autokanonnen in actie: op weg naar de vijand. ~ Une batterie d'autos-canons en chasse, en route vers l'ennemi.
A column of armoured cars: on the way towards the enemy. ~ Eine Batterie von Autokanonen hintereinander auf dem Weg zum Feind.

Kinderlijke onschuld in het midden van alle door de grote mensen veroorzaakte ellende. Het jongetje heeft belangstelling voor de onverwachte aanblik van de kapotte wandklok, het meisje beseft al evenmin wat er aan de hand is. Op 4 augustus valt Duitsland België binnen; een maand later, op 4 september 1914, ligt Dendermonde voor het eerst onder vuur. Bij de verovering van Lebbeke halen de Duitsers de mannen uit hun huizen om ze als levend schild voor zich uit te drijven naar de Belgische voorposten. Daarna trekken ze Dendermonde binnen en op 5 september begint de systematische verwoesting van ongeveer 1500 huizen. De burgemeester probeert de Duitse bevelhebber over te halen de stad te sparen, maar krijgt als antwoord dat ze haar helemaal zullen platbranden. De hele dag wordt geplunderd en ook op zondag 6 september gaan de soldaten door met hun vuurstook. Inwoners van Lebbeke en Dendermonde worden als gijzelaars naar Duitsland overgebracht. Enkelen komen om bij al dat brute geweld. Op 10 september heroveren de Belgen Dendermonde maar ze moeten de stad op 16 september alweer prijsgeven. Toch is de Belgische tegenaanval van grote strategische betekenis, want de Duitsers worden verplicht meer troepen in te zetten dan voorzien. Dit leidt tot hun verzwakking en nederlaag in de slag aan de Marne van 6 tot 9 september 1914.

L'innocence des enfants au milieu de toutes les misères causées par les adultes. Le garçonnet est frappé par l'aspect inattendu de l'horloge murale détruite, la fillette peut à peine comprendre ce qui se passe. L'Allemagne envahit la Belgique le 4 août 1914. un mois plus tard, le 4 septembre, Termonde est prise pour la première fois sous le feu des canons. Lors de la prise de Lebbeke, les Allemands font sortir les hommes des maisons pour les pousser devant eux en tant que boucliers humains vers les avant-postes belges. Ils entrent ensuite dans la ville de Termonde. Le 5 septembre commence la destruction systématique d'environ 1500 maisons. Le bourgmestre essaie de convaincre le commandant allemand d'épargner la ville, mais en guise de réponse, la ville est entièrement incendiée. Les pillages durent toute la journée et le dimanche 6 septembre les soldats poursuivent les incendies. Les habitants de Lebbeke et de Termonde sont pris en otages et transférés en Allemagne. Plusieurs d'entre eux périront, victimes de toute cette violence. Le 10 septembre, les Belges reprennent Termonde, mais devront la céder à nouveau le 16 septembre. La contre-offensive belge revêt une grande importance stratégique, car les Allemands doivent engager plus de troupes que prévu, ce qui conduira à leur affaiblissement et entraînera leur défaite lors de la bataille de la Marne, du 6 au 9 septembre 1914.

Child-like innocence surrounded by the misery of an adult world. This young boy seems to be fascinated by the unexpected appearance of the wall clock. The little girl also seems unable to understand what is going on. On 4 August 1914 the Germans invaded Belgium. A month later, on 4 September 1914, the town of Dendermonde came under fire for the first time. When they captured Lebbeke, the Germans dragged men from their homes and pushed them forward in front of their advancing troops, using them as human shields. Later the same day they entered Dendermonde and on 5 September the systematic destruction of more than 1,500 houses was begun. The mayor attempted to persuade the commander of the German troops to spare the town, but to no avail. He was told: 'We will burn everything.' Houses and shops were plundered of their valuables, and on 6 September the torch parties began their destructive task. Numerous inhabitants of both Lebbeke and Dendermonde were transported to Germany as hostages. An unknown number of civilians also died during the violence which followed. On 10 September the Belgian Army temporarily recaptured Dendermonde, but it was lost again on 16 September and remained in German hands until the end of the war. Even so, the Belgian counter-attack was of great military significance. It forced the Germans to use some of their reserves, thereby weakening them for the crucial battle, which was taking place along the River Marne (6-9 September 1914).

Kindliche Unschuld in all dem Elend, das die Erwachsenen angerichtet haben. Der kleine Junge betrachtet interessiert die zerstörte Wanduhr, und auch das Mädchen kann kaum verstehen, was eigentlich passiert ist. Am 4. August fällt Deutschland in Belgien ein, einen Monat später, am 4. September, liegt Dendermonde zum ersten Mal unter Beschuss. Während der Eroberung von Lebbeke holen die deutschen Männer aus ihren Häusern, um sie als lebenden Schutzschilder auf dem Weg zu den belgischen Vorposten vor sich herzutreiben. Anschließend rücken sie in Dendermonde ein. Am 5. September beginnt die systematische Zerstörung von ungefähr 1500 Häusern. Der Bürgermeister versucht noch, den deutschen Befehlshaber zu überreden, die Stadt zu verschonen, bekommt jedoch zur Antwort, dass sie völlig niedergebrannt werden soll. Den ganzen Tag wird geplündert und auch am Sonntag, den 6. September brandschatzen die Soldaten weiter. Einwohner von Lebbeke und Dendermonde werden als Geiseln nach Deutschland gebracht. Einzelne kommen dabei brutal ums Leben. Am 10. September erobern die Belgier Dendermonde zurück, das sie am 16. September jedoch wieder abtreten müssen. Der belgische Gegenangriff hat große strategische Bedeutung, weil die Deutschen mehr Truppen einsetzen müssen als geplant, was sie schwächt und letztlich zur Niederlage in der Schlacht an der Marne vom 6. bis 9 September 1914 führt.

XXVIII.5 In het puin van hun huis (Dendermonde 1914). ~ Dans les décombres de ce qui fut leur maison (Termonde 1914).
In the ruins of what used to be their home (Dendermonde, 1914). ~ In den Trümmern ihres Hauses (Dendermonde 1914).

Mannen te paard, te voet en per fiets wijken voor de Duitse overmacht. Koning Albert I besluit Antwerpen te ontruimen. De forten zijn gevallen en het Nete-front is doorbroken. De Duitsers passeren de Dender en proberen in Baasrode, Dendermonde en Schoonaarde de Schelde over te steken. Als dat lukt, snijden zij de Belgen de pas af. Franse en Britse hulptroepen zijn te ver af om hulp te bieden. Alberts leger trekt over de spoorwegbrug van Temse en over bootbruggen ter hoogte van Hoboken en Burcht. Op de ochtend van 7 oktober bevindt het grootste deel zich op de linkeroever. Diezelfde dag raken de Duitsers in Schoonaarde de Schelde over. Het Belgische leger bivakkeert bij Sint-Niklaas. Op 8 oktober rukken de Duitsers op naar Lokeren, waar ze slaags raken met de 3de Divisie. Het gros van het Belgische leger brengt de nacht door bij Zelzate. Op 9 oktober rukken de Duitsers op naar Gent via Kwatrecht, Gontrode en Lemberge. In de slag bij Melle van 9 tot 10 oktober 1914 moeten Belgen en Franse marinefuseliers wijken. De meeste Belgische soldaten zijn ondertussen het kanaal Gent-Terneuzen voorbij en 's avonds bevinden ze zich in Eeklo. Ze zijn aan de vijand ontsnapt en trekken naar de kust en de IJzer.

Des hommes à pied, à cheval et à vélo battent en retraite devant la domination allemande. Le roi Albert Ier décide d'évacuer Anvers, les forts sont tombés et le front de la Nèthe est rompu. Les Allemands traversent la Dendre et tentent de franchir l'Escaut à Baasrode, Termonde et Schoonaarde. S'ils y réussissent, ils couperont la route aux Belges. Les troupes françaises et anglaises sont trop loin pour prêter leur aide. L'armée belge emprunte le pont ferroviaire de Tamise et des ponts de bateaux à hauteur de Hoboken et de Burcht. Le 7 octobre au matin, la plus grande partie se trouve sur la rive gauche. Le même jour, les Allemands franchissent l'Escaut à Schoonaarde. L'armée belge bivouaque à Saint-Nicolas. Le 8 octobre, les Allemands foncent sur Lokeren, où ils se heurtent à la 3e Division. Le gros de l'armée belge passe la nuit près de Zelzate. Le 9 octobre, les Allemands marchent sur Gand via Kwatrecht, Gontrode et Lemberge. Lors de la bataille de Melle, du 9 au 10 octobre, les Belges et les fusiliers marins français doivent reculer. La plupart des soldats belges sont entre-temps passés au-delà du canal Gand-Terneuzen et se trouvent le soir à Eeklo. Ils ont échappé à l'ennemi et prennent la route de la côte et de l'Yser.

These men are trying to escape the all-conquering German advance, using every means at their disposal: on foot, by bike, on horseback. King Albert has decided to evacuate Antwerp. The ring of forts around the city has been captured and the defensive line along the River Nete has been broken. The Germans have bypassed the Dender, and are now attempting to cross the River Scheldt in Baasrode, Dendermonde and Schoonaarde. If they succeed, the Belgian Army will be cut off from the Allies. The British and the French are too far away to help. The king's men are withdrawing across the railway bridge at Temse and over pontoons thrown across the river at Hoboken and Burcht. By the morning of 7 October most of them are safe on the Left Bank. The same day, the Germans force a crossing of the Scheldt at Schoonaarde. That night, the bulk of the Belgian Army bivouacs at Sint-Niklaas. On 8 October, the Germans advance on Lokeren, where they engage the Belgian 3rd Division. Breaking off contact, the Belgians retire in the evening towards Zelzate. 9 October sees the Germans arrive in the major city of Ghent, having first taken Kwatrecht, Gontrode and Lemberge. On 9-10 October, the Belgians make a stand at Melle, but are forced to retire, notwithstanding the support of the French marines. Yet this delaying action has achieved its purpose. Most of the surviving Belgian soldiers have now crossed the Ghent-Terneuzen canal and are concentrated around Eeklo. They have escaped from under the noses of the enemy and are now free to make their way towards the coast and the Yser.

Männer zu Pferd, zu Fuß und auf dem Fahrrad weichen der deutschen Übermacht. König Albert I beschließt, Antwerpen zu räumen. Die Forts sind gefallen und die Front am Fluss Nete ist durchbrochen. Die Deutschen überqueren die Dender und versuchen in Baasrode, Dendermonde und Schoonaarde die Schelde zu überqueren. Als das gelingt, schneiden sie den Belgiern den Weg ab. Französische und britische Hilfstruppen sind zu weit entfernt, um Hilfe leisten zu können. Alberts Heer zieht über die Eisenbahnbrücke von Temse sowie Schiffsbrücken auf der Höhe von Hoboken und Burcht. Am Morgen des 7. Oktober befindet sich der Großteil links der Schelde. Am selben Tag überqueren die Deutschen die Schelde in Schoonaarde. Das belgische Heer lagert bei Sint-Niklaas. Am 8. Oktober rücken die Deutschen bis nach Lokeren vor, wo sie sich mit der 3. Division ein Gefecht liefern. Das Gros der belgischen Einheit verbringt die Nacht bei Zelzate. Am 9. Oktober rücken die Deutschen über Kwatrecht, Gontrode und Lemberge nach Gent vor. In der Schlacht bei Melle vom 9. bis 10. Oktober 1914 müssen Belgier und französische Marineschützen weichen. Inzwischen sind die meisten belgischen Soldaten jenseits des Kanals Gent-Terneuzen, am Abend befinden sie sich in Eeklo. Sie sind dem Feind entkommen und unterwegs zur Küste bzw. zur IJzer.

XXVII.2 De Belgische troepen verlaten Antwerpen om hun heldhaftige aftocht naar de IJzer te beginnen (oktober 1914). ~ Les troupes belges quittent Anvers pour commencer leur héroïque retraite vers l'Yser (octobre 1914). Belgian troops leave Antwerp to begin their heroic retreat towards the Yser (October 1914). ~ Die belgischen Truppen verlassen Antwerpen, um ihren heldenhaften Rückzug an die IJzer anzutreten (Oktober 1914).

XXVIII.2

XXVII.9

XXVII.11

XXVIII.2 Franse gewonden wachten na het gevecht op de komst van de ambulance.
Blessés français, attendant après le combat l'arrivée de l'ambulance.
French casualties, awaiting the arrival of the ambulance after battle.
Französische Verwundete warten nach der Schlacht auf die Ankunft des Krankenwagens.

XXVII.9 Franse gewonden worden verzorgd in Nieuwpoort (december 1914).
Blessés français soignés à Nieuport (décembre 1914).
French casualties being cared for in Nieuwpoort (December 1914).
Französische Verwundete werden in Nieuwpoort versorgt (Dezember 1914).

XXVII.11 In de duinen van De Panne (december 1914).
Dans les dunes à La Panne (décembre 1914).
In the dunes at De Panne (December 1914).
In den Dünen von De Panne (Dezember 1914).

XXIX.12 Kleine scènes in de loopgraven: een geïmproviseerd kapsalon (bij Diksmuide, december 1914). ~ Petites scènes dans les tranchées: un coiffeur improvisé (près de Dixmude, décembre, 1914).
Scene from the trenches: an improvised barber (near Diksmuide, December 1914). ~ Eine Szene im Schützengraben: Ein improvisierter Friseurbesuch (in der Nähe Diksmuide, Dezember 1914).

Waar het beeld genomen werd, is niet duidelijk, het kan ergens in de IJzervallei zijn, bij de verdediging van Diksmuide. De gewonde is wellicht een Franse marinefuselier van admiraal Ronarc'h en de toesnellende man met een legerpetje een soldaat van de 42ste Franse divisie van generaal Grosetti, die eind oktober even meehielp bij de verdediging van Diksmuide. Zijn geweer ligt naast hem en om zijn middel draagt hij patroontassen. De gekruiste riem op de borst sterkt ons in het vermoeden dat het om een marinefuselier gaat. Helmen zijn er nog niet, want die worden pas in november 1915 ingevoerd, nadat men in de militaire hospitalen heeft vastgesteld dat heel veel soldaten met hoofdwonden binnenkomen. Toen heeft de Franse kolonel Adrian een helm ontworpen, die ook door het Belgische leger werd overgenomen. Op de achtergrond staat een driewielige boerenkar, zoals die nog lang na de oorlog door paarden werd getrokken. Het stro, het hooi of het verdroogde gras laten vermoeden dat we in de late zomer of de vroege herfst zijn. De foto werd waarschijnlijk genomen door de voorloper van de Service Photographique de l'Armée Belge (opgericht eind 1915), La Société Belge de Phototypie. Die heeft tijdens de eerste vijftien oorlogsmaanden heel wat beeldmateriaal verzameld.

Cette photo fut prise lors de la défense de Dixmude, mais le lieu reste imprécis. Il se situe quelque part dans la vallée de l'Yser. Le blessé est sans doute un fusilier marin français de l'amiral Ronarc'h et l'homme portant un képi qui lui vient en aide est un soldat de la 4ième Division française du général Grosetti, qui apporta son aide à la défense de Dixmude à la fin d'octobre. Son fusil est à côté de lui et il porte des cartouchières à la taille. Le baudrier croisé sur sa poitrine permet de supposer qu'il s'agit d'un fusilier marin. Les casques n'existent pas encore. Ils n'apparaîtront qu'en novembre 1915 après qu'on eut constaté dans les hôpitaux militaires que de très nombreux soldats présentaient des blessures à la tête. Le colonel français Adrian conçut alors un casque, qui fut également adopté par l'armée belge. À l'arrière se trouve un tombereau à trois roues, qui fut encore tiré par des chevaux bien longtemps après la guerre. La paille, le foin ou l'herbe séchée indique que nous sommes à la fin de l'été ou au début de l'automne. La photo fut vraisemblablement prise par le précurseur du Service Photographique de l'Armée Belge (créé fin 1915), à savoir la Société Belge de Phototypie, qui rassembla une énorme quantité de documents iconographiques durant les quinze premiers mois de la guerre.

It is not clear where this photograph was taken, but perhaps it was in the Yser valley, during the defence of Diksmuide. The wounded man is one of Admiral Ronarc'hs marines, and the man (with kepi) rushing to help him is a soldier of General Grosetti's 42nd Division, which took part in the battle to save the town at the end of October 1914. The casualty's rifle is lying at his side and he is wearing a cartridge belt around his waist. The crossed chest-straps identify him as a marine. Neither man is wearing a helmet – these were only introduced in November 1915, after the military hospitals had reported a disturbing growth in the number of head wounds. The French colonel Adrian designed one of the very first steel helmets and this design was adopted by the Belgian Army. In the background stands a three-wheeled farming cart of a horse-drawn type which was still used for many years after the war. The straw or dried grass which it is carrying suggests a date of late summer or early autumn. The photograph was probably taken by the Société Belge de Phototypie, which was the forerunner of the Belgian Army Photographic Service, which was set up at the end of 1915. During the first fifteen months of the war the SBP collected a considerable quantity of visual material.

Wo dieses Foto aufgenommen wurde, ist nicht belegt. Es könnte irgendwo im IJzertal sein, während der Verteidigung von Diksmuide. Der Verwundete ist möglicherweise einer von Admiral Ronarc'hs französischen Marineschützen und der herbeieilende Mann mit Armeemütze ein Soldat der 42. französischen Division unter General Grosetti, der Ende Oktober kurz bei der Verteidigung von Diksmuide mithalf. Das Gewehr liegt neben ihm auf dem Boden, um die Hüfte trägt er Munitionstaschen. Der über der Brust gekreuzte Riemen bestärkt die Vermutung, dass es sich hier um einen Marineschützen handelt. Helme gibt es noch nicht, die werden erst im November 1915 maßgefertigt, nachdem man in den Militärkrankenhäusern festgestellt hatte, dass sehr viele Soldaten mit Kopfwunden eingeliefert wurden. Damals hat der französische Oberst Adrian einen Helm entworfen, der auch vom belgischen Heer übernommen wurde. Im Hintergrund steht ein dreirädriger Bauernkarren. Diese Wagen wurden auch noch lange nach dem Krieg von Pferden gezogen. Das Stroh, das Heu oder das vertrocknete Gras lassen vermuten, dass wir uns im Sommer oder Frühherbst befinden. Das Foto wurde wahrscheinlich mit dem Vorgänger des „Service Photographique de l'Armée Belge" (gegründet Ende 1915) aufgenommen, „La Société Belge de Phototypie", die während der ersten fünfzehn Kriegsmonate jede Menge Bildmaterial zusammengetragen hat.

XXVII.7 Een Franse gewonde wordt uit een greppel gehaald. ~ Un blessé français retiré d'un fossé.
A French casualty is pulled out of a ditch. ~ Ein französischer Verwundeter wird aus einem Graben gehoben.

XXVI. 2

XXVIII. 8

XXVI.2 Graven van onze dappere mannen achter de schuilplaats van de loopgraven (Steenstrate, april 1915).
Tombes de nos braves derrière l'abri des tranchées (Steenstraate, avril 1915).
The graves of Belgian soldiers, buried behind the trenches at Steenstrate (April 1915).
Gräber unserer tapferen Kameraden hinter dem Unterstand der Schützengräben (Steenstrate, April 1915).

XXVIII.8 Een motorrijder brengt de reisbeschrijving en de bevelen onder gesloten envelop naar de piloot van een vliegtuig dat wacht op zijn vertrek.
Un motocycliste apporte, sous pli cacheté, l'itinéraire et les ordres au pilote d'un avion en partance.
A motorcyclist brings orders and a flight plan, in a sealed envelope, to the pilot of an aeroplane waiting to take off.
Kurz vor dem Start bringt ein Motorradfahrer dem Flugzeugpiloten einen versiegelten Umschlag mit der Flugbeschreibung und den Befehlen.

XXVIII. 1

XXVII. 5

XXVIII.1 Franse soldaten vermaken zich in de straten van Nieuwpoort (april 1915).
Les poilus s'amusent dans les rues de Nieuport (avril 1915).
French soldiers having fun in the streets of Nieuwpoort (April 1915).
Die französische Soldaten amüsieren sich in den Straßen von Nieuwpoort (April 1915).

XXVII.5 In de loopgraven langs de spoorweg in Pervijze (april 1915).
Dans les tranchées du chemin de fer à Pervyse (avril 1915).
In the trenches along the railway at Pervijze (April 1915).
In den Schützengräben entlang die Eisenbahn bei Pervijze (April 1915).

XXVIII.4

XXIX.1

XXIX.6

XXVIII.4 Aan de uitgang van de hoeve Berkelhof (Pervijze, april 1915).
A la sortie de la ferme Berkelhof (Pervyse, avril 1915).
At the exit of 'Berkelhof' farm (Pervijze, April 1915).
An der Ausfahrt des Hofes Berkelhof (Pervijze, April 1915).

XXIX.1 Een verschanste en gecamoufleerde schuilplaats bij Fort Knokke (april 1915).
Un abri retranché et camouflé au Fort de Knocke (avril 1915).
An entrenched and camouflaged shelter at Fort Knokke (April 1915).
Ein versteckter und getarnter Unterstand in der Nähe der Festung Knokke (April 1915).

XXIX.6 De ruiters van de 4de Jagers te Paard bezetten de dijk van de IJzer in Reninge (april 1915).
Les cavaliers du 4ième Chasseurs à Cheval occupent la digue de l'Yser à Reninghe (avril 1915).
Troopers of the 4th Chasseurs à Cheval occupying the banks of the Yser at Reninge (April 1915).
Die Reiter der vierten Leichten Kavallerie besetzen den Deich an der IJzer bei Reninge (April 1915).

XXX. 11

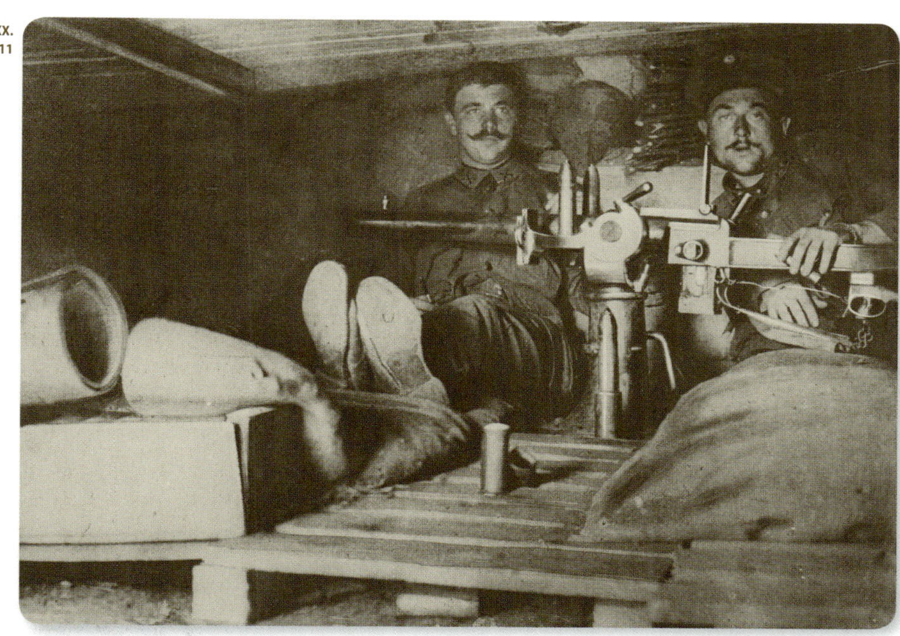

XXVIII. 11

XXVII. 8

XXX.11 37mm-kanon en zijn bedieners in hun schuilplaats in Noordschote (april 1915).
Canon de 37mm et ses servants, dans leur abri à Noordschoote (avril 1915).
A 37mm gun and its crew in their shelter at Noordschote (April 1915).
Eine 37mm-Kanone und ihre Kanoniere in ihrem Unterstand bei Noordschote (April 1915).

XXVIII.11 Het landschap in de onmiddellijke omgeving van Nieuwpoort (april 1915).
Paysage aux abords de Nieuport (avril 1915).
The landscape near Nieuwpoort (April 1915).
Die Landschaft in der unmittelbaren Umgebung von Nieuwpoort (April 1915).

XXVII.8 Loopgraven in Ramskapelle in de richting van Nieuwpoort (april 1915).
Tranchées à Ramskapelle, vers Nieuport (avril 1915).
The trenches at Ramskapelle, in the direction of Nieuwpoort (April 1915).
Schützengräben bei Ramskapelle, die nach Nieuwpoort führen (April 1915).

In mei 1915 escorteren Arabische *goumiers* tientallen Duitse krijgsgevangenen door de dorpskern van Gijverinkhove. Een *goum* is een familie of een stam bij de Arabieren, niet zozeer van Saudi-Arabië zelf – dat land was niet in de oorlog betrokken – maar wel in de verruimde betekenis van volgelingen van de profeet Mohammed. Zij waren afkomstig uit de Franse kolonies in Noord-Afrika; het betrof meestal heel kleurrijk geklede Algerijnen en vooral Marokkanen. Het waren inheemse ruiters op snelle paardjes en met een omkadering van Franse officieren. In haar dagboek noteert verpleegster Jane de Launoy op 20 december 1914 in De Panne: 'Terwijl we langs de vloedlijn wandelen, bewonderen we een Arabische ruiter die te onzer ere zonder zadel en zonder stijgbeugels een demonstratie ten beste geeft. De woeste kerel en zijn wilde rijdier vormen een geheel van aangrijpende schoonheid.' De doortocht van krijgsgevangenen lokt de dorpelingen naar buiten en op de voorgrond staan ook enkele Belgische soldaten toe te kijken. Waarheen ze werden weggeleid, is niet bekend, maar over het algemeen kwamen velen in werkkampen in Frans-Vlaanderen terecht. Gijverinkhove was en is een rustig Westhoekdorp, begrensd door even stille gemeenten als Hoogstade, Beveren-aan-de-IJzer, Leisele en Izenberge, nu allemaal deelgemeenten van Alveringem.

En mai 1915, des dizaines de prisonniers de guerre allemands sont escortés dans le village de Ghyverinchove par des goumiers arabes. Chez les Arabes en général – l'Arabie Saoudite n'était pas impliquée dans la guerre – un goum est une tribu ou une famille. Il s'agit au sens large de disciples du prophète Mahomet. Ces goumiers étaient originaires des colonies françaises d'Afrique du Nord: des Algériens aux vêtements bariolés et surtout des Marocains. Ces cavaliers montaient des chevaux rapides et étaient encadrés par des officiers français. Dans son journal, l'infirmière Jane de Launoy note le 20 décembre 1914 à La Panne: « Tandis que nous nous promenons sur l'estran, nous admirons un cavalier arabe donnant en notre honneur une démonstration sans selle et sans étriers. Cet homme rude et sa monture sauvage forment un couple d'une beauté saisissante ». Le passage de prisonniers de guerre attire les villageois dans la rue: à l'avant plan, quelques soldats belges observent la scène. On se sait pas où sont emmenés les prisonniers. Généralement la plupart d'entre eux aboutissaient dans des camps de travail en Flandre française. Ghyverinchove fut et est encore un paisible village du Westhoek, bordé par les villages tout aussi tranquilles de Hoogstade, Beveren-aan-de-IJzer, Leysele et Isenberghe, qui appartiennent tous aujourd'hui à l'entité d'Alveringhem.

A number of German prisoners are here being led through the village of Gijverinkhove by an exotic escort of Arab 'goumiers'. A 'goum' is the name given by the Arabs to their families or tribes. In this context, the word 'Arab' does not refer to the inhabitants of Saudi Arabia – a country which was not involved in the war – but is a generic description for the followers of the Prophet Mohammed. During the First World War, many 'goumiers' served in the French Army, their units having been formed in the French colonies of North Africa, particularly Algeria and Morocco. Often dressed in highly colourful uniforms and serving under a cadre of French officers, they were excellent horsemen and made brave soldiers. The Belgian nurse Jane de Launoy noted at De Panne in her diary for 20 December 1914: 'as we walked along the water's edge, an Arab cavalryman gave a magnificent display of horsemanship in our honour, all without saddle and stirrups. This fearsome-looking man and his fiery steed possessed a terrifying unity and beauty...' The passage of the prisoners arouses the curiosity of the villagers, and a number have come to their front doors to look. In the foreground, a group of Belgian soldiers is also watching the scene. We do not know where they are being led, but most POWs ended up in work camps along the Franco-Belgian border. Gijverinkhove was (and is) a quiet village in West Belgium, surrounded by the equally quiet rural communities of Hoogstade, Beveren-aan-de-IJzer, Leisele and Izenberge (which now all form part of the commune of Alveringem).

Mehrere Dutzend deutsche Kriegsgefangene werden im Mai 1915 von arabischen Goums durch das Dorfzentrum von Gijverinkhove eskortiert. Ein Goum ist eine arabische Familie bzw. ein Stamm. Die Bezeichnung bezieht sich weniger auf eine Herkunft aus Saudi-Arabien, denn dieses Land war nicht in den krieg involviert, als vielmehr im Allgemeinen auf Anhänger des Propheten Mohammed. Sie stammten aus den französischen Kolonien in Nord-Afrika. Meist handelte es sich um farbenfroh gekleidete Algerier und v. a. Marokkaner. Es waren einheimische Reiter auf schnellen Pferden, die von französischen Offizieren flankiert wurden. Krankenschwester Jane de Launoy notiert in ihrem Tagebuch vom 20. Dezember 1914 in De Panne: „Auf unserem Strandspaziergang bewundern wir einen arabischen Reiter, der uns zu Ehren ohne Sattel oder Steigbügel seine Reitkünste zum Besten gibt. Dieser ungezähmte Mann mit seinem ebenso wilden Pferd gibt ein Bild von ergreifender Schönheit ab." Der Durchmarsch von Kriegsgefangenen lockt die Dorfbewohner vor die Tür, vorne sieht man auch einige belgische Soldaten, die zuschauen. Wohin die Gefangenen gebracht werden, ist nicht bekannt, meist waren es jedoch Arbeitslager in Französisch-Flandern. Gijverinkhove war und ist ein ruhiges Dorf in der Westhoek, umgeben von ebenso stillen Gemeinden wie Hoogstade, Beveren-aan-de-IJzer, Leisele und Izenberge, die heute alle in Alveringem eingemeindet sind.

XXIV.3 Duitse krijgsgevangenen worden door Arabische *goumiers* begeleid door Gijverinkhove (mei 1915). ~ Prisonniers de guerre allemands escortés par des « goumiers » arabes à Ghyverinchove (mai 1915).
German prisoners of war, escorted through the village of Gijverinkhove by the Arab 'goumiers' (May 1915). ~ Deutsche Kriegsgefangene werden von arabischen „Goumiers" durch Gijverinkhove geführt (Mai 1915).

XXV. 7

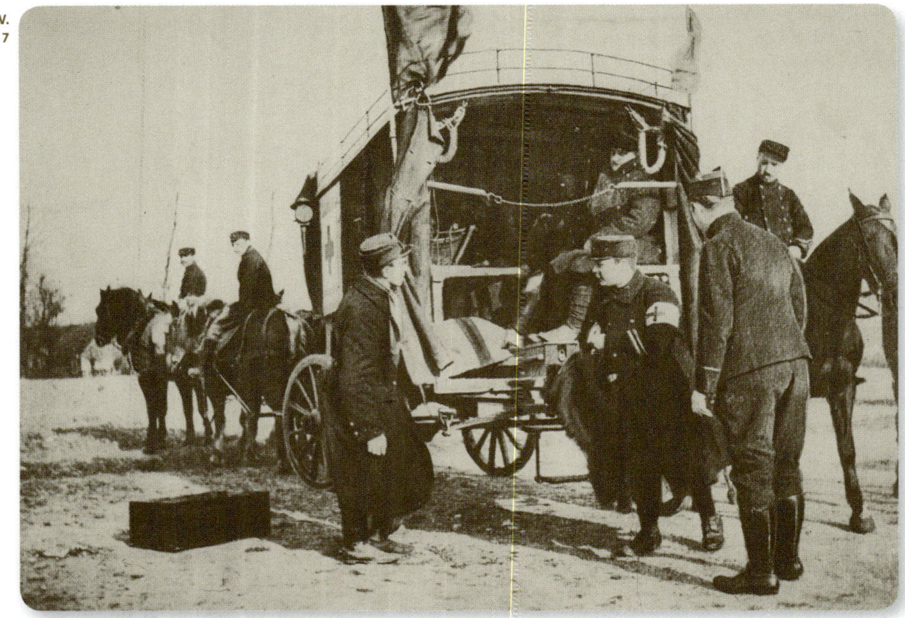

XXV. 2

XXV. 3

XXV.7 Een ambulancewagen in Alveringem (april 1915).
Une voiture-ambulance à Alveringhem (avril 1915).
An ambulance in Alveringem (April 1915).
Ein Krankenwagen in Alveringem (April 1915).

XXV.2 I. Hoe men een element van een drijvende voetbrug met tonnen en balken in elkaar steekt.
I. Comment on prépare un élément de passerelle flottante avec des tonneaux et des madriers.
I. How to prepare a section of a floating footbridge with casks and beams.
I. Wie man aus Fässern und Balken Elemente einer treibenden Fußbrücke baut.

XXV.3 II. Het element van de voetbrug dat op de grond is gemaakt, wordt te water gelaten.
II. L'élément de la passerelle, construit à terre, est posé au-dessus de l'eau.
II. The section of the footbridge, built on land, is placed on the water.
II. Der an Land gebaute Teil der Fußbrücke wird zu Wasser gelassen.

XXVI.1

XXV.1

XXVI.1 Ruiters van de 1ste Gidsen trekken de IJzer over in Stavele (mei 1915).
Cavaliers du 1ier Guides passant l'Yser à Stavele (mai 1915).
Troopers of the 1st Guides on the banks of the Yser at Stavele (May 1915).
Reiter der „1ste Gidsen" überqueren bei Stavele die IJzer (Mai 1915).

XXV.1 De aanleg van een voetbrug door de pontonniers van de 1ste Cavaleriedivisie in Stavele (mei 1915).
Construction d'une passerelle par les pontonniers de la 1e D.C. (Division de cavalerie) à Stavele (mai 1915).
The construction of a footbridge at Stavele by the pontoon team of the 1st Cavalry Division (May 1915).
Bau einer Fußbrücke bei Stavele durch die Pontoniere der ersten Kavalleriedivision (Mai 1915).

XXIX.8

XXIX.8 Overtocht van de IJzer over geïmproviseerde pontons.
Passage de l'Yser sur des pontons improvisés.
Crossing the Yser with improvised pontoons.
Überquerung der IJzer auf einer improvisierten Brücke.

Deze tweezitter voor piloot en waarnemer werd ontworpen door de Franse vliegtuigbouwer Gaston Caudron, maar moest vlug plaatsmaken voor snellere en bijgevolg minder kwetsbare Franse toestellen zoals de Nieuport, de Morane en de Spad en werd daarna vooral als lesvliegtuig gebruikt. In de begindagen van de oorlog waren verkenningsvluchten heel belangrijk om artillerieposities te signaleren; de Duitse nederlaag aan de Marne in september 1914 mag deels worden toegeschreven aan precieze inlichtingen over vijandelijke troepenbewegingen. In het begin zwaaiden de piloten weleens ridderlijk naar elkaar. Maar die vorm van beleefdheid verdween snel. De piloot wapende zich met een pistool en de waarnemer met een karabijn. Met die wapens werden de eerste luchtgevechten geleverd. Mogelijkheid om op dit toestel een mitrailleur te monteren was er niet. De Caudron kon een maximumsnelheid halen van 115 km per uur en een maximumhoogte van 3000 m. Ook de Belgische luchtmacht gebruikte op haar vliegscholen heel wat Caudrons. De twee motoren van de Caudron werden met een trekschroef gestart, zoals de figuur rechts bewijst. Piloot en waarnemer zitten in een soort gondel en zijn warmpjes ingeduffeld. De taak van de waarnemer zal ook snel evolueren naar het nemen van soms verrassend heldere luchtfoto's.

Cet appareil biplace - pilote et observateur - fut conçu par l'avionneur français Gaston Caudron, mais il dut rapidement céder la place à des avions français plus rapides et donc moins vulnérables tels que le Nieuport, le Morane et le Spad et fut ensuite utilisé surtout comme avion-école. Dans les premiers jours de la guerre, les vols de reconnaissance jouèrent un rôle en vue dans la signalisation des positions de l'artillerie ennemie; la défaite allemande sur la Marne en septembre 1914 peut être en grande partie attribuée à la précision des renseignements sur les mouvements des troupes ennemies. Au début, les pilotes se saluaient comme des chevaliers en balançant leurs ailes. Mais cette forme de politesse n'eut qu'un temps. Le pilote s'arma d'un pistolet et l'observateur, d'une carabine. C'est avec ces armes que furent livrés les premiers combats aériens. Sur cet appareil, il n'était pas possible d'installer une mitrailleuse. Le premier Caudron ne pouvait voler qu'à 115 km/h et ne dépassait pas 3000 m d'altitude. L'armée de l'air employa de nombreux Caudrons dans ses écoles de pilotage. Comme le montre la photo, les deux moteurs de l'appareil sont lancés à la main. Le pilote et l'observateur sont assis dans une espèce de gondole et sont chaudement vêtus. La tâche de l'observateur évoluera rapidement vers la prise de photos d'une netteté parfois surprenante.

This two-seater biplane was designed by the French aviation constructor Gaston Caudron, but quickly made way for faster and less vulnerable models, such as the Nieuport, the Morane and the Spad. Thereafter, it was mainly used as a training plane. In the early phases of the war, reconnaissance flights were very important, both for locating enemy troop concentrations and directing the fire of the artillery. The German defeat at the Battle of the Marne in September 1914 was in large part due to the results of this type of aerial observation. During this early period, the war in the air was a gentleman's war, with the pilots often waving to each other in chivalrous fashion. But all this soon changed. Pilots began to carry pistols, while their observers used rifles to conduct the very first aerial battles. Later, the weaponry would become even more sophisticated – and more deadly. But the Caudron dates from the period before machine guns and synchronised propellers. It had a maximum speed of 115 km per hour and a maximum ceiling of 3,000 metres (10,000 feet). This relative slowness and its easy handling made it a popular model for the training schools of the Belgian Air Force. Its twin motors were crank-started, a task about to be performed by the figure on the right. The pilot and the observer are sitting in a basket-like recess and are well protected against the cold. At first, the observer's work was conducted with the naked eye, but later they used cameras which took surprisingly clear aerial photographs.

Dieser Zweisitzer für Pilot und Beobachter wurde vom französischen Flugzeugbauer Gaston Caudron entworfen, musste aber rasch schnelleren und daher weniger empfindlichen französischen Maschinen wie dem „Nieuport", der „Morane" und der „Spad" weichen und wurde anschließend v. a. als Übungsflugzeug benutzt. In den ersten Kriegstagen waren Erkundungsflüge sehr wichtig, um Artilleriepositionen wahrzunehmen. Die deutsche Niederlage an der Marne im September 1914 darf den präzisen Informationen über feindliche Truppenbewegungen zugeschrieben werden. Anfangs winkten die Piloten einander manchmal kameradschaftlich zu. Dieses Zeichen der Höflichkeit wurde aber bald wieder aufgegeben. Der Pilot bewaffnete sich mit einer Pistole, der Beobachter mit einem Karabiner. Mit diesen Waffen lieferte man sich auch die ersten Kämpfe in der Luft. Es gab keine Möglichkeit, auf dieses Gerät ein Maschinengewehr zu montieren. Die Caudron konnte eine Höchstgeschwindigkeit von 115 km pro Stunde erreichen und bis zu 3000 m hoch fliegen. Auch die belgische Luftwaffe benutzte in ihren Flugschulen zahlreiche Caudrons. Die beiden Motoren der Caudron wurden mithilfe einer Zugschraube gestartet, wie man an der Figur rechts im Bild erkennen kann. Pilot und Kundschafter sitzen in einer Art Gondel und sind warm verpackt. Rasch wurde es auch Aufgabe des Kundschafters, Luftaufnahmen zu machen, die manchmal überraschend scharf waren.

XXVI.8 Vliegtuigtype Caudron van het Frans-Belgische eskadron: de piloot en de waarnemer in de open cockpit. ~ Appareil bimoteur Caudron de l'escadrille franco-belge: le pilote et l'observateur dans la carlingue. A Caudron biplane of the Franco-Belgian squadron: the pilot and the observer in the open cockpit. ~ Ein zweimotoriges Flugzeug vom Typ Caudron der französisch-belgischen Fliegerstaffel: Pilot und Beobachter im Cockpit.

De Brusselse chirurg Antoine Depage (1862-1925) was de chef van het militair hospitaal De Oceaan in De Panne, oorspronkelijk een groot hotel-restaurant. Het stond leeg in 1914 en werd hospitaal vanaf dinsdag 8 december 1914, grotendeels uitgerust door de bekende Londense winkel Harrods. Depage behoorde tot de vriendenkring van de koninklijke familie. Toen koning Albert in februari 1914 bij een val van zijn paard een voorarm brak, was het Depage die de vorst opereerde en verzorgde. Zo onderhielden ze wekenlang bijna dagelijks contact en ontstond een wederzijdse achting. Depage had wegens zijn hoge doktersfunctie de militaire graad van luitenant-kolonel, maar voelde niets voor het militaire gedoe. Zijn vrouw Marie Picard was een van de ongeveer 1200 slachtoffers, toen een Duitse onderzeeër op 7 mei 1915 de RMS Lusitania kelderde. Zij keerde van een fondseninzamelactie voor het Rode Kruis uit de VSA terug. Op 7 juni 1915 kwam de koningin chirurg Depage een hart onder de riem steken en daarna af en toe meehelpen. Tijdens het Duitse lenteoffensief van 1918 dreigde de Westhoek te worden overrompeld. Toen kreeg Depage van generaal Mélis, hoofd van de Medische Dienst, het bevel het aantal hospitaalbedden af te bouwen, wat hij resoluut weigerde.

Le chirurgien bruxellois Antoine Depage (1862-1925) était le chef de l'hôpital militaire « L'Océan » à La Panne, installé dans ce qui avait été un grand hôtel. L'établissement était vide en 1914. Transformé en hôpital le mardi 8 décembre 1914, il fut équipé par le célèbre magasin londonien Harrods. Quand le roi Albert se fractura l'avant-bras lors d'une chute de cheval en février 1914, il fut opéré et soigné par le docteur Depage. Pendant des semaines, le roi et le médecin eurent des contacts quotidiens. Ainsi naquit une estime réciproque. Par ses hautes fonctions, Depage portait le grade de lieutenant-colonel, mais il se sentait peu attiré par les affaires militaires. Sa femme, Marie Picard, fut une des quelque 1200 victimes de l'attaque du Lusitania par un sous-marin allemand le 7 mai 1915. Elle rentrait alors des États-Unis, où elle avait participé à des collectes de fonds pour la Croix Rouge. Le 7 juin 1915, la reine vint encourager le chirurgien Depage avant de l'aider dans sa tâche. Pendant l'offensive allemande du printemps 1918, le Westhoek faillit être envahi et Depage reçut du général Mélis, chef du service médical, l'ordre de réduire le nombre de lits de l'hôpital, ce qu'il refusa résolument.

The Brussels surgeon Antoine Depage (1862-1925) was head of 'De Oceaan' military hospital in De Panne. This building had once been a large hotel-restaurant, but stood empty in 1914. It was first used as a hospital on Tuesday, 8 December 1914, and was largely equipped by the famous London department store, Harrods. Depage was already a friend of the royal family before the war. When king Albert fell from his horse in February 1914, it was Depage who had operated on his broken arm. During the subsequent period of convalescence the two men met regularly and a bond of respect developed between them. Because of his senior position in the medical world, Depage had an army rank of lieutenant-colonel, but he had little time for military discipline and military protocol. His wife, Marie Picard, was one of the more than 1,200 civilians who drowned, when the Germans torpedoed the liner *Lusitania* on 7 May 1915. She was returning from America, where she had been raising funds for the work of the Red Cross. A month later, on 7 June 1915, the Belgian queen visited Depage in De Panne to extend her sympathy. Later in the war, she returned on other occasions to offer the surgeon a helping hand. During the great German offensive of spring 1918 it looked at one point as though De Panne would be overrun. General Mélis, head of the military medical service, ordered Depage to reduce the number of beds at the hospital. Depage refused point-blank.

Der brüsseler Chirurg Antoine Depage (1862-1925) war der Leiter des Militärkrankenhauses „De Oceaan" in De Panne, das ursprünglich ein großes Hotel-Restaurant war. Im Jahr 1914 stand es leer und wurde am Dienstag, den 8. Dezember 1914 zum Hospital umfunktioniert, hauptsächlich durch das bekannte londoner Kaufhaus Harrods ausgerüstet. Depage gehörte zum Freundeskreis der königlichen Familie. Als sich König Albert im Februar 1914 bei einem Sturz von seinem Pferd einen Unterarm brach, war Depage derjenige, der den König operierte und ihn versorgte. So entstand zwischen beiden über Wochen hinweg ein fast täglicher Kontakt, aus dem gegenseitige Achtung erwuchs. Depage hatte wegen seiner hohen Stellung als Doktor den militärischen Grad eines Oberstleutnants, aber für das militärische Tamtam hatte er nichts übrig. Seine Ehefrau Marie Picard war eine der ca. 1200 Opfer der Lusitania, die am 7. Mai 1915 von einem deutschen U-Boot versenkt wurde. Sie befand sich gerade auf dem Rückweg aus den USA, wo sie Geld für das Rote Kreuz gesammelt hatte. Am 7. Juni 1915 kam die Königin zu Doktor Depage, um ihm Mut zu machen und anschließend gelegentlich mitzuhelfen. Während der deutschen Frühlingsoffensive von 1918 drohte die Westhoek überrollt zu werden. Gleichzeitig erhielt Depage von General Mélis, dem Leiter des medizinischen Dienstes, den Befehl, die Zahl der Krankenhausbetten abzubauen, was Ersterer resolut verweigerte.

Ii.10 Koningin Elisabeth en dokter Depage bij het militaire hospitaal De Oceaan in De Panne. ~ S.M. la reine et le docteur Depage à l'hôpital militaire « L'Océan » à La Panne.
H.M. the queen of Belgium and Dr. Depage at 'De Oceaan' military hospital in De Panne. ~ Besuch von Ihrer Majestät der Königin und Dr. Depage im Militärkrankenhaus „De Oceaan" in De Panne.

XXII. 12

XIII. 6

XXVI. 11

XXII.12 In het puin van de kerk van Nieuwkapelle (mei 1915).
Dans les ruines de l'église de Nieucappelle (mai 1915).
In the ruins of the church in Nieuwkapelle (May 1915).
In den Ruinen der Kirche von Nieuwkapelle (Mai 1915).

XIII.6 De laatste mis in Pervijze voor het gevecht.
La dernière messe à Pervyse avant le combat.
Soldiers celebrating mass at Pervijze before going into battle.
Die letzten Messe in Pervijze vor dem Kampf.

XXVI.11 Koningin Elisabeth komt de zwaargewonden in het hospitaal 'De Oceaan' in De Panne bezoeken.
S.M. la reine arrive à « L'Océan » à La Panne pour rendre visite aux grands blessés.
H.M. the queen of Belgium arrives at 'De Oceaan' hospital in De Panne, to visit the seriously injured.
Ihre Majestät die Königin besucht die Schwerverletzten im Lazarett „De Oceaan" in De Panne.

XXV.8

XIX.3

XXII.9

XXV.8 Het voorlopige verband voor de lichtgewonden (Gijverinkhove, juni 1915).
Le pansement sommaire des petits blessés (Ghyverinchove, juin 1915).
Temporary bandages for the lightly injured (Gijverinkhove, June 1915).
Vorläufige Wundversorgung für die Leichtverletzten (Gijverinkhove, Juni 1915).

XIX.3 In onze loopgraven bij het begin van de oorlog: Labiettehoek bij Reninge (juni 1915).
Dans nos tranchées au début de la guerre: à Labiettehoek près de Reninghe (juin 1915).
The Belgian trenches at the beginning of the war: Labiettehoek, close to Reninge (June 1915).
In unseren Schützengräben zu Beginn des Krieges: Labiettehoek in der Nähe von Reninge (Juni 1915).

XXII.9 Een officierenpost van de 2de Lansiers in de loopgraven van het Fort Knokke (Reninge, juli 1915).
Un poste d'officiers du 2e Lanciers aux tranchées du Fort de Knocke (Reninghe, juillet 1915).
An officer's post of the 2nd Lancers in the trenches at Fort Knokke near Reninge (July 1915).
Ein Offiziersposten der 2. Lanzenreiter in den Schützengräben der Festung Knokke (Reninge, Juli 1915).

XXX. 10

XXIII. 3

XXX.10 De kerk van Lampernisse: de ruïnes gezien vanaf de klokkentoren (juli 1915).
L'église de Lampernisse: les ruines vues du clocher (juillet 1915).
The church at Lampernisse: the ruins seen from the bell tower (July 1915).
Die Kirche von Lampernisse: Blick vom Kirchturm auf die Ruinen (Juli 1915).

XXIII.3 De afgestegen cavalerie trekt door de duinen (juli 1915).
Cavalerie démontée traversant les dunes (juillet 1915).
Dismounted cavalry crossing the dunes (July 1915).
Die abgestiegenen Reiter der Kavallerie durchqueren die Dünen (Juli 1915).

XXIX.2

XVII.11

VII.1

XXIX.2 Een hoek van een straat in Ieper (juli 1915).
Un coin de rue à Ypres (juillet 1915).
A corner of a street in Ypres (July 1915).
Eine Straße in Ypern (Juli 1915).

XVII.11 Het leven in de loopgraaf: het stalletje van de kleermaker en de schoenmaker.
La vie dans les tranchées: l'échoppe du tailleur et du cordonnier.
Life in the trenches: a small workshop used by the tailor and the cobbler.
Das Leben im Schützengraben: Schneider und Schuhmacher haben hier ihren Stand.

VII.1 Een gelegenheidskeuken in een kantonnement van Pervijze.
Une cuisine de fortune dans un cantonnement à Pervyse.
A field-kitchen bar in a cantonment in Pervijze.
Eine Feldküche in einem Kantonnement in Pervijze.

Twee soldaten zitten aan een primitieve tafel te schrijven. Midden op de voorgrond steekt een infanterieschopje met de punt in de grond. Iedereen draagt een politiemuts. We kunnen niet weten waar en wanneer het beeld geschoten werd, vermoedelijk 1915. De tweede man links is waarschijnlijk aan het telefoneren. Beide mannen links staan op een knuppelpad, als voorzorg tegen de modder. Van veel soldaten woont de familie in door Duitsers bezet gebied, wat de communicatie heel moeilijk maakt. De werking van de post hangt af van clandestiene organisaties, zoals Le Mot du Soldat en de Familiegroet. De post reist via Frankrijk, Engeland en Nederland naar het bezette België en omgekeerd. Sommige jongens hebben ergens in de wereld een soldatenmeter of *marraine*. Raoul Snoeck schrijft op 11 december 1917: 'Ze kennen de taal niet en vragen me hun brieven op te stellen. Gisteren kwam een soldaat me vertellen dat hij een meter had gevonden in Argentinië. Op een dag zullen we meemaken dat ik in mijn sectie het petekind heb van de koningin van Honolulu.' En op 2 april 1918 schrijft hij: 'Ik ben meestal de woordvoerder van mijn manschappen. Ik schrijf brieven aan lieftallige jonge meisjes. Ze druipen van de liefdesverklaringen, maar zijn niet voor mijn rekening.'

Deux soldats sont en train d'écrire sur une table improvisée. Au milieu, à l'avant-plan, une pelle d'infanterie est à moitié enfoncée dans le sol. Chacun porte un béret de police. Il est difficile de préciser où et quand cette photo fut prise, sans doute en 1915. Le deuxième homme à gauche est vraisemblablement occupé à téléphoner. Les deux hommes à gauche se tiennent sur un caillebotis, une précaution contre la boue. La famille de beaucoup de soldats vit dans une région occupée par les Allemands, ce qui rend les communications difficiles. Le fonctionnement de la poste dépend d'organisations clandestines comme Le Mot du Soldat et le Familiegroet. Le courrier voyage via la France, l'Angleterre et les Pays-Bas vers la Belgique occupée et vice versa. Certains jeunes gens ont une marraine quelque part dans le monde. Raoul Snoeck écrit le 11 décembre 1917: « Ils ne connaissent pas la langue et me demandent de rédiger leurs lettres. Hier, un soldat est venu me raconter qu'il avait trouvé une marraine en Argentine. Un jour, nous découvririons que j'ai dans ma section le filleul de la reine d'Honolulu ». Et le 2 avril 1918, il écrit: « Je suis le plus souvent le porte-parole de mes hommes. J'écris des lettres à des jeunes filles charmantes. Ces missives dégoulinent de déclarations d'amour, mais elles ne me concernent pas ».

Two soldiers are sitting at a primitive table, writing letters. In the foreground, a shovel has been thrust into the ground, point first. Everyone is wearing a police-style cap. It is not known precisely when this photograph was taken, but it was probably in 1915. The second man from the left seems to be using a telephone. Both the men on the left are standing on a duckboard, to keep them out of the mud. The families of many of the soldiers at the front lived in the zone occupied by the Germans, which made it difficult to keep in touch. The only real means of communication was a clandestine postal service, operated by groups such as Le Mot du Soldat (The Soldier's Word) and Familiegroet (Family Greetings). This post travelled via France, England and the Netherlands, before finally reaching occupied Belgium. Some of the soldiers also had a pen friend (usually female, a 'marraine') in another part of the world. On 11 December 1917 Raoul Snoeck noted in his journal: "They don't understand the language and they ask me to write their letters for them. Yesterday, one soldier arrived to tell me that he had found a pen-friend in Argentina. And it wouldn't surprise me a bit to learn one day that a soldier in my section is the pen friend of the queen of Honolulu!" On 2 April 1918 he added: "I am a kind of spokesperson for the men. I write letters to all their charming young ladies. I am constantly writing undying declarations of love, but sadly none of them are from me!"

Zwei Soldaten sitzen an einem schlichten Tisch und schreiben. Im Vordergrund steckt ein Spaten der Infanterie im Boden. Alle tragen eine Polizeimütze. Wir können nicht mit Sicherheit sagen wann dieses Foto aufgenommen wurde, vermutlich aber 1915. Der zweite Mann auf der linken Seite telefoniert vermutlich gerade. Die beiden Männer links stehen auf einem Weg aus Bohlenbrettern, eine Vorkehrung gegen den Schlamm. Die Familien vieler Soldaten leben im von Deutschen besetzten Gebiet, was die Kommunikation besonders schwierig macht. Ob die Postüberbringung funktioniert, hängt ab von geheimen Organisationen wie „Le Mot du Soldat" oder „Der Familiengruß". Die Briefe reisen über Frankreich, England und die Niederlande in das besetze Belgien und vice versa. Manche Jungsoldaten haben irgendwo auf der Welt eine Soldaten-Patin oder auch „marraine" genannt. Raoul Snoeck schreibt am 11. Dezember 1917: „Sie kennen die Sprache nicht, weshalb sie mich bitten, die Briefe für sie aufzusetzen. Gestern berichtete mir ein Soldat, er habe eine Patentante in Argentinien gefunden. Vielleicht ist ja irgendwann das Patenkind der Königin von Honolulu in meiner Sektion!" Und am 2. April 1918 schreibt er: „Ich bin meist das Sprachrohr meiner Truppen. Ich verfasse Briefe an anmutige junge Mädchen, die vor Liebeserklärungen triefen - die aber nicht mir gelten."

XV.8 Een brief voor hen die thuis achtergebleven zijn. ~ Une lettre pour ceux qui sont restés là-bas.
A letter for those at home. ~ Der Brief an die Daheimgebliebenen.

VI.
3

Luchtafweergeschut bijgenaamd de 'Pompom'. ~ Canon-revolver anti-avions surnommé le « Pompom ». Anti-aircraft guns, nicknamed 'Pompoms'. ~ Fliegerabwehrkanonen mit dem Beinamen „Pompom".

XXVII.
3

In de ruïnes van het pensionaat van Pervijze (augustus 1915). ~ Dans les ruines du pensionnat de Pervyse (août 1915). ~ Amongst the ruins of the boarding school in Pervijze (August 1915). In den Ruinen des Internats von Pervijze (August 1915).

XXV.6

XXII.11

XXV.6 Een van de eerste keukenwagens van het Belgische leger (Noordschote, augustus 1915).
Une des premières cuisines roulantes de l'armée belge (Noordschoote, août 1915).
One of the first kitchen wagons of the Belgian Army (Noordschote, August 1915).
Eine der ersten mobilen Küchen der belgischen Armee (Noordschote, August 1915).

XXII.11 Het 28ste Franse territoriale regiment komt van Nieuwpoort aan in Wulveringem (augustus 1915).
Le 28ième régiment territorial français arrivant de Nieuport à Wulveringhem (août 1915).
The 28th French Territorial Regiment arriving from Nieuwpoort at Wulveringem (August 1915).
Das 28. französische Territorialregiment verlässt Nieuwpoort und erreicht Wulveringem (August 1915).

XXII.6 De militaire begraafplaats van 'Pijpegale' in Reninge (augustus 1915).
Le cimetière militaire de « Pypegaale » à Reninghe (août 1915).
The military cemetery known as 'Pijpegale' in Reninge (August 1915).
Der Militärfriedhof von „Pijpegale" in Reninge (August 1915).

XXII.6

XVII. 2

XXV. 4

XVII.2 De graven van onze dapperen op het kerkhof van Nieuwpoort.
Les tombes de nos braves au cimetière de Nieuport.
The graves of the brave Belgian soldiers in Nieuwpoort cemetery.
Die Gräber unserer tapferen belgischen Kameraden auf dem Friedhof von Nieuwpoort .

XXV.4 Een officierenschuilplaats van de 1ste 'Algerijnse tirailleurs' in de bossen van Woesten (september 1915).
Une cagna d'officiers du 1er Tirailleurs algériens dans les bois de Woesten (septembre 1915).
An officers' shelter of the 1st Algerian Tirailleurs in the woods at Woesten (September 1915).
Ein Unterstand der Offiziere der ersten „Tirailleurs Algériens" im Wald von Woesten (September 1915).

XXIV. 9

XXIV.9 De 'Algerijnse tirailleurs' in Woesten (september 1915).
Les Tirailleurs algériens à Woesten (septembre 1915).
The Algerian Tirailleurs in Woesten (September 1915).
Die „Tirailleurs Algériens" in Woesten (September 1915).

XXVIII.9 In de ruïnes van Ieper (september 1915).
Dans les ruines d'Ypres (septembre 1915).
In the ruins of Ypres (September 1915).
In den Ruinen von Ypern (September 1915).

XXVIII. 9

XI. 5

XXV. 10

XI.5 Een hoek van de ruïnes van de kathedraal in Ieper.
Un coin des ruines de la cathédrale d'Ypres.
A corner of the ruins of the cathedral in Ypres.
Die Ruinen der Kathedrale von Ypern.

XXV.10 Vergezicht op het puin van de Sint-Maartenskathedraal in Ieper.
Les ruines de la cathédrale Saint-Martin à Ypres, vues de loin.
A panoramic view of the ruins of St. Martin's cathedral in Ypres.
Blick aus der Ferne auf die Sankt-Martins-Kathedrale in Ypern.

XXV. 11

XXIII. 5

XXV.11 Detail van de overblijfselen van de Sint-Maartenskathedraal in Ieper.
Détail des ruines de la cathédrale Saint-Martin à Ypres.
Detail of a corner of the ruins of St. Martin's Cathedral in Ypres.
Detailaufnahme von den Überresten der Sankt-Martins-Kathedrale in Ypern.

XXIII.5 Puin van de Sint-Maartenskloosterpoort in Ieper.
Ruines de la porte du cloître Saint-Martin à Ypres.
Ruins of the gate of St.-Martin's convent in Ypres.
Ruinen des Torbogens des Sankt-Martinsklosters in Ypern.

XXIV. 11

XXIV. 8

XXIV. 10

XXIV.11 In het puin van de kerk van Lampernisse (september 1915).
Dans les ruines de l'église de Lampernisse (septembre 1915).
In the ruins of the church in Lampernisse (September 1915).
In den Ruinen der Kirche von Lampernisse (September 1915).

XXIV.8 De staf van de 2de Cavaleriedivisie in Brayduinen (oktober 1915).
L'état-major de la 2ième D.C. (Division de cavalerie) à Bray-Dunes (octobre 1915).
The staff of the 2nd Cavalry Division at Brayduinen (October 1915).
Der Generalstab der 2. Kavalleriedivision in Brayduinen (Oktober 1915).

XXIV.10 De hoeve Losland in Ramskapelle (oktober 1915).
La ferme « Losland » à Ramscappelle (octobre 1915).
'Losland' farm in Ramskapelle (October 1915).
Der Hof „Losland" in Ramskapelle (Oktober 1915).

VI.
7

XX.
3

VI.7 In de duinen in de directe omgeving van Nieuwpoort.
Dans les dunes, aux abords de Nieuport.
In the dunes near Nieuwpoort.
In den Dünen in der Nähe von Nieuwpoort.

XX.3 Officieren en soldaten van de 4de Jagers te Paard in onze posities ten zuiden van Diksmuide (december 1915).
Officiers et soldats du 4ième Chasseurs à Cheval sur nos positions au sud de Dixmude (décembre 1915).
Officers and soldiers of the 4th Chasseurs à Cheval in our positions south of Diksmuide (December 1915).
Offiziere und Soldaten der 4. Leichten Kavallerie in unseren Stellungen südlich von Diksmuide (Dezember 1915).

Koningin Elisabeth van België (1876-1965) was van oorsprong een prinses afkomstig van de Duitse deelstaat Beieren en was in 1900 gehuwd met Albert I van België (°1875, koning van 1909 tot 1934). Zij heeft tussen 31 augustus 1914 en 8 oktober 1918 tijdens haar talrijke bezoeken achter het Belgische front, in De Panne waar de koninklijke familie een tijdlang verbleef en in het buitenland zelf talrijke geslaagde foto's genomen. Een viertal albums kunnen in het Archief van het Koninklijk Paleis worden geraadpleegd. Zij nam veel foto's van haar man en de kinderen, maar ook van de bezoekers: buitenlandse staatshoofden, generaals, auteurs, madame Tack, enz. Zij schuwde het gevaar niet en kwam ook af en toe aan of dichtbij het echte front. In juli 1916 fotografeerde ze de vooruitgeschoven chirurgische hulppost van De Oceaan bij de Sint-Jansmolen in Oostkerke-Diksmuide. Maar begin 1916 nam ze dit kiekje in Nieuwpoort waar de Geallieerden aan de overkant van de IJzer nog een stevig uitgebouwd bruggenhoofd hadden, dat achtereenvolgens door Fransen, Britten en Belgen werd verdedigd. Dit was een heel gevaarlijke plek die door de Duitsers regelmatig werd bestookt en in juli 1917 tijdens een verrassingsaanval in hun handen viel.

Élisabeth (1876-1965), princesse de Bavière, avait épousé Albert Ier de Belgique (°1875, roi de 1909 à 1934) en 1900. Entre le 31 août 1914 et le 8 octobre 1918, elle séjourna à plusieurs reprises à l'arrière du front belge, à La Panne, où la famille royale possédait une résidence temporaire. Elle y prit, ainsi qu'à l'étranger, de très nombreuses photos, dont beaucoup sont assez réussies. Quatre albums peuvent être consultés aux Archives du palais royal. Beaucoup de ces prises de vues représentent son mari et ses enfants, mais on y voit aussi des chefs d'État étrangers en visite, des généraux, des écrivains, madame Tack, etc. La reine ne craint pas le danger. De temps à autre, elle s'approche véritablement du front. En juillet 1916, elle photographie par exemple le poste d'aide chirurgicale avancé de l'Océan, près Sint-Jansmolen, à Oostkerke-Dixmude. Début 1916, elle prend ce cliché à Nieuport, où les Alliés possèdent encore de l'autre côté de l'Yser une tête de pont solidement implantée, successivement défendue par les Français, les Britanniques et les Belges. C'est un endroit très dangereux, régulièrement bombardé par les Allemands, qui finiront par s'en emparer en juillet 1917 lors d'une attaque surprise.

Queen Elisabeth of Belgium (1876-1965) was by origin a princess of Bavaria (Germany) and in 1900 married Albert I of Belgium (°1875, king from 1909 to 1934). Between 31 August 1914 and 8 October 1918, during her many visits behind the Belgian front, she took a large number of successful photos in De Panne, where the royal family resided for a while, and across the borders. Some four albums are available for inspection in the Archive of the Royal Palace. She took many photographs of her husband and children, but also of visitors: foreign heads of state, generals, authors, Madame Tack, etcetera. She did not shrink from danger and at intervals went to or near the real front. In July 1916 she photographed the advanced surgical aid post of De Oceaan near Sint-Jansmolen in the Oostkerke-Diksmuide sector. But in early 1916 she took this snapshot in Nieuwpoort, where the Allies still had a well established bridgehead on the other side of the Yser, which was defended in turn by the French, the British and the Belgians. It was in fact a very dangerous spot, which was regularly shelled by the Germans, and in July 1917 fell into their hands as a result of a surprise raid.

Königin Elisabeth von Belgien (1876-1965) war ursprünglich eine Prinzessin aus dem deutschen Teilstaat Bayern, die in 1900 Albert I von Belgien heiratete (°1875, König von 1909 bis 1934). Sie betätigte sich zwischen dem 31. August 1914 und dem 8. Oktober 1918 mit einigem Erfolg als Fotografin, sowohl während ihrer zahlreichen Besuche hinter der Front und im Ausland als auch in De Panne, wo die königliche Familie sich einige Zeit lang aufhielt. Im königlichen Schloss können vier ihrer Alben eingesehen werden. Sie machte vor allem Fotos von ihrem Mann und ihren Kindern, aber auch von Besuchern, beispielsweise von ausländischen Staatoberhäuptern, Generälen, Schriftstellern, der berühmten „Madame Tack" und anderen Persönlichkeiten. Unerschrocken wie sie war, scheute sie die Gefahr nicht und hielt sich oft in der Nähe der Front oder direkt an vorderster Frontlinie auf. Im Juli 1916 fotografierte sie den vorgeschobenen chirurgischen Hilfsposten „De Oceaan" bei der Sint-Jansmolen in Oostkerke-Diksmuide. Doch im Frühjahr 1916 gelang ihr dieser Schnappschuss in Nieuwpoort, wo die Alliierten am jenseitigen Ufer der IJzer noch einen stabil ausgebauten Brückenkopf innehatten, der nacheinander von Franzosen, Briten und Belgiern verteidigt wurde. Hierbei handelte es sich um einen höchst gefährlichen Ort, der regelmäßig von den Deutschen unter Beschuss genommen wurde und im Juli 1917 während eines Überraschungsangriffs in deren Hände fiel.

Bruggenhoofd Nieuwpoort, Franse sector, foto genomen door koningin Elisabeth (3 januari 1916). ~ Nieuport, secteur français, tête de pont, photo prise par la reine Élisabeth (3 janvier 1916).
Brigdehead Nieuwpoort, French sector, photo taken by queen Elisabeth (3 January 1916). ~ Brückenkopf bei Nieuwpoort, französicher Sektor, fotografiert von Königin Elisabeth (3. Januar 1916).

XXVIII. 6

XXX. 12

VIII. 6

XXVIII.6 Overdekte loopgraaf aan de boorden van de IJzer tegen Kaaskerke (januari 1916).
Tranchée couverte au bord de l'Yser, près de Caeskerke (janvier 1916).
A covered trench on the banks of the Yser, near Kaaskerke (January 1916).
Überdeckter Schützengraben an den Ufern der IJzer in der Nähe von Kaaskerke (Januar 1916).

XXX.12 Hier stond het station van Izenberge (maart 1916).
Ici se trouvait la gare de Isenberghe (mars 1916).
This was once the station of Izenberge (March 1916).
Der Platz des ehemaligen Bahnhofs von Izenberge (März 1916).

VIII.6 Betonneringswerken in de eerstelijnsloopgraven.
Travaux de bétonnage dans les tranchées de première ligne.
Concrete works in the front-line trenches.
Betonierarbeiten in den Schützengräben an der vordersten Frontlinie.

XXII. 2

XXII. 10

XXII.2 Voor de eerste lijnen in de sector Noordschote (maart 1916) (uitzicht op de inundaties).
Devant les premières lignes dans le secteur de Noordschoote (mars 1916) (vue des inondations).
Before the front line in the Noordschote sector (March 1916) (a view of the floods).
Vor den vordersten Linien des Frontabschnitts von Noordschote (März 1916) (Blick auf die Überschwemmungen).

XXII.10 Aan de frontlijn in de sector Noordschote (maart 1916) (blik in een loopgraaf en op een schuilplaats).
En première ligne dans le secteur de Noordschoote (mars 1916) (vue d'une tranchée et d'un abri).
The front line in the Noordschote sector (March 1916) (a view of the trench and a shelter).
An vorderster Front im Abschnitt von Noordschote (März 1916) (Blick in einen Schützengraben und auf einem Unterstand).

'Hier zijn begraven Charles Meersman (Meersseman?) (°Torhout 24-09-1892) en Emile Minne (°Moerbeke 05-05-1884) op 17 juli 1915'. Beiden zijn op 4 juli 1915 gesneuveld en begraven langs de weg Reninge-Pijpegale, niet ver van Steenstrate. Ofwel werd zwaar gevochten, ofwel vond men hun stoffelijke resten niet direct terug. Ze zijn in volle zomer pas dertien dagen later begraven. Ze hoorden bij het 4de Linieregiment van de Eerste Legerdivisie. Op hun graf knielt aalmoezenier Cyrille in de sneeuw in maart 1916. Het heeft er de schijn van dat hij die mannen persoonlijk kende. Toen de oorlog voorbij was, kreeg de familie gedurende een aantal maanden de kans het lijk van hun dierbare te bergen in het familiegraf van hun woonplaats. Gebeurde dat niet, dan zorgde het Ministerie van Landsverdediging ervoor dat de stoffelijke resten naar een militaire begraafplaats werden overgebracht, waar de grafstenen voorzien van een Belgisch vlaggetje mooi in het gelid staan. Beiden zijn na de oorlog bijgezet op de militaire begraafplaats van Hoogstade, tussen Ieper en Veurne. De Gentenaar Raoul Snoeck sneuvelde op 28 september 1918. Zijn familie haalde het lijk op in Klerken op 16 december 1918. Hij rust in het familiegraf op de Westerbegraafplaats in Gent.

« Ici reposent depuis le 17 juillet 1915 Charles Meersman (Meersseman?) (°Torhout 24-09-1892) et Émile Minne (°Moerbeke 05-05-1884) ». Les deux hommes périrent le 4 juillet 1915 et furent enterrés le long de la route Reninghe-Pypegaale, pas loin de Steenstrate. Leurs dépouilles mortelles ne furent pas découvertes immédiatement, peut-être à cause de l'âpreté des combats et ils ne furent inhumés que treize jours plus tard, en plein été. Ils appartenaient au 4ième de Ligne de la Première Division. L'aumônier Cyrille est venu s'agenouiller sur leurs tombes enneigées en mars 1916. Il donne l'impression d'avoir connu personnellement ces deux hommes. Quand la guerre fut terminée, les familles eurent pendant quelques mois la possibilité de transférer les restes de leurs proches dans leurs sépultures personnelles. Si elles refusaient, le Ministère de la Défense Nationale se chargeait de transférer les corps vers un cimetière militaire et de les inhumer dans des tombes impeccablement alignées, au pied de pierres tombales ornées d'un petit drapeau belge. Les deux soldats précités ont été enterrés après la guerre dans le cimetière militaire de Hoogstade, entre Ypres et Furnes. Le Gantois Raoul Snoeck tomba au combat le 28 septembre 1918. Sa famille alla rechercher sa dépouille à Clercken le 16 décembre 1918. Il repose maintenant dans le cimetière Wester à Gand.

'Charles Meersman (Meersseman?) (°Torhout 24-09-1892) and Emile Minne (°Moerbeke 05-05-1884) were buried here on 17 July 1915'. Both soldiers were killed on 4 July 1915 and were subsequently buried along the Reninge–Pijpegale road, not far from Steenstrate. Their bodies were not immediately recovered, perhaps because the heavy fighting did not allow it. They were only buried some thirteen days later, at the height of summer. They both served with the 4th Line Regiment of the 1st Division. Father Cyrille, a military chaplain, is kneeling at their grave in the snows of March 1916. It almost seems as if he knew the men personally. When the war was eventually over, the next-of-kin had the opportunity to bury their fallen relatives in their own private family graves. If they failed to do so, the Ministry of Defence arranged for the remains to be transferred to a military cemetery, where they were each given a headstone bearing the Belgian national flag. Charles Meersman and Emile Minne now lie buried in the military cemetery at Hoogstade, midway between Veurne and Ypres. Raoul Snoeck, an officer from Ghent, was killed in action on 28 September 1918. His family collected his remains from the village of Klerken on 16 December 1918 and he now rests in the familygrave in Ghent Western Cemetery.

„Hier ruhen in Frieden Charles Meersman (Meersseman?) (*Torhout 24.09.1892) und Emile Minne (*Moerbeke 05.05.1884) am 17. Juli 1915". Beide fielen am 4. Juli 1915 und wurden am Weg Reninge-Pijpegale begraben, unweit von Steenstrate. Entweder wurde dort schwer gekämpft oder man fand ihre sterblichen Überreste nicht gleich. Sie wurden im Hochsommer erst dreizehn Tage später begraben und gehörten zum 4. Linienregiment der 1. Armeedivision. Auf ihrem verschneiten Grab kniet der Militärgeistliche Cyrille im März 1916. Es scheint, als habe er die Männer persönlich gekannt. Als der Krieg vorbei war, wurde den Hinterbliebenen über mehrere Monate hinweg die Gelegenheit gegeben, die Leichen ihrer Lieben im Familiengrab ihres Wohnortes beizusetzen. Falls das nicht geschah, sorgte das Verteidigungsministerium dafür, dass die sterblichen Überreste zu einem Soldatenfriedhof überstellt wurden, wo die Grabsteine mit der belgischen Fahne ordentlich in Reih und Glied stehen. Diese beiden Soldaten wurden nach dem Krieg auf dem Soldatenfriedhof von Hoogstade, zwischen Ypern und Veurne begraben. Der genter Raoul Snoeck fiel am 28. September 1918. Seine Familie holte die Leiche in Klerken am 16. Dezember 1918 ab. Er ruht im Familiengrab auf dem Wester-Friedhof in Gent.

XXII.5 Eerwaarde Heer Cyrille, aalmoezenier, bij het graf van twee Bruggelingen, in Noordschote (maart 1916).

Le R.P. Cyrille, aumônier militaire, devant la tombe de deux Brugeois à Noordschoote (mars 1916).

Father Cyrille, a military chaplain, in front of the grave of 'two soldiers from Bruges' at Noordschote (March 1916).

H. H. Pater Cyrille, Militärkaplan, vor dem Grab zweier gefallener Soldaten aus Brügge, bei Noordschote (März 1916).

XXI.
10

XXIV.
2

XXI.10 Christus van het kruis gevallen in Noordschote in maart 1916 (de armen hangen nog aan het kruis).
Le Christ tombé du calvaire de Noordschoote, mars 1916 (les bras sont restés suspendus à la croix).
Christ has fallen from the wayside calvary in Noordschote, March 1916 (the arms are still hanging on the cross).
Eine im März 1916 bei Noordschote vom Kreuz gefallene Christusfigur (die Arme hängen noch am Kreuz).

XXIV.2 Het 3de Linie defileert in Leisele (maart 1916).
La 3ième de Ligne défilant à Leysele (mars 1916).
The 3rd Line Regiment marching near Leisele (March 1916).
Das 3. Linienregiment marschiert durch Leisele (März 1916).

XXII. 8

XXII. 3

XXVII. 4

XXII.8 Observatie door officieren in Steenstrate (maart 1916).
Officiers en observation à Steenstraate (mars 1916).
Officers on observation duty at Steenstrate (March 1916).
Offiziere bei der Beobachtung in Steenstrate (März 1916).

XXII.3 Vanuit Gijverinkhove marcheren Belgische soldaten naar Steenstrate (maart 1916) (een eenheid soldaten).
À Gyverinchove, soldats belges en route pour Steenstraate (mars 1916) (troupe de soldats).
Belgian soldiers at Gijverinkhove on their way to Steenstrate (March 1916) (a unit of soldiers).
Belgische Soldaten bei Gijverinkhove, auf dem Weg nach Steenstrate (März 1916) (eine Einheit von Soldaten).

XXVII.4 Aan de overweg ter hoogte van Ramskapelle (maart 1916).
Au passage à niveau de Ramscappelle (mars 1916).
At the railway crossing near Ramskapelle (March 1916).
Auf dem Eisenbahnübergang bei Ramskapelle (März 1916).

VI. 1

XXIX. 10

VI.1 Dubbele schildwacht op het strand van De Panne.
Sentinelle double sur la plage de La Panne.
Double sentry duty on the beach at De Panne.
Doppelte Wache am Strand von De Panne.

XXIX.10 In deze ruïne bevond zich de schuilplaats van een sectorcommandant (Kaaskerke, april 1916).
Dans cette ruine était installé l'abri d'un commandant de secteur (Caeskerke, avril 1916).
These ruins served as a shelter for a sector commander (Kaaskerke, April 1916).
Inmitten dieser Trümmer befand sich der Befehlsstand eines Abschnittskommandanten (Kaaskerke, April 1916).

XII. 2

XVIII. 1

VIII. 11

XII.2 Belgische soldaten hebben zich gevestigd in de ruïnes van een huis aan de Oude Barrière dicht bij Kaaskerke.
Soldats belges installés dans les ruines d'une maison à Oude Barrière, près de Caeskerke.
Belgian soldiers have installed themselves in the ruins of a house at Oude Barrière, near Kaaskerke.
Belgische Soldaten haben sich in einem Haus in den Ruinen von Oude Barrière nahe Kaaskerke niedergelassen.

XVIII.1 Uit de ruïnes nabij het front wordt alles wat dienstig kan zijn gebruikt voor de constructie van de schuilplaatsen in de loopgraven. ~ Les matériaux des maisons en ruine qui avoisinent le front sont utilisés pour la construction des abris dans les tranchées.
The materials of destroyed houses near the front are used for the construction of shelters in the trenches. ~ In Frontnähe werden die Trümmer zerstörter Häuser für den Bau von Unterständen in den Schützengräben genutzt.

VIII.11 In een dorp van het hinterland rukt de infanterie op naar de vuurlijn.
Infanterie en marche vers la ligne de feu défilant dans un village à l'arrière du front.
In a village behind the front, infantry is advancing towards the firing line.
In einem Dorf im Hinterland rückt die Infanterie zur Front ab.

XXX.4

XXIV.1

XXX.6

XXX.4 Langs het kanaal van Lo, ter hoogte van Oeren, rusten de soldaten uit (april 1916).
Le long du canal de Loo, à hauteur de Oeren, les soldats se reposent (avril 1916).
Soldiers resting along the banks of the Lo canal, near Oeren (April 1916).
Am Kanal von Lo in der Nähe von Oeren: Soldaten ruhen sich aus (April 1916).

XXIV.1 De hoeve 'zonder naam' in Ramskapelle (april 1916).
La ferme « sans nom » à Ramscappelle (avril 1916).
'Zonder Naam' farm (farm without name) in Ramskapelle (April 1916).
Der Hof „zonder naam" (Der Hof ohne Name) in Ramskapelle (April 1916).

XXX.6 De huizen van Kaaskerke (april 1916).
Les maisons de Caeskerke (avril 1916).
The houses of Kaaskerke (april 1916).
Die Häuser von Kaaskerke (April 1916).

VIII.
8

XXVII.
10

VIII.8 Tweedelijnsloopgraaf in Oostkerke aan km 4 van de spoorweg Diksmuide-Nieuwpoort.
Tranchée de deuxième ligne à Oostkerke, au km 4 du chemin de fer Dixmude-Nieuport.
A second line trench at Oostkerke, at kilometre 4 on the Diksmuide-Nieuwpoort railway.
Zweiter Schützengraben nahe Oostkerke bei Kilometer 4 der Eisenbahnstrecke Diksmuide-Nieuwpoort.

XXVII.10 Vuurpijltoestel in Kaaskerke (april 1916).
Lance-fusées à Caeskerke (avril 1916).
A rocket-launcher in Kaaskerke (April 1916).
Ein Raketenwerfer bei Kaaskerke (April 1916).

Het hondje heeft zo te zien geen last van muggen, die naast ratten, luizen en vlooien voor alle levende wezens een echte plaag vormen. In de inundatieplas ten noorden van Diksmuide is het water te zout als voortplantingsterrein voor muggen. Maar in de plassen ten zuiden van de Ieperlee, Noordschote en Reninge, de uit hun oevers getreden Martjevaart en Kemmelbeek vormt het zoete water echte kweekvijvers voor de emelten. Miljarden muggen stijgen op uit die pas in 1915 op Frans verzoek met zoet water ondergelopen gebieden. Ze vallen mens en dier ongenadig aan, zowel Geallieerden als Duitsers, zodat die meteen een gemeenschappelijke vijand hebben, waartegen ze weinig kunnen ondernemen, tenzij door bescherming te zoeken onder een muskietennet. Het komt erop aan alle lichaamsdelen zorgvuldig bedekt te houden. Ook met pijpenrook pogen de soldaten de lastige zoemers van zich af te houden. Van de vroege lente tot de late herfst zijn de muggen uiterst actief en erg hinderlijk voor de soldaten, zoals ook Raoul Snoeck getuigt in zijn dagboek *In de Modderbrij van de IJzervallei*. Waar werd de foto genomen? Omgeving Fort Knokke, Noordschote, Reninge, Steenstrate... Wanneer? Vanaf zomer 1916: de soldaat draagt zijn adrianhelm, hij is lichtgekleed maar zijn handen zijn onbedekt.

Apparemment, le petit chien n'est pas gêné par les moustiques, qui, avec les rats, les puces et les poux, constituent un véritable fléau pour tous les êtres vivants. Dans la zone d'inondation située au nord de Dixmude, l'eau est trop saumâtre pour permettre la reproduction des moustiques. Mais dans les mares du sud de l'Yperlée, de Noordschoote ainsi que du Martjevaart et du Kemmelbeek sortis de leur lit, l'eau douce constitue un milieu idéal à la prolifération des tipules. Des milliards de moustiques s'échappent de ces zones, qui ont été inondées en 1915 à la demande des Français. Ils attaquent impitoyablement les humains et les animaux, tant chez les Alliés que chez les Allemands, qui se trouvent ainsi confrontés à un ennemi commun contre lequel ils disposent de peu de moyens, si ce n'est une simple moustiquaire dont on couvrira soigneusement toutes les parties du corps. Les soldats essaient aussi d'écarter ces insectes nuisibles par la fumée de leurs pipes. Du début du printemps à la fin de l'automne, les moustiques sont extrêmement actifs et très gênants pour les soldats, comme en témoigne Raoul Snoeck dans son journal « In de Modderbrij van de IJzervallei » (Dans la boue de la vallée de l'Yser). Où cette photo fut-elle prise? Dans les environs de Fort Knokke, Noordschoote, Reninghe ou Steenstraate...? Quand? Á partir de l'été 1916, car le soldat porte un casque Adrian. il est vêtu légèrement, mais ses mains ne sont pas protégées.

It looks as if the dog is not really bothered by the mosquitoes, which, together with rats, lice and fleas, were a plague for all living creatures in the flooded wastes of the Yser valley. North of Diksmuide, near the coast, the water was too salty to allow the mosquitoes to reproduce. But the sweet-water pools further to the south, around Noordschote and Reninge, and in the flooded valleys of the Ieperlee, Martje and Kemmel streams, were a perfect breeding ground. Billions of mosquitoes infested this area, which was flooded at the request of the French in 1915. They attacked both man and beast with equal impartiality and were happy to suck both, German or allied blood. Together with the mud, they were the common enemy of the soldiers of all nationalities. There was little that the troops could do to combat this torment, other than to seek the protection of a mosquito net. You needed to keep every part of your body covered, although some soldiers also tried to keep these buzzing pests at bay with pipe smoke. The mosquitoes were active from early spring to late autumn, and were constant irritant for the men in the trenches – a fact made repeatedly clear in Raoul Snoeck's journal *In de Modderbrij van de IJzervallei* (In the muddy wastes of the Yser valley). Where was this photo taken? Near Fort Knokke, Noordschote, Reninge, Steenstrate... When? Summer 1916 or later: the soldier is wearing an Adrian helmet, he is lightly clothed and his hands are bare.

Offenbar hat der kleine Hund kein Problem mit den Mücken, die neben Ratten, Läusen und Flöhen für jedes Lebewesen eine richtige Plage darstellen. Das Wasser im Überschwemmungsgebiet nördlich von Diksmuide ist zu salzhaltig, weshalb sich die Mücken dort nicht fortpflanzen. Aber in den Tümpeln südlich von Ieperlee, Noordschote und Reninge, der über die Ufer getretenen Martjevaart oder Kemmelbeek ist das Süßwasser eine regelrechte Brutstätte für Insektenlarven. Milliarden von Mücken steigen aus diesen Gewässern hervor, die erst 1915 auf Ersuchen der Franzosen mit Süßwasser überschwemmt wurden. Sie fallen Mensch und Tier gnadenlos an, Alliierte ebenso wie Deutsche, sodass beide sofort einen gemeinsamen Feind haben, gegen den sie nur wenig ausrichten können, außer unter einem Moskitonetz Schutz zu suchen. Jedes einzelne Körperteil muss sorgfältig bedeckt werden. Die Soldaten versuchen sogar mit Pfeiferauchen die lästigen Plagegeister von sich abzuwehren. Ab Frühlingsbeginn bis in den Spätherbst hinein sind die Mücken äußerst aktiv und besonders hinderlich für die Soldaten, wie Raoul Snoeck in seinem Tagebuch „In de Modderbrij van de IJzervallei" bezeugt. Wo wurde diese Fotos aufgenommen? In der Gegend um Fort Knokke, Noordschote, Reninge, Steenstrate... Und wann? Ab dem Sommer 1916: Der Soldat trägt seinen Adrians-Helm, er ist luftig gekleidet, aber seine Hände sind nicht geschützt.

II.8 Middagpauze onder het muskietennet.
L'heure de la sieste, à l'abri de la moustiquaire.
An afternoon nap, under the mosquito net.
Zeit für eine Mittagspause unter dem Moskitonetz.

VIII. 5

III. 10

XVIII. 3

VIII.5 Genietroepen om een vuurlijn vrij te maken.
Travaux du génie pour la préparation d'une « ligne de tir ».
Engineers work for the preparation of a firing line.
Pionierarbeiten zur Vorbereitung einer „Feuerlinie".

III.10 De beroemde locomotief van Kaaskerke: hij diende als Belgische observatiepost. Hij werd meermaals door de Duitsers bestookt en uiteindelijk volledig vernield door de bliksem.
La célèbre locomotive de Caeskerke: elle servait aux Belges de poste d'observation et fut maintes fois bombardée par les Allemands, mais ce fut la foudre qui la détruisit.
The famous Kaaskerke locomotive: it served as a Belgian observation post and was shelled many times by the Germans, before eventually being destroyed by lightning.
Die berühmte Lokomotive von Kaaskerke: Sie diente den Belgiern als Beobachtungsposten und wurde mehrmals von den Deutschen bombardiert. Vollständig zerstört wurde sie jedoch während eines Gewittersturms.

XVIII.3 Een partijtje kaartspelen.
La partie de cartes.
Playing cards.
Eine Runde Kartenspielen.

XXIV. 6

XXIII. 7

XI. 10

XXIV.6 Een verkenningspatrouille in het moerassige 'niemandsland'.
Une patrouille de reconnaissance à travers le no man's land marécageux.
A reconnaissance patrol in the swampy area of no man's land.
Eine Aufklärungspatrouille durchquert das sumpfige „Niemandsland".

XXIII.7 Een sectie machinegeweren op weg naar haar gevechtspositie.
Une section de mitrailleuses en marche vers sa position de combat.
A machine-gun section going to its battle station.
Eine Einheit mit Maschinengewehren auf dem Weg zu ihrer Stellung.

XI.10 Een groep arbeiders legt een weg aan dicht bij Oostkerke.
Groupe de travailleurs traçant une route près de Oostkerke.
A group of workers laying a road near Oostkerke.
Eine Gruppe von Arbeitern baut eine Straße in der Nähe von Oostkerke.

XI. 6

IV. 2

XXVII. 12

XI.6 In de ruïnes van Lizerne: de verkeersweg van de loopgraven van de frontlijn in de sector van de 5de Legerafdeling. ~ Dans les ruines de Lizerne: la route des tranchées de première ligne, dans le secteur de la 5ième D.A. (Division d'armée).
In the ruins of Lizerne: the roadway leading to the front-line trenches in the sector of the 5th Division. ~ In den Ruinen von Lizerne: Der Verkehrsweg der Schützengräben an der vordersten Frontlinie im Frontabschnitt der 5. Division.

IV.2 Belgische verkenners observeren een vijandelijke post en wachten het gunstige moment voor een aanval af. ~ Patrouilleurs belges en observation devant un poste ennemi, attendant le moment favorable à une attaque. ~ A Belgian patrol observes an enemy post, waiting for the right moment to attack. ~ Eine belgische Patrouille beobachtet eine feindliche Stellung und wartet auf einen günstigen Moment zum Angriff.

XXVII.12 In het puin van Kaaskerke (mei 1916).
Dans les décombres de Caeskerke (mai 1916).
In the ruins of Kaaskerke (May 1916).
In den Ruinen von Kaaskerke (Mai 1916).

XXIX. 4

V. 1

XXIX.4 Een hulppost aan de dijk van de IJzer (omgeving van Diksmuide, mei 1916).
Un poste de secours près de la digue de l'Yser (environs de Dixmude, mai 1916).
A first aid station built at the dyke of the Yser near Diksmuide (May 1916).
Ein Hilfsposten am Deich an der IJzer (Umgebung von Diksmuide, Mai 1916).

V.1 Aan het front: kroonprins Leopold in gezelschap van de generaals Biebuyck en Detaille.
Au front: S.A.R. le prince Léopold en compagnie des généraux Biebuyck et Detaille.
At the front: H.R.H. prince Leopold in the company of generals Biebuyck and Detaille.
An der Front: Seine königliche Hoheit Prinz Leopold in Begleitung von den Generälen Biebuyck und Detaille.

XXX.9

IX.6

III.7

XXX.9 Binnenkant van de ruïnes van de kerk van Lo (juni 1916).
Intérieur des ruines de l'église de Loo (juin 1916).
Interior of the ruins of the church in Lo (June 1916).
Innenansicht der Ruinen der Kirche von Lo (Juni 1916).

IX.6 Een batterij autokanonnen in actie: het vertrek (juni 1916).
Une batterie d'autos-canons en chasse: le départ (juin 1916).
A battery of mobile guns about to set out (June 1916).
Eine Batterie von Autokanonen auf der Jagd: die Abfahrt (Juni 1916).

III.7 De kokette Belgische soldaat haalt het maximum uit zijn vrije tijd.
Le soldat belge est coquet et il met à profit ses loisirs.
The Belgian soldier likes to look smart and makes good use of his free time.
Dieser belgische Soldat frönt in seiner freien Zeit seiner Eitelkeit.

XXVI.4

XXVII.6

XXIX.7

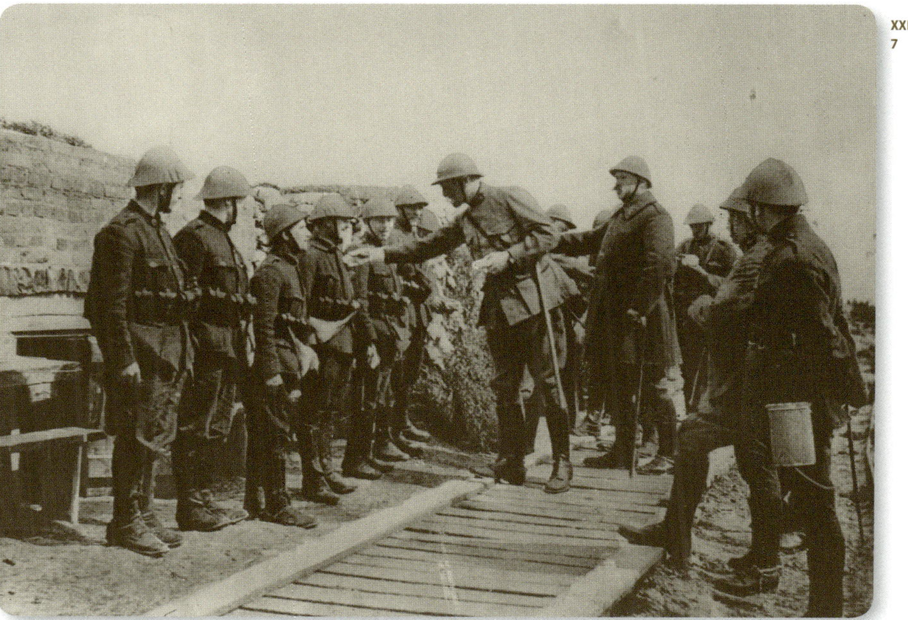

XXVI.4 Een opruimingsploeg, beschermd door een voor zich uitgeduwd bolwerk van zakken, nadert de prikkeldraadversperring die moet worden doorgeknipt (juli 1916).
Une équipe de destruction, protégée par un rempart de sacs qu'elle pousse devant elle, s'approche du réseau de fils de fer barbelés qu'elle est chargée de couper (juillet 1916).
A demolition squad, protected by a barricade of sandbags which it pushes forward, is approaching a barbed wire entanglement, which it has been ordered to cut (July 1916).
Ein Räumtrupp, ein schützendes Bollwerk aus Säcken vor sich herschiebend, nähert sich einem Stacheldrahtnetz, das durchschnitten werden muss (Juli 1916).

XXVII.6 Een groep officieren van de 4de Jagers te Paard in Ramskapelle (juli 1916).
Groupe d'officiers du 4ième Chasseurs à Cheval à Ramscappelle (juillet 1916).
A group of officers of the 4th Chasseurs à Cheval in Ramskapelle (July 1916).
Eine Offiziersgruppe der vierten Leichten Kavallerie in Ramskapelle (Juli 1916).

XXIX.7 Generaal De Witte reikt onderscheidingen uit aan zijn mannen (loopgraaf in Ramskapelle) (juli 1916).
Le général De Witte distribue des récompenses à ses hommes (tranchée à Ramscappelle) (juillet 1916).
General De Witte issuing bravery awards to his men (a trench at Ramskapelle) (July 1916).
General De Witte verleiht seinen Männern Auszeichnungen (Schützengraben bei Ramskapelle) (Juli 1916).

Op 22 april 1915 gebruiken de Duitsers voor de eerste maal in de geschiedenis gas als wapen. Daarmee treden ze de internationale beslissingen van de Conventie van Den Haag met de voeten. De productie van gas behoort tot het domein van de chemie, een tak van de wetenschappen waarin de Duitsers een grote voorsprong hebben op de rest van de wereld. Maar de andere strijdende partijen zullen ze vlug inhalen en enkele maanden later ook chemisch oorlog voeren. Daarenboven zijn de Duitsers ook experten in het maken van gasmaskers, een bezigheid die in de loop van de oorlog een grote evolutie zal kennen. Deze foto zou genomen zijn in augustus 1916, wat best kan. Twee soldaten dragen de helm die ze eind 1915 hebben gekregen. Ze poseren en hebben voor de gelegenheid bril en gasmasker opgezet. Maar deze primitieve watten tampon vormt slechts de tweede fase in de ontwikkeling van het Belgische gasmasker na de vochtige (soms met urine doordrenkte) doek die gewoon voor neus en mond werd gehouden. Een dergelijk masker opzetten was een tijdrovende bezigheid in ogenblikken waarbij het leven van een snelle reactie afhing.

Le 22 avril 1915, les Allemands utilisèrent pour la première fois du gaz comme arme de guerre, foulant ainsi aux pieds les décisions internationales de la Convention de La Haye. La production de gaz relève de la chimie, une science dans laquelle les Allemands possédaient une avance considérable par rapport au reste du monde. Mais les autres parties combattantes allaient vite leur emboîter le pas et mener aussi, quelques mois plus tard, une guerre chimique. En outre, les Allemands jouissaient d'une avance sérieuse dans la fabrication des masques à gaz, une activité qui allait connaître une évolution sensible au cours de la guerre. Cette photo a sans doute été prise en août 1916. Deux soldats portent le casque qu'ils ont reçu à la fin de 1915. Ils prennent la pose et ont pour l'occasion mis leurs lunettes et leurs masques à gaz. Mais ce tampon d'ouate rudimentaire n'est que la deuxième phase dans le développement du masque à gaz belge, après le simple bout de tissu humide, parfois imprégné d'urine, maintenu devant le nez et la bouche. La mise en place de ce masque prenait beaucoup de temps, cela, à des moments où la vie de chacun dépendait de la rapidité des réactions.

On 22 April 1915 the Germans used gas for the very first time as a weapon in modern warfare, and this in contravention of the provisions of *The Hague Convention*. The production of poison gas was a branch of the science of chemistry, a discipline in which Germany was a world leader. However, the other warring nations soon made up the lost ground and before long both sides were waging full-scale chemical warfare. The Germans were also more advanced in terms of the design and production of gasmasks. These masks underwent a rapid evolution during the course of the war years. This photograph was probably taken in August 1916. Two of the soldiers are wearing the helmets with which they were issued at the end of 1915. They are clearly posing for the camera and for the occasion have donned their masks and goggles. These unsophisticated masks – the second Belgian version - are little more than a wad of cotton, but they were still better than the original issue, which was simply a wet cloth, often drenched in urine and held across the mouth. It took quite some time to put on these clumsy masks – a major drawback in a situation where seconds could mean the difference between life and death.

Am 22. April 1915 setzten die Deutschen zum ersten Mal in der Geschichte Gas als Waffe ein, womit sie die internationalen Beschlüsse des Haager Abkommens mit Füßen traten. Die Gasherstellung zählt zum Wissenschaftszweig Chemie, einem Bereich, in dem die Deutschen damals dem Rest der Welt weit voraus waren. Die anderen kämpfenden Parteien sollten jedoch rasch aufholen und wenige Monate später ebenfalls einen Krieg mit chemischen Waffen führen. Zudem hatten die Deutschen einen großen Vorsprung im Fertigen von Gasmasken, ein Produktionsbereich, der sich im Laufe des Krieges ebenfalls stark weiterentwickelte. Angeblich wurde dieses Foto im August 1916 aufgenommen, was durchaus möglich ist. Zwei Soldaten tragen den Stahlhelm, den sie Ende 1915 bekommen haben. Sie posieren vor der Kamera und haben zu diesem Anlass Sichtschutz und Gasmaske aufgesetzt. Dieses primitive Wattetampon hier ist erst die zweite Entwicklungsphase der belgischen Gasmaske, sie folgte dem feuchten (manchmal von Urin durchtränkten) Tuch, das man sich einfach vor den Mund hielt. In Situationen, in denen jede Sekunde zählte, war das Aufsetzen dieser Maske viel zu zeitaufwendig.

XXII.7 De soldaten beschermen zich met maskers tegen gifgas in de 'gang van de granaatwerpers' tegenover Diksmuide (augustus 1916). ~ Soldats protégés par des masques contre les gaz asphyxiants au boyau « des lance-bombes » près de Dixmude (août 1916). ~ Soldiers are protected against poison gas by their masks: a scene from the so-called 'Bombers' communication trench near Diksmuide (August 1916). Soldaten im Kommunikationsgraben „der Granatwerfer" bei Diksmuide tragen Masken zum Schutz gegen Giftgas (August 1916).

XI. 3

XXIX. 9

XIX. 7

XI.3 Werk met de schop in het instructiecentrum van Barneville (juli 1916).
Travaux de campagne au centre d'instruction de Barneville (juillet 1916).
Seasonal work at the instruction centre in Barneville (July 1916).
Feldbefestigungen am Kommandostandort in Barneville (Juli 1916).

XXIX.9 De ruïnes van de kerk van Nieuwkapelle (juli 1916).
Ruines de l'église de Nieucappelle (juillet 1916).
The ruins of the church in Nieuwkapelle (July 1916).
Die Überreste der Kirche von Nieuwkapelle (Juli 1916).

XIX.7 Een inspectie van generaal Bertrand in Coutances (juli 1916).
Une inspection du général Bertrand à Coutances (juillet 1916).
An inspection by general Bertrand at Coutances (July 1916).
Eine Inspektion durch General Bertrand in Coutances (Juli 1916).

XXIII.
8

VI.
8

XXIII.8 Een tafereel roskammen in Oye (augustus 1916).
Une scène de pansage à Oye (août 1916).
Grooming the horses at Oye (August 1916).
Pferdepflege in Oye (August 1916).

VI.8 Binnenzijde van de kerk van Lo.
Intérieur de l'église de Loo.
Interior of the church at Lo.
Innenansicht der Kirche von Lo.

XIII. 8

IX. 9

XIII.8 De ruïnes van de kerk van Kaaskerke.
Les ruines de l'église de Caeskerke.
The ruins of the church in Kaaskerke.
Die Ruinen der Kirche von Kaaskerke.

IX.9 De picknick in Ramskapelle.
Casse-croûte à Ramscappelle.
A picnic in Ramskapelle.
Eine kleine Zwischenmahlzeit in Ramskapelle.

VI. 6

XI. 4

VI.6 De grote markt van Nieuwpoort in puin.
La Grand-Place de Nieuport en ruines.
The town square of Nieuwpoort in ruins.
Der große Platz von Nieuwpoort in Trümmern.

XI.4 In de ruïnes van Nieuwpoort.
Dans les ruines de Nieuport.
In the ruins of Nieuwpoort.
In den Ruinen von Nieuwpoort.

V.8

V.12

XXVIII.10

V.8 In de ruïnes van Nieuwpoort.
Dans les ruines de Nieuport.
In the ruins of Nieuwpoort.
In den Ruinen von Nieuwpoort.

V.12 De ruïnes van de Hallen van Nieuwpoort.
Les ruines des Halles de Nieuport.
The old market halls of Nieuwpoort in ruins.
Die Ruinen der Hallen von Nieuwpoort.

XXVIII.10 Overzicht van de ruïnes van Nieuwpoort.
Panorama des ruines de Nieuport.
Panorama of the ruins of Nieuwpoort.
Blick auf die Ruinen von Nieuwpoort.

VI. 5

VI. 4

VI.5 Stationsplein in Nieuwpoort.
Place de la gare à Nieuport.
The station square in Nieuwpoort.
Der Bahnhofsplatz in Nieuwpoort.

VI.4 Het koor van de O.L.V.-kerk in Nieuwpoort.
Le chœur de l'église Notre-Dame à Nieuport.
The choir of the church of Our Lady in Nieuwpoort.
Der Chor der Kirche „Unser Lieben Frau" in Nieuwpoort.

V.
9

XIII.
12

V.9 De overdekte loopgraaf 'Pétrograde' bij Diksmuide.
La tranchée couverte « Pétrograde » près de Dixmude.
The covered 'Pétrograde' trench near Diksmuide.
Der überdachte Schützengraben „Pétrograde" bei Diksmuide.

XIII.12 Vervaardiging van 'camouflage' om wegen en werkzaamheden te onttrekken aan het zicht van vijandelijke waarnemers.
Fabrication de « camouflage » pour dérober les chemins et les travaux à la vue des observateurs ennemis.
Manufacturing 'camouflage' to conceal roads and other works from enemy observers.
Tarnungsarbeiten, um feindlichen Beobachtern keine Sicht auf Wege und Tätigkeiten zu gewähren.

XXVIII. 7

XXX. 7

XXVIII.7 Een dijk aanleggen in de directe omgeving van Diksmuide (augustus 1916).
Construction d'une digue aux abords de Dixmude (août 1916).
The construction of a dyke near Diksmuide (August 1916).
Der Bau eines Deichs in unmittelbarer Umgebung von Diksmuide (August 1916).

XXX.7 Binnenkant van de kerk van Woesten (augustus 1916).
Intérieur de l'église de Woesten (août 1916).
The interior of the church in Woesten (August 1916).
Innenansicht der Kirche von Woesten (August 1916).

De pannen liggen nog zo netjes op het dak dat je zou vermoeden dat we niet in Kaaskerke zijn, maar ergens verderop achter het front waar minder of geen granaten vallen. Drie figuren dragen de adrianhelm, die het Belgische leger in november 1915 aan alle soldaten heeft uitgereikt. Beide persoonaliteiten vinden het niet nodig een helm op te hebben, geen direct gevaar dus. Op 21 september 1916 was Joffre voor het laatst bij koning Albert I op bezoek als opperbevelhebber van het Franse leger. Hij was gematigd optimistisch over de resultaten van het geallieerde offensief aan de Somme in 1916, dat uiteindelijk een misklaun werd. Eind 1916 werd Joffre tot maarschalk van Frankrijk bevorderd maar tegelijk weggepromoveerd ('gelimogeerd' of naar zijn thuishaven Limoges gestuurd). Generaal Joffre droeg een zware verantwoordelijkheid en kon na zijn overwinning in de slag aan de Marne (1914) geen grote overwinning meer behalen, wat hem door de Franse regering kwalijk werd genomen. Eind 1916 betekende een toekomst zonder uitzicht voor de wereld. Immers, de politici slaagden er niet in om door onderhandelingen tot een eervolle vrede te komen en geen enkele generaal van om het even welke partij was bekwaam om zoals Napoleon een reeks overwinningen te behalen.

Les tuiles semblent encore si nettement alignées sur le toit qu'on pourrait penser que nous ne sommes pas à Caeskerke, mais plus loin derrière le front, où l'emploi de grenades est beaucoup moindre. Trois personnages portent le casque Adrian, qui fut distribué à tous les soldats de l'armée belge en novembre 1915. Les deux personnages principaux estiment superflu le port de ce casque, tout danger est donc écarté. Le 21 septembre 1916, Joffre vint pour la dernière fois en visite chez le roi Albert Ier en tant que commandant en chef de l'armée française. Il était modérément optimiste sur les résultats de l'offensive alliée de 1916 sur la Somme, qui allait finalement se solder par un échec. À la fin de 1916, Joffre fut promu au grade de maréchal, mais il fut en même temps « limogé », c'est-à-dire renvoyé à sa base de Limoges. Le général Joffre portait une lourde responsabilité. Après sa victoire lors de la bataille de la Marne en 1914, il n'avait plus remporté de victoires décisives, ce qui lui fut sévèrement reproché par le gouvernement français. À la fin de 1916, la situation paraissait désespérée, car les hommes politiques ne réussirent pas à arriver à une paix honorable par la négociation et aucun général, de quelque camp que ce soit, ne s'avéra capable de remporter une série de victoires comme l'avait fait Napoléon.

The tiles are all still arranged neatly on the roof, so that you might think that we are in some quiet little village behind the lines, rather than in the front line at Kaaskerke. The three persons are all carrying an Adrian helmet, which was issued to the Belgian Army in November 1915. However, two of the gentlemen – the king and the marshal – clearly find the helmets unnecessary, which suggests that there is no immediate danger. Joffre visited King Albert for the last time in his capacity as commander-in-chief of the French Army on 21 September 1916. He was cautiously optimistic about the progress being made by the Allies during their great offensive of the Somme. He was, of course, mistaken. At the end of 1916 he was promoted to the rank of marshal of France, but this was just an honourable way to relieve him of his command. His success at the Battle of the Marne in 1914 had saved France from defeat, but since then he had failed to win another victory – a fact which discredited him in the eyes of the French government. By the end of 1916 it was clear that no First World War general had the Napoleon touch which was necessary to break the deadlock of trench warfare, and the politicians seemed equally unable to find a way to agree a peaceful solution.

Die Ziegel liegen noch so ordentlich auf dem Dach, dass man fast denken könnte, wir befinden uns nicht in Kaaskerke, sondern irgendwo weiter hinter der Front, wo weniger oder keine Granaten einschlagen. Drei Personen tragen den Adrian-Helm, den die belgische Armee im November 1915 an alle Soldaten ausgeteilt hat. König Albert I und Marschall Joffre finden es offenbar nicht nötig, einen Helm aufzusetzen, also herrscht keine unmittelbare Gefahr. Am 21. September 1916 war Joffre zum letzten Mal bei König Albert I zu Besuch als Oberbefehlshaber des französischen Heeres. Er war gemäßigt optimistisch, was die Ergebnisse der Alliiertenoffensive an der Somme 1916 betraf, die letztlich ein Fehlschlag war. Ende 1916 wurde Joffre zum Marschall von Frankreich befördert und zugleich wegpromoviert (oder „weglimogiert", in die Heimat Limoges zurückbeordert). General Joffre trug eine große Verantwortung und konnte nach seinem Sieg in der Schlacht an der Marne 1914 keinen weiteren größeren Sieg mehr erringen, was ihm die französischen Regierung verübelte. Das Ende 1916 bedeutete eine perspektivenlose Zukunft für die Welt, denn es gelang den Politikern nicht, am Verhandlungstisch einen ehrenvollen Frieden herzustellen. Und kein einziger General – egal welcher Partei – war in der Lage, mehrere Siege hintereinander zu erringen wie Napoleon.

VIII.2 Koning Albert I en maarschalk Joffre in de loopgraven van Kaaskerke.
S.M. le roi et le maréchal Joffre dans les tranchées de Caeskerke.
H.M. king Albert and marshal Joffre in the trenches at Kaaskerke.
Seine Majestät der König und Marschall Joffre in den Schützengräben von Kaaskerke.

XX.8

XIII.2

XXVI.10

XX.8 Verbindingsgang van Kaaskerke naar Diksmuide (augustus 1916).
Boyau de communication de Caeskerke vers Dixmude (août 1916).
A communication trench running from Kaaskerke towards Diksmuide (August 1916).
Der Kommunikationsgraben von Kaaskerke nach Diksmuide (August 1916).

XIII.2 Op de weg van Kaaskerke naar Diksmuide (augustus 1916).
Sur la route de Caeskerke à Dixmude (août 1916).
On the road from Kaaskerke to Diksmuide (August 1916).
Auf der Straße von Kaaskerke nach Diksmuide (August 1916).

XXVI.10 Z.M. koning Albert I en prins Leopold inspecteren een vliegtuig dat zojuist geland is op het strand van De Panne.
S.M. le roi et le prince Léopold inspectant un avion qui vient d'atterrir sur la plage de La Panne.
H.M. king Albert and prince Leopold inspecting an aeroplane which has just landed on the beach at De Panne.
Seine Majestät der König und Prinz Leopold überprüfen ein Flugzeug, das gerade auf dem Strand von De Panne gelandet ist.

XIX. 9

XXVIII.3 Een loopgraaf aan de IJzer, ter hoogte van kilometerpaal 23,4 (Nieuwkapelle, juli 1916).
Une tranchée de l'Yser, à hauteur de la borne 23.400 (Nieucappelle, juillet 1916).
A trench near the Yser, close to border stone 23.400 at Nieuwkapelle (July 1916).
Ein Schützengraben an der IJzer beim Km-Pfahl 23,4 (Nieuwkapelle, Juli 1916).

XIX.9 De kerktoren van Woesten (september 1916).
La tour de l'église de Woesten (septembre 1916).
The church tower in Woesten (September 1916).
Der Kirchturm von Woesten (September 1916).

Zeker overdag geeft Pervijze een verlaten indruk, bijna iedereen is vertrokken maar er zijn toch uitzonderingen. Het dorp ligt net ten westen van de vroegere spoorlijn Diksmuide-Nieuwpoort en van het onder water gezette gebied. Het heeft ook een eigen station, dat als observatieplek dient en regelmatig bestookt wordt. De straat op het beeld leidt vanuit het centrum van Pervijze in de richting van Veurne. Dit dorp heeft voor de Belgische soldaten een speciale charme, want hier verblijven de 'misskes' van Pervijze: twee Britse vrijwilligsters die zich met hart en ziel hebben ingezet voor de eerste zorg aan gewonde soldaten. Het zijn Mairi Chisholm (°1897), pas achttien, en Elsie Knocker (°1884), een getrainde verpleegster. Zij noemen het dorpscentrum van Pervijze *'Suicide Corner'*. Wie er passeert, riskeert zijn leven. Ze hebben hun hulppost achtereenvolgens in drie verschillende locaties in Pervijze. Ze verplaatsen zich hier met een sidecar met Mairi aan het stuur. Elsie beleeft er een romantisch avontuur en wordt barones, want een jonge adellijke Belgische luitenant, Harold de T'Serclaes de Rattendael, vraagt haar ten huwelijk. Met toestemming van het Belgische opperbevel verblijven de 'misskes' in Pervijze tot 1918. In maart wordt Elsie en in april Mairi door gas uitgeschakeld, maar ze overleven dit traumatische avontuur.

Pendant la journée du moins, Pervyse laisse une impression d'abandon. Presque tous les habitants sont partis, mais il y a des exceptions. Le village se situe juste à l'ouest de l'ancienne ligne de chemin de fer Dixmude-Nieuport et de la zone inondée. Il possède aussi sa propre gare, qui sert de poste d'observation et est donc régulièrement bombardée. La rue sur la photo part du centre de Pervyse en direction de Furnes. Ce village dégage un charme particulier aux yeux des soldats, car c'est là que séjournent les « miss » de Pervyse: deux volontaires anglaises qui se dévouent corps et âme pour apporter les premiers soins aux soldats belges blessés. Ces deux femmes sont Mairi Chisholm (°1897), âgée de 18 ans à peine, et Elsie Knocker (°1884), une infirmière chevronnée. Elles appellent le centre de Pervyse « Suicide Corner », car celui qui passe par là risque sa vie. Elles ont installé leur poste d'assistance en trois endroits successifs. Elles se déplacent en side-car, avec Mairi aux commandes. Elsie vivra ici une aventure romantique: un jeune noble belge, le lieutenant Harold de T'Serclaes de Rattendael, la demandera en mariage et elle deviendra baronne. Avec l'autorisation du commandement militaire belge, les deux miss resteront à Pervyse jusqu'en 1918. Elsie fut atteinte par les gaz en mars et Mairi, en avril, mais elles survivront toutes deux à cette aventure traumatisante.

On the day when this photograph was taken, the village of Pervijze appears to be deserted. Almost everyone has left, but there are one or two exceptions. The village was located slightly to the west of the old railway line between Diksmuide and Nieuwpoort, close to the flooded area. Pervijze had its own railway station, which was used as an observation post (and therefore regularly shelled). The street in the photograph leads from the centre of the village, in the direction of Veurne. The village had a special charm for the Belgian soldiers, since this was the 'home' of the 'misses' of Pervijze: two British volunteer nurses, who worked tirelessly to care for the wounded coming down from the trenches. The nurses in question were Mairi Chisholm (°1897), and therefore just 18 years old, and Elsie Knocker (°1884), a qualified nursing sister. With typical British humour, they called the centre of Pervijze "Suicide Corner", since whoever passed that way was risking his (or her) life. They had aid posts at three separate locations in the village and were famous for driving around the shell-torn streets on a sidecar, with Mairi doing the steering. Elsie became romantically involved and eventually became a baroness, marrying the young Belgian nobleman, Lieutenant Harold de T'Serclaes de Rattendael. The Belgian high command allowed the British 'misses' to remain in Pervijze until 1918, but in March of that year Elsie was evacuated, suffering from the effects of gas, to be followed the following month by Mairi. Happily, both these brave young women survived their traumatic adventures.

Vor allem tagsüber macht Pervijze einen verlassenen Eindruck. Bis auf ein paar Ausnahmen ist fast niemand mehr da. Das Dorf liegt ein wenig westlich von der früheren Eisenbahnlinie Diksmuide-Nieuwpoort und dem unter Wasser gesetzten Gebiet. Es hat sogar einen eigenen Bahnhof, der als Beobachtungsstelle dient und immer wieder beschossen wird. Die Straße auf dem Bild führt vom pervijzer Zentrum Richtung Veurne. Dieses Dorf hat für unsere Soldaten besonderen Charme, da sich hier die so genannten Fräuleins von Pervijze aufhalten: zwei britische Freiwillige, die sich mit Herz und Seele für die Erste Hilfe an belgischen verwundeten Soldaten einsetzten: Mairi Chisholm (*1897), gerade achtzehn Jahre, und Elsie Knocker (*1884), eine erfahrene Krankenschwester. Sie nennen den Dorfkern von Pervijze „Suicide Corner", denn wer hier durchkommt, setzt sein Leben aufs Spiel. Ihr Hilfsposten ist nacheinander an drei verschiedenen Stellen in Pervijze untergebracht. Sie bewegen sich hier mit einem Beiwagen fort, Mairi sitzt am Steuer. Elsie erlebt dort ein romantisches Abenteuer und wird Baronin, denn ein junger, adliger, belgischer Leutnant, Harold de T'Serclaes de Rattendael, hält um ihre Hand an. Mit Zustimmung der belgischen Oberbefehlshaber bleiben die Fräuleins bis 1918 in Pervijze. Im März desselben Jahres wird erst Elsie und im April Mairi vom Gas außer Gefecht gesetzt, aber sie überlebten dieses traumatische Ereignis.

De 'misskes' van Pervijze ~ Les « miss » de Pervyse
The "misses" of Pervijze ~ Die „Fräuleins" von Pervijze

II.
5

XV.
3

XVII.
8

II.5 Bezoek aan het graf van de kameraden die op het veld van eer gevallen zijn.
La visite à la tombe des camarades morts au champ d'honneur.
Visiting the graves of comrades who died on the field of honour.
Der Besuch am Grab von Kameraden, die auf dem Feld der Ehre gefallen sind.

XV.3 Het uur van de soep in Pervijze.
L'heure de la soupe à Pervyse.
Soup-time in Pervijze.
Suppenzeit in Pervijze.

XVII.8 Ze hebben grote honger en knagen de kluiven af opdat er niets verloren zou gaan.
L'appétit est bon et on ne laisse rien se perdre du « rabat-col » : on ronge même les os.
Empty stomachs and big appetites: they even gnaw the bones.
Der Hunger ist so groß, dass sogar die Knochen abgenagt werden, damit nichts verschwendet wird.

X.
11

XXI.
7

X.11 De gidsen komen aan in Lo om de lansiers af te lossen (oktober 1916).
Les guides arrivent à Loo pour relever les lanciers (octobre 1916).
The Guides arrive in Lo, to relieve the Lancers (October 1916).
Die „Gidsen" kommen in Lo an, um die Lanzenreiter abzulösen (Oktober 1916).

XXI.7 Een Duitser geeft zich over aan Belgische voorposten bij Steenstrate (oktober 1916).
Un Allemand se rendant aux postes avancés belges à Steenstraate (octobre 1916).
A German surrenders to the Belgian outposts at Steenstrate (October 1916).
Ein Deutscher, der sich den Belgiern in einer vorgeschobenen Stellung bei Steenstrate ergibt (Oktober 1916).

X.
9

IV.
11

XI.
8

X.9 De lansiers verlaten Lo en vertrekken naar Hoogstade, nadat zij werden afgelost door de Gidsen (oktober 1916). ~ Les lanciers quittent Loo et se dirigent vers Hoogstade après avoir été relevés par les guides (octobre 1916). ~ The Lancers leave Lo and move towards Hoogstade after being relieved by the Guides (October 1916). ~ Die Lanzenreiter verlassen Lo und machen sich nach der Ablösung durch die „Gidsen" auf den Weg nach Hoogstade (Oktober 1916).

IV.11 Verkenners keren terug van een tocht door de moerassen van het 'Niemandsland'.
Patrouilleurs rentrant d'une tournée dans la zone marécageuse du no man's land.
A patrol returning from the swampy area of no man's land.
Eine Patrouille bei ihrer Rückkehr von einem Einsatz im Sumpfgebiet des „Niemandslands".

XI.8 Potje koken op de weg tussen Woesten en Elverdinge (oktober 1916).
La popote sur la route entre Woesten et Elverdinghe (octobre 1916).
The field canteen on the road between Woesten and Elverdinge (October 1916).
Die Küche auf der Straße zwischen Woesten und Elverdinge (Oktober 1916).

XXVI.9

XXVI.7

XXVI.9 Een groep soldaten klaar voor het vertrek (Alveringem, oktober 1916).
Groupe de soldats prêts pour le départ (Alveringhem, octobre 1916).
A group of soldiers ready to leave (Alveringem, October 1916).
Eine Gruppe von Soldaten ist bereit zum Aufbruch (Alveringem, Oktober 1916).

XXVI.7 Een schuilplaats voor de paarden die onlangs werden aangevoerd aan het front (Roesbrugge-Haringe, oktober 1916).
Un abri pour les chevaux récemment amenés au front (Roesbrugge-Haringe, octobre 1916).
A shelter for horses recently brought to the front (Roesbrugge-Haringe, October 1916).
Ein Unterstand für Pferde, die kurz zuvor an die Front verbracht worden waren (Roesbrugge-Haringe, Oktober 1916).

XI.9

XI.9 Voor de ruïnes van de kerk van Reninge (oktober 1916).
Devant les ruines de l'église de Reninghe (octobre 1916).
In front of the ruins of the church in Reninge (October 1916).
Vor den Ruinen der Kirche von Reninge (Oktober 1916).

X. 5

XIX. 6

X.5 Op de verkeersweg van een veldartilleriebatterij halverwege tussen de loopgraven van de vuurmonden en de weg naar Woesten in Elverdinge (oktober 1916).
Sur le chemin de circulation d'une batterie d'artillerie de campagne, à mi-chemin entre les tranchées de la bouche et la route de Woesten à Elverdinghe (octobre 1916).
On the circulation road of a field artillery battery, halfway between the trenches of the front line and the road to Woesten in Elverdinge (October 1916).
Der Verkehrsweg einer Feldartilleriebatterie auf halber Strecke zwischen den Schützengräben an vorderster Front und der Straße nach Woesten bei Elverdinge (Oktober 1916).

XIX.6 Belgische infanterie verlaat Lo in de richting van de frontlijn (oktober 1916).
Infanterie belge quittant le village de Loo pour se diriger vers les premières lignes (octobre 1916).
Belgian infantry leaving the village of Lo to advance towards the front lines (October 1916).
Die belgische Infanterie verlässt das Dorf Lo in Richtung Front (Oktober 1916).

XIX.
8

XVIII.
2

XXII.
4

XIX.8 In de ruïnes van Lo in oktober 1916.
Dans les ruines de Loo en octobre 1916.
In the ruins of Lo, October 1916.
In den Ruinen von Lo im Oktober 1916.

XVIII.2 Het leven in de loopgraven: het komen en gaan van de arbeiders; links controleert men de veiligheidspinnen van de granaten. ~ La vie dans les tranchées: le va-et-vient des travailleurs; à gauche, on vérifie les goupilles des grenades.
Life in the trenches - the comings and goings of the workers: on the left, the safety pins of the grenades are checked. ~ Das Leben im Schützengraben: Das Kommen und Gehen der Arbeiter; auf der linken Seite werden die Sicherungen der Handgranaten überprüft.

XXII.4 Een graf in het water in Kaaskerke.
Une tombe dans l'eau à Caeskerke.
A grave in the inundation zone at Kaaskerke.
Ein Grab im Wasser bei Kaaskerke.

De spoorwegberm Diksmuide-Nieuwpoort vormt als een pees op de IJzerboog de westelijke begrenzing van de inundatieplas die in de verte zichtbaar is. In en achter de berm construeerden de soldaten een heel primitief maar betrekkelijk veilig woon- en slaapverblijf. Ter hoogte van Ramskapelle richting Nieuwpoort zijn nog altijd sporen van bakstenenschuilplaatsen te vinden, maar die waren natuurlijk niet bestand tegen de zware Duitse granaten. Sinds jaren is de spoorwegberm, de Frontzate, voor de toeristen een heerlijk fiets- en wandelpad. Zo te zien hebben de soldaten achter de berm ook een serieuze vlonderweg aangelegd om de alom vervloekte modder van zich af te houden. De soldaat op wacht staat min of meer onbeschermd, maar de afstand tot de vijand bedraagt hier toch ongeveer drie kilometer. Hij loopt dus niet direct gevaar. De fotograaf heeft waarschijnlijk gevraagd even te poseren. Is een andere soldaat daar beneden een plasje aan het doen? Een paar kilometer zuidwaarts beschikte de Grote Wacht van Pervijze over een heus urinoir, een uniek exemplaar aan het front. Over het algemeen waren de hygiënische omstandigheden erbarmelijk, want er waren geen toiletten en op sommige plekken was de stank niet te harden.

Ressemblant à la corde d'un arc formé par l'Yser, le remblai de la ligne de chemin de fer Dixmude-Nieuport forme la limite ouest de la zone inondée, visible dans le lointain. Dans le talus et à l'arrière de celui-ci, les soldats construisirent une zone de séjour et de repos assez primitive, mais relativement sûre. À hauteur de Ramscappelle, en direction de Nieuport, on trouve encore des traces des abris en briques, qui ne purent évidemment pas résister aux lourdes grenades allemandes. L'ancien site du chemin de fer, appelé Frontzate, est aujourd'hui devenu un très beau sentier pédestre et cyclable. Sur la photo, on peut voir que les soldats ont aménagé derrière le remblai un solide caillebotis pour éviter la boue maudite de tous. Le soldat de garde se trouve à découvert, mais il est vrai que la distance entre lui et l'ennemi est d'environ trois kilomètres. Il n'est donc pas directement en danger. Le photographe lui a sans doute demandé de prendre la pose. Un autre soldat, en bas, est peut-être en train d'uriner. À quelques kilomètres au sud, la Grote Wacht de Pervyse disposait d'un véritable urinoir, un exemplaire unique sur le front. En général, les conditions d'hygiène étaient déplorables, car les toilettes étaient inexistantes et à certains endroits, l'odeur était réellement insupportable.

The embankment of the Diksmuide-Nieuwpoort railway formed the chord of the Yser salient and marked the most westerly point of the inundations (visible in the background), which were caused by the flooding of the Yser plain. In and behind the embankment, the Belgian soldiers constructed a series of primitve but relatively safe shelters, in which to live and sleep (although they could not withstand a direct hit by a German shell). Near Ramskapelle, in the direction of Nieuwpoort, it is still possible to see the remains of some of these shelters. In recent years, this embankment has become a tourist paradise for walkers and cyclists. In the photograph we can see that the soldiers have made a long wooden walkway to keep them out of the mud. The soldier on sentry duty seems to be standing in an exposed position, but in this section of the front the German trenches were over three kilometres away – a safe distance. The photographer has probably asked him to strike a pose. And the other soldier: is he urinating? A few kilometres further south, the 'Grote Wacht' position had a proper urinal, but this was almost unique at the front. In general, the hygiene conditions in the trenches were appalling: there were few latrines and at times the stench was almost unbearable.

Die Eisenbahntrasse Diksmuide-Nieuwpoort - wie eine Sehne auf dem IJzerbogen - bildet die Westgrenze des Überschwemmungsgebietes, das in der Ferne zu sehen ist. In die Böschung hinein und dahinter konstruierten die Soldaten eine sehr primitive, aber ziemlich sichere Wohn- und Schlafstätte. Bei Ramskapelle Richtung Nieuwpoort findet man immer noch Spuren dieser Verstecke aus Backstein, die natürlich nicht stabil genug waren, um schweren deutschen Granaten standzuhalten. Seit vielen Jahren ist die Bahnstrasse, auch „Frontzate" genannt, heute ein herrlicher Fahrrad- und Wanderweg für Touristen. Offenbar haben die Soldaten hinter der Trasse auch einen richtigen Bretterweg angelegt, als Schutz vor dem verhassten Schlamm. Der Wacht habende Soldat steht ziemlich deckungslos da, der Abstand zum Feind beträgt hier doch ungefähr drei Kilometer. Also keine unmittelbare Gefahr. Der Fotograf hat ihn wahrscheinlich darum gebeten, kurz für ihn zu posieren. Erleichtert sich der andere Soldat dort unten etwa gerade? Ein paar Kilometer südlich verfügte die ,„Große Wache" von Pervijze über ein richtiges Urinal, ein Unikum an der Front. Im Allgemeinen waren die hygienischen Umstände erbärmlich, denn Toiletten gab es nicht und an manchen Orten war der Gestank unerträglich.

VII.10 Algemeen gezicht op de loopgraven bij Nieuwpoort: in de verte de IJzer en de onderwaterzetting, op het voorplan de verhoogde spoorwegberm. ~ Vue d'ensemble des tranchées à Nieuport: au fond l'Yser et les inondations, au premier plan le remblai du chemin de fer. ~ A view of the trenches near Nieuwpoort: in the background, the Yser and its flooded plain; in the foreground, the railway embankment. Blick auf die Schützengräben bei Nieuwpoort: Im Hintergrund die IJzer und die überschwemmten Gebiete, im Vordergrund der Bahndamm.

XXII. 1

XIV. 12

XIV. 5

XXII.1 Langs de verbindingsloopgraaf van Oud-Stuivekenskerke in de sector Pervijze (december 1916).
Le long du boyau de Oud-Stuyvekenskerke, dans le secteur de Pervyse (décembre 1916).
Along the communication trench at Oud-Stuivekenskerke, in the Pervijze sector (December 1916).
Entlang den Kommunikationsgraben von Oud-Stuivekenskerke im Frontabschnitt von Pervijze (Dezember 1916).

XIV.12 Een Belgische schildwacht op de 'waterpost nr. 1' in Noordschote.
Une sentinelle belge au « poste aquatique n° 1 » à Noordschoote.
A Belgian sentry at water post no. 1 in Noordschote.
Ein belgischer Wachsoldat am „Wasserposten Nr. 1" bei Noordschote.

XIV.5 Aan de 'waterpost nr. 2' in Noordschote (december 1916).
Au « poste aquatique n° 2 » à Noordschoote (décembre 1916).
At water post no. 2 in Noordschote (December 1916).
Am „Wasserposten Nr. 2" bei Noordschote (Dezember 1916).

XV.
1

XIV.
3

XVI.
1

XV.1 Aan de 'waterpost nr. 3' in Noordschote (december 1916).
Au « poste aquatique n° 3 » à Noordschoote (décembre 1916).
Water post no. 3 in Noordschote (December 1916).
Am „Wasserposten Nr. 3" bei Noordschote (Dezember 1916).

XIV.3 In de 'loopgraaf Lettenburg' (december 1916).
Dans la « tranchée Lettenburg » (décembre 1916).
In 'Lettenburg' trench (December 1916).
Im „Lettenburg-Schützengraben" (Dezember 1916).

XVI.1 Ravitaillering met drinkbaar water van een keukenwagen (Steenkerke, december 1916).
Ravitaillement en eau potable d'une cuisine roulante (Steenkerke, décembre 1916).
Filling a kitchen-wagon with drinking water (Steenkerke, December 1916).
Die Trinkwasserversorgung einer mobilen Küche (Steenkerke, Dezember 1916).

XXIII.
4

XV.
11

XIV.
11

XXIII.4 Vóór post 3 aan het Fort Knokke in december 1916 (uitzicht op de inundaties).
En avant du poste 3, au fort de Knocke, en décembre 1916 (vue sur les inondations).
In front of post no. 3 at Fort Knokke, December 1916 (a view of the floods).
Vor dem Posten 3 an der Festung Knokke im Dezember 1916 (Blick auf die Überschwemmungen).

XV.11 De postbode op bestelronde (december 1916).
Le vaguemestre en tournée (décembre 1916).
The mailman on his round (December 1916).
Der Briefträger auf seiner Runde (Dezember 1916).

XIV.11 De koeriermotorrijder begeeft zich van Vinkem naar de loopgraven (december 1916).
Courrier motocycliste se dirigeant de Vinckem vers les tranchées (décembre 1916).
A mailman on his motorcycle, riding from Vinkem to the trenches (December 1916).
Der Motorradkurier fährt von Vinkem zu den Schützengräben (Dezember 1916).

XIV.4 Een comfortabele en zeldzame schuilplaats in Vinkem (december 1916). ~ Un abri confortable et rare à Vinckem (décembre 1916).
A comfortable and rare shelter: something of a rarity in Vinkem (December 1916). ~ Ein komfortabler und seltener Unterschlupf bei Vinkem (Dezember 1916).

De Belgische frontlijn ten westen van het inundatiegebied ter hoogte van Ramskapelle ziet er als een stevig bolwerk uit. De versterking is in, op en om de vroegere spoorwegberm Diksmuide-Nieuwpoort gebouwd. Links van de schildwacht met geweer staat een wachthuisje, daarachter een koerermotor en nog meer naar links een heel laag deurtje dat toegang geeft tot primitieve slaap- en verblijfplaatsen die achter en in de berm zijn ingericht. De man bewaakt de toegang tot de voetbrug of passerelle 15, die volgens de aanduiding leidt naar Wolvennest en Rykenhoek (Rijke Hoek). Dit zijn twee hoeveruïnes op het grondgebied van Ramskapelle, die als eilandjes boven het inundatiegebied uitstaken en vier jaar lang vooruitgeschoven posten van het Belgische leger vormden. Links achter de wacht boven op de versterking staat een schuttersplaat. De geweerloop werd zo ver mogelijk door het kleine gat geschoven en de staalplaat beschermde hoofd en lichaam van de schutter. Beide soldaten zijn in kaki, dragen de adrianhelm en staan op een vlonder boven de modder. Onder druk van de Vlaamse Frontbeweging zullen in de loop van 1917 alle aanduidingen tweetalig worden, op dit beeld uit 1916 zijn ze uitsluitend in het Frans.

La ligne du front belge à l'ouest de la zone inondée à hauteur de Ramskapelle ressemble à un robuste ouvrage de défense. Cette forteresse a été construite dans et sur le remblai de la ligne de chemin de fer Dixmude-Nieuport et dans ses environs immédiats. À gauche de la sentinelle portant un fusil se trouve une guérite, avec à l'arrière une moto d'estafette et plus à gauche une porte très basse donnant accès à des dortoirs et à des pièces de séjour sommaires aménagés à l'intérieur et à l'arrière du remblai. L'homme garde l'accès à la passerelle 15, qui, comme indiqué, conduit au Wolvennest et au Rykenhoek (Rijke Hoek), deux fermes en ruines situées sur le territoire de Ramskapelle et qui, telles des îles, dominent la zone d'inondation et constituèrent pendant quatre ans des postes avancés de l'armée belge. En haut de la fortification, à gauche derrière la sentinelle, on trouve une plaque de tir. Le canon du fusil était glissé le plus loin possible dans le petit trou et la plaque d'acier protégeait la tête et le corps du tireur. Les deux soldats sont vêtus de kaki, portent un casque Adrian et se tiennent sur le caillebotis au dessus de la boue. Sur cette photo datant de 1916, les indications sont uniquement en français, mais au cours de l'année 1917, sous la pression du Mouvement du Front flamand, elles deviendront bilingues.

This section of the Belgian front line to the west of the inundations near Ramskapelle appears to be strongly fortified. Breastworks have been built on and around the railway embankment of the old Diksmuide-Nieuwpoort railway. To the left of the sentry with the rifle stands a guardhouse, with a courier's motorcycle visible in the background. Further to the left a low door gives access to the primitive living shelters built into the back of the embankment. The sentry is guarding the entrance of footbridge no.15, which according to the signs leads to the Wolvennest (Wolf's Lair) and Rykenhoek (Rich Man's Corner). These posts were once farms, whose ruins now protrude island-like above the waters of the inundations. For four years these ruins served as the advanced posts of the Belgian Army in the Ramskapelle sector. On top of the breastwork, behind the sentry, there is a sniper's steel loophole. The barrel of the rifle is pushed through the small eye opening, while the steel plating protects the head and body of the sniper. Both soldiers are dressed in khaki, are wearing Adrian helmets and are standing on duckboards, which keep their feet out of the mud. Under pressure from the so-called Front Movement, all signs in the trenches were written in both Dutch and French from 1917 onwards. In this photograph the signs are all in French, which corresponds with its dating: it was taken in 1916.

Die belgische Frontlinie westlich des Überschwemmungsgebietes auf der Höhe von Ramskapelle sieht wie solides Bollwerk aus. Die Befestigung ist auf und um die frühere Bahntrasse Diksmuide-Nieuwpoort herum gebaut. Links des bewaffneten Postens befindet sich ein Wartehäuschen, dahinter steht ein Motorrad, links davon eine ziemlich niedrige Tür, die Zugang zu primitiven Schlaf- und Aufenthaltsgelegenheiten gewährt, die hinter und in die Böschung hineingebaut sind. Der Mann bewacht den Zugang zur Fußbrücke oder „passerelle 15", die laut dem Hinweisschild nach Wolvennest und Rykenhoek (Reicheck) führt, zwei Hofruinen auf dem Grundgebiet von Ramskapelle, die wie kleine Inseln aus dem Überschwemmungsgebiet herausragen und vier Jahre lang dem belgischen Heer als Vorposten dienten. Links hinter der Wache steht auf der Befestigung ein Schützenschild. Der Gewehrlauf wurde so weit wie möglich durch die kleine Spalte geschoben, wobei die Stahlplatte Kopf und Körper des Soldaten schützte. Beide Soldaten sind kakifarben gekleidet, tragen einen Stahlhelm und stehen über dem Schlamm auf einem Steg. Unter Druck der Flämischen Frontbewegung werden im Lauf des Jahres 1917 alle Angaben zweisprachig gemacht. Auf diesem Bild aus 1916 sind sie jedoch nur auf Französisch.

V.3 Loopgraaf van de frontlijn aan km 11 van de spoorweg Diksmuide-Nieuwpoort. ~ Une tranchée de première ligne au km 11 du chemin de fer Dixmude-Nieuport.
A front-line trench at Kilometre 11 on the Diksmuide-Nieuwpoort railway. ~ Ein Schützengraben an der vordersten Frontlinie bei Kilometer 11 der Eisenbahnstrecke Diksmuide-Nieuwpoort.

V.
11

XVI.
4

XXV.
9

V.11 President Poincaré bezoekt het Belgische front in gezelschap van koning Albert I en kroonprins Leopold. ~ Le président Poincaré visite le front belge en compagnie de S.M. le roi et de S.A.R. le prince Léopold. ~ President Poincaré visits the Belgian front, accompanied by H.M. the king of Belgium and H.R.H. prince Leopold.
Präsident Poincaré besucht die belgische Front in Begleitung von seiner Majestät des Königs und seiner koniglichen Hoheit Prinz Leopold.

XVI.4 Minister van Oorlog de Broqueville, houdt op het kerkhof van Houtem zijn lijkrede op de begrafenis van luitenant-generaal Wielemans (8 januari 1917).
Ministre de la Guerre de Broqueville, prononçant son discours aux funérailles du lieutenant général Wielemans au cimetière de Houthem (8 janvier 1917).
Minister of War de Broqueville making his address at the funeral of lieutenant-general Wielemans at Houtem cemetery (8 January 1917).
Kriegsminister de Broqueville hält auf dem Friedhof von Houtem eine Rede anlässlich der Beisetzung von General Wielemans (8. Januar 1917).

XXV.9 Aankomst van gewonden in het hospitaal E. in Poperinge (januari 1917).
Arrivée de blessés à l'hôpital E. à Poperinghe (janvier 1917).
The arrival of casualties at Hospital E in Poperinge (January 1917).
Die Ankunft von Verwundeten im Krankenhaus E. in Poperinge (Januar 1917).

XXIX. 5

X. 4

XXIX.5 Puin van de kerk van Pervijze (februari 1917).
Ruines de l'église de Pervyse (février 1917).
Ruins of the church of Pervijze (February 1917).
Ruinen der Kirche von Pervijze (Februar 1917).

X.4 Koning Albert I en generaal Gillain in Hoogstade (februari 1917).
S.M. le roi et le général Gillain à Hoogstade (février 1917).
H.M. king Albert and general Gillain in Hoogstade (February 1917).
Seine Majestät der König und General Gillain in Hoogstade (Februar 1917).

XXX. 5

XXX. 8

IX. 2

XXX.5 Het station van Pervijze (februari 1917).
La gare de Pervyse (février 1917).
The station at Pervijze (February 1917).
Der Bahnhof von Pervijze (Februar 1917).

XXX.8 In de eenzaamheid van Pervijze (februari 1917) (gezicht op het dorp).
Dans la solitude de Pervyse (février 1917) (vue sur le village).
In the solitude of Pervijze (February 1917) (a view on the village).
In der Einsamkeit von Pervijze (Februar 1917) (Blick auf das Dorf).

IX.2 De 2de Legerafdeling in de duinen dicht bij De Panne (februari 1917).
La 2ième D.A. (Division d'armée) dans les dunes près de La Panne (février 1917).
The 2nd Division in the dunes close to De Panne (February 1917).
Die 2. Division in den Dünen nahe De Panne (Februar 1917).

IX. 11

X. 7

XXVI. 5

IX.11 In Poperinge functioneert 'de Belgische burgerlijke en militaire hulp' onder de leiding van gravin van den Steen (februari 1917).
« L'aide civile et militaire belge » fonctionnant sous la direction de la comtesse van den Steen, Poperinghe (février 1917).
The Belgian Civil and Military Aid Organisation in Poperinge, under the leadership of countess van den Steen (February 1917).
In Poperinge läuft „Die belgische Zivil- und Militärhilfe" unter der Leitung von Gräfin van den Steen (Februar 1917).

X.7 Gecamoufleerd 150mm-kanon tijdens het vuren in Pervijze (februari 1917).
Pièce de 150mm dissimulée pendant le tir à Pervyse (février 1917).
A concealed 150mm artillery piece in action in Pervijze (February 1917).
Ein verstecktes 150mm-Geschütz beim Feuern bei Pervijze (Februar 1917).

XXVI.5 Een sectie machinegeweren met hondentractie in de omgeving van De Panne (februari 1917).
Une section de mitrailleuses à traction canine près de La Panne (février 1917).
A machine gun section with canine traction, near De Panne (February 1917).
Von Hunden gezogene Maschinengewehre in der Nähe von De Panne (Februar 1917).

XVII.1

IX.10

XXIII.2

XVII.1 Op 19 maart 1917 landt een ontredderde Duitse tweedekker in onze lijnen bij De Panne; hij was in brand geschoten door ons artillerievuur. ~ Le 19 mars 1917, un biplan allemand désemparé atterrit dans nos lignes près de La Panne; il a été incendié par le feu de notre artillerie. On 19 March 1917, a German biplane made a forced landing in the Belgian lines near De Panne; it was set on fire by the artillery. ~ Am 19. März 1917 landet ein manövrierunfähiger deutscher Doppeldecker in unseren Linien in der Nähe von De Panne. Er hat sich durch unser Artilleriefeuer entzündet.

IX.10 Een schildwacht loopt heen en weer op het strand van Nieuwpoort (maart 1917).
Une sentinelle arpentant la plage de Nieuport (mars 1917).
A sentry surveying the beach at Nieuwpoort (March 1917).
Ein Wachsoldat läuft am Strand von Nieuwpoort Patrouille (März 1917).

XXIII.2 Winter in Kaaskerke: op de voorgrond links ondergelopen huizen; op de achtergrond de hoeve De drie Puntgevels met links de smidse (maart 1917).
L'hiver à Caeskerke: à l'avant-plan gauche, des maisons inondées; dans le fond, la ferme des Trois Pignons, avec à sa gauche le poste de la forge (mars 1917).
Winter in Kaaskerke: in the foreground on the left, flooded houses; in the background, The Three Gables farm, with on its left the smithy (March 1917).
Winter in Kaaskerke: Links vorne überschwemmte Häuser; im Hintergrund der Hof „De drie Puntgevels" mit einer Schmiede auf der linken Seite (März 1917).

VII. 11

IV. 7

VII.11 Geniesoldaten slopen in Lo een gebouw dat op instorten staat (1917).
Soldats du génie démolissant un bâtiment qui menace ruine à Loo (1917).
In Lo, sappers demolish a building which threatens to collapse (1917).
Pioniere beim Abbruch eines Gebäudes in Lo, das einzustürzen droht (1917).

IV.7 De maharadja van Patiala bij een bezoek aan het Belgische front (juli 1918).
Le maharadjah de Patiala en visite au front belge (juillet 1918).
The maharajah of Patiala visiting the Belgian front (July 1918).
Der Maharadscha von Patiala beim Besuch an der belgischen Front (Juli 1918).

VII.3 Herstellingswerken in de frontlijn aan schuilplaatsen in gewapend beton die geraakt zijn door vijandelijke artillerie.
En première ligne, réfection des abris en béton armé touchés par l'artillerie ennemie.
Repairing reinforced concrete shelters in the front line, damaged by enemy artillery.
Reparaturarbeiten an den von feindlicher Artillerie beschossenen Schutzbunkern aus armiertem Beton an der vordersten Frontlinie.

VII. 3

De ballon ligt vast aan kabels, stijgt tot wel zevenhonderd meter hoog en kan dus in principe niet wegdrijven, maar bij een plotse rukwind of storm knappen de kabels soms wel. Ze kunnen alleen veilig en efficiënt worden gebruikt bij mooi en windstil weer. Ze zijn gevuld met het erg brandbare waterstofgas. De twee waarnemers in de mand onderaan hebben telefonische verbinding met de grond om doelwitten door te geven aan de artillerie: zij vormen de ogen van het geschut. Links en rechts aan de mand hangen parachutes, want naarmate de oorlog vordert, worden ze een makkelijker doelwit voor vliegtuigen. De Belgische piloot Willy Coppens schiet dertig Duitse kabelballons aan flarden en is dan ook een echte held, een aas in de ogen van het voetvolk in de modderige loopgraven. De ballon krijgt zowel culinaire als erotische bijnamen zoals 'Blutwurst' en 'Saucisse', maar ook 'Zeug', 'Klootzak', 'Des Mädchens Traum' en 'Richard Randy' (bronstige Richard), naargelang de taal. Arthur Pasquier, auteur van het dagboek *Een Waal in de Westhoek*, had de gelegenheid in de ballonmand op te stijgen vanaf de Zandhoek in Lo, net over de Veurnevaart. Hij vond het een unieke ervaring maar kreeg toch kippenvel bij de gedachte aan een vliegtuigaanval.

Retenu par des câbles, le ballon monte jusqu'à quelque sept cents mètres. En principe, il ne peut pas se déplacer, sauf dans le cas où des vents violents et soudains viennent rompre les câbles. Les ballons ne peuvent donc être utilisés en toute sécurité et de manière efficace que par temps calme et en l'absence de vent. Ils sont remplis d'hydrogène, un gaz extrêmement inflammable. Les deux observateurs dans la nacelle sont en liaison téléphonique avec le sol et signalent les objectifs aux artilleurs: ils sont donc les yeux de l'artillerie. À gauche et à droite de la nacelle sont suspendus des parachutes, car au fur et à mesure que la guerre avance, ces hommes deviennent des cibles de plus en plus faciles pour l'aviation. Le pilote belge Willy Coppens détruira 30 ballons captifs allemands. Il deviendra un véritable héros, un as aux yeux de l'infanterie bloquée dans ses tranchées boueuses. Le ballon reçut des surnoms d'inspiration tantôt culinaires, tantôt érotique: Blutwurst et Saucisse, mais aussi Truie, Klootzak, Des Mädchens Traum et Richard Randy (Richard en rut) selon les langues. Arthur Pasquier, auteur du journal « Un Wallon dans le Westhoek », eut l'occasion de grimper dans la nacelle au Zandhoek, à Loo, juste au-delà du canal de Furnes. Il trouva l'aventure excitante, mais ne put s'empêcher d'avoir la chair de poule à la pensée d'une attaque aérienne.

The balloon was fixed to the ground with cables, but could rise to a height of seven hundred metres. This meant that in theory the balloon could not be blown out of position, but the cables did sometimes break during storms or high winds. In practice, the balloons could only be used safely and effectively during good (wind-free) weather. They were filled with highly-inflammable hydrogen gas, which made them vulnerable to enemy aeroplanes. Two observers spied on the German lines from the basket which hung underneath the balloon: they were connected to the ground by telephone, so that they could identify targets and direct the fire of the artillery. Each side of the basket was equipped with a parachute, which the observers could use to jump to safety, if attacked by enemy planes. This happened with increasing frequency, as the war progressed. The Belgian pilot Willy Coppens shot down no fewer than 30 German cable balloons, which made him an 'ace', a true hero in the eyes of the foot soldiers in the trenches. In all armies the balloons were often given culinary or erotic names: Blutwurst (Blackpudding), Saucisse (Sausage), Zeug (Piggy), Klootzak (Bastard), Des Mädchens Traum (Young Girl's Dream) and Richard Randy. Arthur Pasquier, author of the journal *Een Waal in de Westhoek* (A Walloon in the Westhoek) once had the chance to go up in a balloon at Zandhoek, near the village of Lo and the Veurne canal. He found it an exhilarating experience, but got goose-bumps at the thought of a possible enemy air attack!

Der Ballon ist mit Drahtseilen festgemacht, steigt bis zu siebenhundert Metern auf und kann im Prinzip nicht forttreiben. Bei plötzlichem Rückwind oder Sturm könnte dies schon geschehen, wenn die Seile reißen würden. Nur bei schönem und windstillem Wetter können sie sicher und effizient genutzt werden. Sie sind mit sehr leicht entflammbarem Wasserstoff gefüllt. Die zwei Beobachter im darunter hängenden Korb haben Telefonkontakt mit dem Land, um der Artillerie Angriffsziele nennen zu können: Sie stellen sozusagen die Augen des Geschützes dar. Links und rechts vom Korb hängen Fallschirme, denn je weiter der Krieg voranschreitet, desto häufiger und leichter geraten sie ins Visier von Flugzeugen. Der belgische Pilot Willy Coppens zerfetzt 30 deutsche Fesselballons, was ihn in den Augen des Fußvolks im schlammigen Schützengraben zu einem wahren Helden macht. Der Ballon erhielt je nach Sprache sowohl kulinarische als auch erotische Spitznamen wie „Blutwurst" oder „Saucisse", aber auch „Sau", „Arschloch", „Des Mädchens Traum" oder „Richard Randy" (‚brünstiger Richard'). Arthur Pasquier, Verfasser des Tagebuchs „Ein Wallone in der Westhoek", hatte die Gelegenheit, auf der Zandhoek in Lo in den Ballonkorb zu steigen, genau über dem Veurne-Kanal. Er empfand es als einzigartiges Erlebnis, aber bei dem Gedanken an einen Flugzeugangriff überkam ihn doch eine Gänsehaut.

II.9 Een Belgische observatieballon wordt opgelaten. ~ Un ballon d'observation à son poste de combat.
An observation balloon at its battle station. ~ Aufklärungsballon auf seinem Gefechtsposten.

XI. 11

X. 8

XXIII. 6

XI.11 Troepen trekken het kanaal in Adinkerke over (april 1917).
Troupes passant le canal à Adinkerke (avril 1917).
Troops crossing the canal in Adinkerke (April 1917).
Truppen überqueren den Kanal bei Adinkerke (April 1917).

X.8 Het verzorgen van de paarden (kamp van Alveringem, april 1917).
La corvée du fourrage (camp d'Alveringhem, avril 1917).
Taking care of the horses (Alveringem camp, April 1917).
Die Versorgung der Pferde (Lager von Alveringem, April 1917).

XXIII.6 Soldaten werken en planten aardappelen tussen de loopgraven in Sint-Jacobskapelle (april 1917). ~ Soldats labourant et plantant des pommes de terre entre les tranchées à Saint-Jacques-Cappelle (avril 1917). ~ Soldiers working and planting potatoes between the trenches at Sint-Jacobskapelle (April 1917). ~ Zwischen den Schützengräben bei Sint-Jacobskapelle arbeiten Soldaten und bauen Kartoffeln an (April 1917).

XII. 7

Op het kerkhof van Kaaskerke (april 1917). ~ Au cimetière de Caeskerke (avril 1917). In Kaaskerke cemetery (April 1917). ~ Auf dem Friedhof von Kaaskerke (April 1917).

X. 3

De bouw van een brug over het kanaal van de Somme in Ham door een Belgisch bataljon van de spoorwegen (mei 1917). De palen worden ingeheid met een stoommachine. ~ La construction d'un pont sur le canal de la Somme à Ham par le bataillon belge des chemins de fer (mai 1917). Le battage des pilotis par la sonnette à vapeur. ~ The construction of a bridge over the Somme canal in Ham, by a Belgian railroad battalion (May 1917). Sinking a pile by means of a steam-driven pile-driver. Das belgische Eisenbahnbataillon baut bei Ham eine Brücke über die Somme (Mai 1917). Pfahlgründungen mit Hilfe einer Dampframmmaschine.

XXVI. 3

XVI. 14

XV. 4

XXVI.3 Een tweemotorig vliegtuig Caudron van het Frans-Belgische eskadron: de terugkeer van het vliegtuig in Hondschote (mei 1917). ~ Appareil bimoteur Caudron de l'escadrille franco-belge: le retour de l'avion à Hondschoote (mai 1917). ~ A twin-engine Caudron of the Franco-Belgian squadron: the return of the plane to Hondschote (May 1917).
Ein zweimotoriges Flugzeug vom Typ Caudron der französisch-belgischen Staffel: Die Rückkehr des Flugzeugs in Hondschote (Mai 1917).

XVI.14 De 'koks' snijden de beste stukken van de paarden die zojuist gedood zijn bij een artillerieaanval.
Les « cuistots » récupèrent les meilleurs morceaux des chevaux qui viennent d'être tués par une décharge d'artillerie.
The cooks take the best parts of the horses killed by artillery fire.
Die „Köche" schneiden die besten Stücke von den Pferden, die kurz zuvor bei einem Artillerieangriff getötet wurden.

XV.4 Een beetje toilet bij de kapper.
Un brin de toilette chez le figaro.
Freshening up at the barber's.
Ein wenig Körperpflege beim Friseur.

XXI. 9

XIII. 11

XXI.9 In het puin van de kerk van Pervijze (mei 1917).
Dans les ruines de l'église de Pervyse (mai 1917).
In the ruins of Pervijze church (May 1917).
In den Ruinen der Kirche von Pervijze (Mai 1917).

XIII.11 Signalisatiepost tegen het gifgas.
Poste de signalisation contre les gaz asphyxiants.
A signalling post for gas warnings.
Signalposten gegen Giftgas.

De loopgraaf ziet er goed beveiligd uit. Niemand draagt een helm, er dreigt niet direct gevaar. Op het horizontale vlechtwerk rechts, dat dient om de wand te verstevigen, hangt een handdoek te drogen. Een deel van de loopgraaf heeft een overkapping als bescherming tegen gure weersomstandigheden maar ook als bescherming tegen flankvuur. De '2' op het schouderstuk van de soldaat rechts die naar de lens kijkt, laat vermoeden dat dit manschappen zijn van het 2de Linieregiment. Iedereen zit er op zijn manier ontspannen bij. Iemand op de voorgrond rechts rookt een pijp en je krijgt de indruk dat toch vier man aan het luisteren zijn naar de man met het boek, die voorleest of toch doet alsof. Het analfabetisme was een probleem, niet alleen in het Belgische leger. Maar voor hen die lezen noch schrijven konden, was zo'n voorleesmoment toch wel iets speciaals om even aan de dagelijkse eentonigheid te ontsnappen. Van officiële zijde was er belangstelling voor lectuurvoorziening om het morele en culturele niveau van de soldaat te verbeteren. In Londen bestond sinds 1915 het comité *Het boek van de Belgische Soldaat*, dat veertigduizend boeken naar het leger stuurde, waaronder heel wat studieboeken.

La tranchée a l'air parfaitement sécurisée. Personne ne porte de casque, tout danger semble écarté. Un essuie est en train de sécher sur le treillage à droite qui sert à renforcer la paroi. Une partie de la tranchée est protégée par un toit contre les rigueurs du climat, mais aussi contre les tirs latéraux. Le chiffre 2 sur l'épaulette du soldat à droite qui regarde l'objectif permet de supposer que ces hommes appartiennent au 2e de Ligne. Chacun semble détendu, à sa manière. À l'avant-plan à droite, un homme fume la pipe. On a l'impression que les quatre soldats écoutent celui qui tient le livre et fait la lecture ou du moins fait semblant. L'analphabétisme était un problème, pas seulement dans l'armée belge. Pour ceux qui ne savaient ni lire ni écrire, un tel moment de lecture était une occasion bienvenue d'échapper à la monotonie de la vie quotidienne. Du côté officiel, la fourniture de livres avait pour but d'élever le niveau moral et culturel de la troupe. À Londres, il existait depuis 1915 un « Comité du livre pour le soldat belge », qui envoya à l'armée quarante mille ouvrages, dont de nombreux manuels didactiques.

This trench looks well protected. No one is wearing a helmet and there seems to be no immediate danger. To the right, a towel is drying on the wattling which reinforces the front parapet. Part of the trench is covered, to provide protection against both the weather and shrapnel shelling. The '2' on the epaulets of the soldier looking directly at the camera suggests that these men belong to the 2nd Line Regiment. The general atmosphere is one of relaxation. One of them is smoking a pipe, while the others appear to be listening to the man who is reading. Illiteracy was a major problem and not just in the Belgian army. For people who were unable to read or write, these reading sessions by their more literate comrades were something special, a chance to break through the monotony of everyday life in the trenches. The military authorities were aware of the need to provide reading matter for the troops, in order to maintain morale and to improve 'cultural' standards. In 1915, the committee known as *Het Boek van de Belgische Soldaat* was set up in London. This committee sent no fewer than 40,000 books to the army fighting along the Yser, many of them study books.

Der Schützengraben sieht gut gesichert aus. Niemand trägt einen Helm, es droht keine unmittelbare Gefahr. Über dem horizontalen Flechtwerk auf der rechten Seite, das zur Befestigung der Wand dient, wurde ein Handtuch zum Trocknen aufgehängt. Der Schützengraben ist teilweise überdacht, zum Schutz gegen raue Witterungsverhältnisse aber auch gegen Seitenbeschuss. Die Ziffer 2 auf dem Schulterstück des Soldaten rechts, der in die Kamera schaut, legt die Vermutung nahe, dass es sich um Truppen des 2. Frontregiments handelt. Alle machen einen entspannten Eindruck. Vorne rechts raucht jemand eine Pfeife, es sieht so aus, als würden vier Männer der Person mit dem Buch zuhören, der vorliest oder jedenfalls so tut als ob. Analphabetismus war ein Problem, nicht nur im belgischen Heer. Für diejenigen, die weder lesen noch schreiben konnten, war so ein Vorlesestündchen schon etwas besonderes, bei dem man kurz aus der täglichen Eintönigkeit fliehen konnte. Von offizieller Seite aus war die Versorgung mit Lektüre wichtig für die Moral und die Verbesserung des kulturellen Niveaus der Soldaten. In London gab es ab 1915 das Komitee „Das Buch des belgischen Soldaten", das vierzigtausend Bücher zum Heer sandte, darunter jede Menge Lehrbücher.

III.12 Het leven in de loopgraven: een ogenblik van rust en lectuur. ~ La vie dans les tranchées: repos et lecture.
Life in the trenches: a moment of resting and reading. ~ Das Leben im Schützengraben: Zeit für Ruhe und Lektüre.

XXI. 11

XIV. 2

XVIII. 8

XXI.11 'Engelse camouflage' om de troepenbewegingen te verbergen in Nieuwkapelle (mei 1917).
Masques anglais pour dissimuler les mouvements de troupes à Nieucappelle (mai 1917).
'Masques anglais' (a type of camouflage sheet favoured by the English) are used to hide troop movements at Nieuwkapelle (May 1917).
„Masques anglais" um die Truppenbewegungen in Nieuwkapelle zu verschleiern (Mai 1917).

XIV.2 Artillerietrein rijdt voorbij in de straten van Beveren-aan-de-IJzer (juni 1917).
Train d'artillerie passant dans les rues de Beveren (juin 1917).
An artillery train passing through the streets of Beveren-aan-de-IJzer (June 1917).
Ein Artilleriezug rollt durch die Straßen von Beveren-aan-de-IJzer (Juni 1917).

XVIII.8 Gecamoufleerde batterij I: de verborgen houwitser werd zo handig verstopt dat de vijandelijke vliegeniers hem niet konden fotograferen. ~ Batterie dissimulée I: l'obusier camouflé a été caché si habilement qu'il ne saurait être photographié par les aviateurs ennemis. ~ Hidden battery I: the camouflaged howitzer was hidden skilfully, so that it could not be photographed by the enemy pilots. ~ Versteckte Geschützaufstellung I: Die getarnte Haubitze wurde geschickt versteckt, sodass sie nicht von den feindlichen Piloten fotografiert werden konnte.

XVIII. 9

XVI. 2

XXI. 8

XVIII.9 Gecamoufleerde batterij II: het geschut werd gericht volgens het bevel dat ontvangen is langs de telefoon. 'Geschut gereed!' meldt de stukoverste. 'Vuur!' antwoordt de kapitein aan het toestel. Het schot wordt afgevuurd. ~ Batterie dissimulée II: la pièce à été pointée sur l'ordre venu par téléphone. « Pièce prête! » annonce le gradé. « Tirez! » répond le capitaine à l'appareil. Le coup va partir. ~ Hidden battery II: the guns are at action stations, following orders received by telephone. 'Artillery ready!' reports the battery commander. 'Fire!' the captain answers over the phone. The shell is fired. ~ Versteckte Geschützaufstellung II: Das Geschütz wurde nach einem Befehl über Telefon in Stellung gebracht. 'Geschütz feuerbereit!', meldet der Geschützführer. 'Feuern!', antwortet der Hauptmann am Telefon. Der Schuss wird abgefeuert.

XVI.2 Zware artillerie op rails: een 305mm-kanon. ~ Artillerie lourde sur rails: une pièce de 305. Heavy artillery on rails: a 305mm gun. ~ Schwere Artillerie auf Schienen: Ein 305mm-Geschütz.

XXI.8 Telegrafisten van de 2de Cavaleriedivisie leggen een telefoonlijn in de onder water gezette sector van Oud-Stuivekenskerke (juni 1917). ~ Télégraphistes de la 2ième D.C. (Division de cavalerie) posant une ligne dans les inondations du secteur de Oud-Stuyvekenskerke (juin 1917). Telegraphists of the 2nd Cavalry Division installing a line in the flooded sector of Oud-Stuivekenskerke (June 1917). ~ Telegrafisten der zweiten Kavalleriedivision verlegen ein Telefonkabel im überschwemmten Frontabschnitt von Oud-Stuivekenskerke (Juni 1917).

Met 'la Joconde' of 'de Mona Lisa van de IJzer' wordt de 68-jarige Mietje Boeuf, 'de heldin van den IJzer', bedoeld. Maar haar huisje stond niet in Nieuwkapelle, maar wel in Oudekapelle achter de linkeroever van de IJzer aan kilometerpaal 19,5. Koning Albert en koningin Elisabeth tekenden haar Gulden Boek, waarin een artistieke oorlogsvrijwilliger een schets van haar had gemaakt. Haar trekken leken volgens soldaten met veel verbeelding op die van de beroemde Joconde of Mona Lisa van Leonardo da Vinci, omdat ze ook altijd zo geheimzinnig glimlachte als op het schilderij in het Parijse Louvre. Koning Albert decoreerde haar eigenhandig met het Kruis van Eer. Op een foto die als prentbriefkaart werd uitgegeven, zit ze fier als een gieter met haar onderscheiding te pronken. In 1915 moest ze samen met haar geit wegens de zware beschietingen en de verwoesting van haar huisje weg van het front. De site werd onderdeel van een goed uitgebouwde versterking met in het noorden de schans Albert en in het zuiden de schans Elisabeth, pal aan de IJzer. Hier beleven we een kalm ogenblik in dit hoekje van het front, dat al zwaar te lijden had. Enkele soldaten rusten uit. De fotograaf staat met de rug naar de IJzer.

La Joconde ou Mona Lisa de l'Yser n'est autre que Mietje Bœuf, une dame de 68 ans, appelée aussi « L'Héroïne de l'Yser ». Sa maison ne se trouvait pas à Nieucappelle, mais à Oudecappelle, derrière la rive gauche de l'Yser, à la borne kilométrique 19,5. Le roi Albert et la reine Élisabeth ont signé son livre d'or, dans lequel un volontaire de guerre artiste a esquissé son portrait. Selon des soldats, ses traits ressemblent, avec beaucoup d'imagination, à ceux de la célèbre Joconde de Léonard de Vinci., son sourire étant aussi énigmatique que sur la toile du Louvre. Le roi Albert la décora en personne de la Croix d'Honneur. Sur une photo éditée sous forme de carte postale, on la voit poser, fière comme Artaban, avec sa décoration. En 1915, devant l'intensité des bombardements et suite à la destruction de sa maison, elle dut quitter les lieux avec sa chèvre. Le site devint une partie d'une fortification bien structurée, avec au nord la redoute Albert et au sud la redoute Élisabeth, juste sur l'Yser. Nous vivons ici un moment de calme dans ce coin du front, qui a déjà lourdement souffert de la guerre. Quelques soldats au repos. Le photographe tourne le dos à l'Yser.

'La Joconde' or the Mona Lisa of the Yser was the 68 year-old Mietje Boeuf, who was also known as the Heroine of the Yser. In reality, her house was not located in Nieuwkapelle at all, but in the nearby locality of Oudekapelle, behind the left bank of the Yser at kilometre post 19.5. King Albert and queen Elisabeth both signed her Golden (Visitors) Book, in which a soldier-artist had made a sketch of her. According to the troops (who clearly had a good deal of imagination) her features resembled those of the famous 'La Joconde' or Mona Lisa of Leonardo da Vinci, because she had the same enigmatic smile as the painting in the Louvre. King Albert personally decorated her with the Belgian Cross of Honour. A photograph of her which was issued as a postcard shows her, proud as a peacock, wearing her medal. In 1915, the growing bombardments forced her (and her goat) to leave her farm near the front. The site was incorporated into the Belgian Army's defensive positions, with the Albert redoubt in the north and the Elisabeth redoubt in the south, right on the banks of the Yser. The photograph shows a quiet moment in this dangerous corner of the front, which was frequently shelled. A group of soldiers is resting in the sun. The photographer has his back to the river.

Mit „La Joconde" oder auch der „Mona Lisa an der IJzer" meint man die 68-jährige Mietje Boeuf, „Die Heldin der IJzer". Ihr kleines Haus stand allerdings nicht in Nieuwkapelle, sondern in Oudekapelle auf der linken Uferseite der IJzer an der Kilometermarkierung 19,5. König Albert und Königin Elisabeth unterzeichneten in ihrem Goldenen Buch, in dem ein Künstler und Kriegsfreiwilliger eine Skizze von ihr angefertigt hatte. Ihre Gesichtzüge erinnerten laut einiger Soldaten mit einer gehörigen Portion Phantasie an die berühmte Giaconda, besser bekannt als Leonardo da Vincis Mona Lisa, weil sie immer so geheimnisvoll lächelte wie die Frau auf dem Gemälde im pariser Louvre. König Albert verlieh ihr eigenhändig das Ehrenkreuz. Auf einem Foto, das als Postkarte herausgegeben wurde, sitzt sie stolz wie ein Pfau und prunkt mit ihrer Auszeichnung. In 1915 musste sie mit ihrer Ziege wegen schwerer Beschüsse und der Verwüstung ihres Häuschens die Front verlassen. Die Stätte wurde Teil einer gut ausgebauten Befestigung, in deren Norden - unmittelbar an der IJzer - die Albert-Schanze und im Süden die Elisabeth-Schanze lagen. Hier erleben wir einen ruhigen Moment in dieser Gegend an der Front, die schon viel gelitten hatte. Einige Soldaten ruhen aus. Der Fotograf steht mit dem Rücken zur IJzer gewandt.

V.4 De hoeve van de Joconde in Oudekapelle. ~ La ferme « La Joconde » à Oudecappelle.
'La Joconde' farm in Oudekapelle. ~ Der Hof „La Joconde" in Oudekapelle.

Een schot van granaten bestemd voor Diksmuide. – I. De beschieting vanaf de rand van de loopgraaf.
Un tir de grenades devant Dixmude. – I. Tir par dessus le rebord de la tranchée.
A shooting of shells for Diksmuide. – I. The shooting as seen from the edge of the trench.
Granatenbeschuss vor Diksmuide. – I. Beschuss vom Rand des Schützengrabens aus.

Een schot van granaten bestemd voor Diksmuide. – II . Men observeert met de periscoop het resultaat van de beschieting. ~ Un tir de grenades devant Dixmude. – II. Au périscope, on observe le résultat du tir. ~ A shooting of shells in front of Diksmuide. – II. Observing the results of the shooting through a periscope. ~ Granatenbeschuss vor Diksmuide. – II. Mit einem Periskop betrachtet man das Ergebnis des Beschusses.

X.10

IX.1

X.10 Zij onderhouden het graf van een strijdmakker (Steenstrate, juni 1917).
Ils entretiennent la tombe d'un camarade (Steenstraate, juin 1917).
They maintain the grave of a comrade (Steenstrate, June 1917).
Sie pflegen das Grab eines Kameraden (Steenstrate, Juni 1917).

IX.1 In de ruïnes van Ramskapelle (juni 1917).
Dans les ruines de Ramscappelle (juin 1917).
In the ruins of Ramskapelle (June 1917).
In den Ruinen von Ramskapelle (Juni 1917).

XII.8 Het raakpunt van de Engels-Belgische legers.
Le point de jonction des armées anglo-belges.
The meeting point of the English and Belgian armies.
Die Verbindungsstelle der britisch-belgischen Armeen.

XII.8

De Frontbeweging, die ijvert voor gelijke rechten voor Vlamingen en Walen, behaalt enkele kleine successen met een actie voor tweetaligheid. Alle opschriften zijn tweetalig. Er bestaan andere foto's met tweetalige aanduidingen. Misschien werd deze juist genomen om de Frontbeweging de wind uit de zeilen te nemen. Maar dat de veiligheid ermee verhoogde, staat buiten kijf. De loopgraaf die van de Fransen werd overgenomen, ziet er erg rommelig uit. De Belgen bezetten de sector Bikschote in het noorden van de Ieperboog, nadat het Franse leger tijdelijk was verzwakt door muiterij na het falen van generaal Nivelle in de tweede slag van de Aisne (1917). De soldaat met het mausergeweer schuilt onder een afdakje tegen de felle junizon. Op de voorgrond zijn rails van een decauvillespoor zichtbaar. Het is erg onrustig in de Ieperboog. Op 7 juni 1917 veroveren de Britten Wijtschate en Mesen na de explosie van ondergrondse mijnen, waarvoor ze maandenlang tunnels gegraven hebben onder de Duitse linies. Tijdens de volgende weken bereikt de Britse artilleriedruk zijn climax, vóór het begin van de derde slag om Ieper (31 juli–10 november 1917). Ter hoogte van Bikschote liggen de loopgraven van vriend en vijand zo dicht, dat ze elkaar soms kunnen horen praten, wat schietpartijen uitlokt.

L'action pour le bilinguisme menée par le Mouvement du Front, qui œuvrait pour l'égalité des droits entre Flamands et Wallons, engrangea de petits succès. Toutes les inscriptions sont bilingues. Il existe d'autres photos de ce genre. Celle-ci fut sans doute prise afin de restreindre l'influence du mouvement. Il est indéniable que cette mesure renforça la sécurité. La tranchée, abandonnée par les Français, semble assez délabrée. Les Belges occupèrent le secteur de Bixschoote, au nord du saillant d'Ypres, après que l'armée française s'était vue temporairement affaiblie par une mutinerie suite à l'échec du général Nivelle lors de la deuxième bataille de l'Aisne en 1917. Le soldat portant le fusil Mauser se protège sous un auvent du brûlant soleil de juin. À l'avant-plan, on aperçoit les rails Decauville, à faible écartement. L'inquiétude règne en maître dans le saillant d'Ypres. Le 7 juin 1917, les Britanniques s'emparent de Wijtschate et Messines après avoir creusé pendant des mois un tunnel sous les lignes allemandes et fait exploser des mines souterraines. Pendant les semaines suivantes, la pression de l'artillerie britannique ne cesse de croître pour atteindre son apogée à la fin de juillet, avant le début de la 3e bataille d'Ypres. (31 juillet – 10 novembre 1917). À hauteur de Bixschoote, les tranchées alliées et ennemies sont tellement proches que les hommes peuvent parfois entendre les conversations des autres, ce qui déclenche des salves de tirs.

The agitation by the Front Movement for the full use of bilingualism in the army and for equal rights for both Flemings and Walloons was occasionally successful. All the signs in this trench are in both national languages: Dutch and French. Many other photographs from the same period also testify to this growing bilingualism. Or were these photographs made with the deliberate intention of taking the wind out of the Movement's sails? Be that as it may, bilingualism certainly increased safety and security for the Flemish soldiers at the front. This trench, which has recently been taken over from the French, looks rather untidy. The Belgians took over the Bikschote sector, in the north of the Ypres Salient, during the period when the French Army had been weakened by mutiny, following the failed Nivelle offensive along the River Aisne (1917). This soldier, holding his Mauser rifle, is sheltering under a lean-to against the fierce June sun. In the foreground can be seen the tracks of a Decauville railway. This was a tense period in the Ypres Salient. On 7 June 1917, the British had captured the Mesen-Wijtschate ridge, following months of underground tunnelling and the explosion of 19 gigantic mines. During the subsequent weeks the British increased their artillery bombardments, reaching a climax at the end of the month with the opening of the Third Battle of Ypres (31 July – 10 November 1917). Around Bikschote, the trenches were so close to each other that you could often hear the enemy talking. This frequently led to an exchange of rifle fire.

Die Aktion der „Frontbewegung" für Zweisprachigkeit, die Gleichberechtigung für Flamen und Wallonen anstrebt, erlebt kleine Erfolge. Alle Aufschriften sind zweisprachig. Es gibt auch noch andere Fotos mit zweisprachigen Angaben. Möglicherweise wurde dieses gerade mit der Absicht gemacht, der „Frontbewegung" Wind aus den Segeln zu nehmen. Dass sich damit auch die Sicherheit erhöhte, steht außer Frage. Der Schützengraben, der von den Franzosen übernommen wurde, sieht ziemlich unordentlich aus. Die Belgier besetzten den Sektor Bikschote nördlich des Ypernbogens, nachdem das französische Heer zeitweise geschwächt war wegen einer Meuterei nach dem Versagen General Nivelles in der zweiten Schlacht bei Aisne (1917). Der Soldat mit dem Mauser-Gewehr schützt sich unter einer Überdachung gegen die grelle Junisonne. Vorne sieht man die Schienen von Decauville-Gleisen. Im Ypernbogen ist es sehr unruhig. Am 7. Juni 1917 erobern die Briten nach monatelangen Tunnelarbeiten unterhalb der deutschen Linien Wijtschate und Mesen, nachdem unterirdische Minen explodiert waren. Während der nächsten Wochen erhöht sich der Druck der britischen Artillerie bis zu seinem Höhepunkt gegen Ende Juli vor dem Anfang der 3. Schlacht um Ypern (31. Juli - 10. November 1917). Auf Höhe von Bikschote liegen die Schützengräben von Freund und Feind so dicht beieinander, dass sie einander manchmal reden hören können, was zu Schießereien führt.

IX.8 Loopgraaf in Bikschote (juni 1917).
Dans une tranchée à Bixschoote (juin 1917).
In a trench at Bikschote (June 1917).
In einem Schützengraben bei Bikschote (Juni 1917).

XVIII. 7

IX. 3

XVIII. 5

XVIII.7 De 'loopgraaf van de Moeren' bij Noordschote (juni 1917).
La « tranchée des Moëres », près de Noordschoote (juin 1917).
'Moeres' trench, close to Noordschote (June 1917).
Der „Schützengraben des Moeres" in der Nähe von Noordschote (Juni 1917).

IX.3 Belgische en Engelse soldaten in een straat van Nieuwpoort (juni 1917).
Soldats belges et anglais dans une rue de Nieuport (juin 1917).
Belgian and English soldiers in a street in Nieuwpoort (June 1917).
Belgische und englische Soldaten in einer Straße von Nieuwpoort (Juni 1917).

XVIII.5 Onze soldaten verzorgen piëteitsvol de graven van hun dode kameraden: zij hebben dit graf versierd met een Mariabeeld dat zij gered hebben uit een kleine kerk aan het front.
Nos soldats entourent de soins pieux les tombes de leurs camarades morts: ils ont orné celle-ci d'une madone sauvée d'une petite église du front.
Belgian soldiers devoutly tending the graves of their fallen comrades: they have decorated this grave with a statue of the Virgin Mary, which they have salvaged from a small church at the front.
Belgische Soldaten pflegen die Gräber ihrer gefallenen Kameraden mit Respekt: Dieses Grab wurde mit einer Marienstatue geschmückt, die sie aus einer kleinen Kirche an der Front gerettet haben.

II.
1

XIII.
5

XXIII.
10

II.1 Na de strijd komen de mannen bij de keuken een bakje koffie halen.
Après le combat, les hommes vont se « retaper » à la cuisine et boire un « quart de jus ».
After the battle, the men cheer themselves up with a cup of coffee.
Nach der Schlacht erholen sich die Männer bei einem Kaffee in der Küche.

XIII.5 Tijdens de aflossing door de Fransen rusten de Belgische soldaten uit op de weg van Veurne naar Ieper (juni 1917). ~ Pendant la relève française, des soldats belges sont au repos sur la route de Furnes à Ypres (juin 1917). ~ During their relief by the French, Belgian soldiers rest on the road from Veurne to Ieper (June 1917). ~ Während der Ablösung durch die Franzosen ruhen sich die belgischen Soldaten auf der Straße von Veurne nach Ypern aus (Juni 1917).

XXIII.10 Een munitieopslagplaats voor mortierbommen Van Deuren achter 'Het Veerhuis' in Noordschote (juni 1917). ~ Dépôt de bombes pour mortiers Van Deuren derrière « Le passeur » à Noordschoote (juin 1917). ~ A bomb depot for Van Deuren mortars, behind the 'Het Veerhuis' position at Noordschote (June 1917). ~ Ein Bombenlager für Mörser vom Typ Van Deuren hinter dem Schützengraben "Het Veerhuis" bei Noordschote (Juni 1917).

De Belgische granaatwerper of loopgraafmortier is het passende antwoord op de Duitse Minenwerfer. Het Franse woord ervoor, *crapouillot*, verwijst naar het uitzicht: hij lijkt op een *crapaud*, een pad die klaarzit om te spuwen. De Belgische versie is de M.V.D., afkorting voor Mortier Van Deuren, genoemd naar de uitvinder. De soldaten gebruiken ironische varianten als 'Merde Voor den Duits', 'Mortier Val Dood' of 'Marie Van Daele'. Het gebruik vergt een speciale opleiding. De vleugelbommen draaien om hun lengteas tijdens de vlucht en slaan met een zware ontploffing een enorme krater in de bodem, die honderden meter in de omtrek trilt. De draagberries onder de vleugelbom dienen om de projectielen aan te brengen. De mortier staat op een betonnen voetstuk. Volgens een schets van adjudant Raoul Snoeck van het 2de Linieregiment (gesneuveld op de eerste dag van het eindoffensief: 28 september 1918) bevond post nr. 4 zich achter de linker IJzeroever, ongeveer ter hoogte van de huidige IJzertoren. De M.V.D.'s werden natuurlijk ook in de Dodengang gebruikt. In de onmiddellijke nabijheid van elke mortier lag een stock vleugelbommen. De in Gent geboren Jean Verhaegen (°1892) maakte gedurende 22 maanden deel uit van een ploeg *crapouillots*, zoals de bedienaars van de mortier werden genoemd.

Le lance-grenade ou mortier de tranchée belge sera la réponse au Minenwerfer allemand. Son appellation française « crapouillot » fait allusion à son aspect: il ressemble à crapaud prêt à cracher. La version belge est le M.V.D., abréviation de Mortier Van Deuren, du nom de son inventeur. Les soldats utilisaient des variantes ironiques: Merde Voor den Duits, Mortier Val Dood ou Marie Van Daele. L'emploi de ce mortier demande une formation spéciale. Les bombes à ailettes tournent sur leur axe pendant le vol et creusent en explosant un énorme cratère dans le sol, qui se met à trembler dans un rayon de plusieurs centaines de mètres. Les brancards sous la bombe servent à transporter les projectiles. Le mortier est installé sur un socle en béton. D'après une esquisse de l'adjudant Raoul Snoeck du 2ième de Ligne (tombé le premier jour de l'offensive finale, le 28 septembre 1918), le poste n° 4 se trouvait derrière la rive gauche de l'Yser, à peu près à hauteur de l'actuelle tour de l'Yser. Les M.V.D. furent naturellement utilisés aussi dans le Boyau de la Mort. À proximité de chaque mortier, on trouvait un stock de bombes à ailettes. Jean Verhaegen, né à Gand en 1892, fit pendant 22 mois partie d'une équipe de « Crapouillots », le nom donné à ceux qui servaient ce mortier.

This trench mortar was Belgium's answer to the German 'Minenwerfer'. The French name for this type of weapon - 'Crapouillot' - describes the mortar's typical appearance: it looks like a squat toad, waiting to spit. The Belgian version was known as the M.V.D. – the Van Deuren Mortar – after its inventor. The soldiers had more ironic names for it: Merde Voor den Duits (Shit for the Germans), Mortier Val Dood (Drop-dead mortar) or Marie Van Daele (a girl's name). The use of the mortar required special training. The winged mortar shells turned over longitudinally (head-over-tail) in flight. When they exploded, they made a huge crater and caused the ground to shake for hundreds of metres around. The carrying slings under the shells were used to bring them into position. Each mortar kept a supply of these shells close at hand. According to a sketch drawn by Adjutant Raoul Snoeck of the 2nd Line Regiment (who was killed on 28 September 1918, the first day of the victory offensive) post no. 4 was located just behind the left bank of the Yser, close to the spot where the present-day Yser Tower now stands. MVDs were also used in the nearby Dodengang (Trench of Death). The Ghent-born Jean Verhaegen (°1892) spent 22 months at the front with the 'Crapouillots', as the crew members of the mortar teams were known.

Der belgische Granatwerfer oder auch Schützengrabenmörser ist die passende Antwort auf die deutschen Minenwerfer. Das französische „Crapouillot„ bezieht sich auf sein Aussehen: Er ähnelt einem „crapaud", einer Kröte, die kurz davor ist, sich ihre Beute zu schnappen. Die belgische Version ist die „M.V.D.", eine Abkürzung für „Mörser Van Deuren", benannt nach ihrem Erfinder. Die Soldaten benutzten ironische Varianten wie „Mist für den Deutschen", ‚Mörser fall tot um' oder „Marie Van Daele". Um die Mörsergranate bedienen zu können, braucht man eine Spezialausbildung. Die Flügelbomben drehen sich im Flug um ihre Längsachse und reißen mit großer Wucht einen riesigen Krater in den Boden, der noch hunderte Meter weiter die Erde erbeben lässt. Die Falttragen unter der Flügelbombe erleichtern das Anbringen der Projektile. Der Mörser steht auf einem Betonsockel. Laut einer Skizze von Adjutant Raoul Snoeck des 2. Frontregiments (gefallen am ersten Tag der Endoffensive am 28. September 1918) befand sich Posten Nr. 4 hinter dem linken IJzerufer, ungefähr auf Höhe des heutigen IJzerturms. Die M.V.D.'s kamen natürlich auch im „Dodengang" zum Einsatz. In unmittelbarer Umgebung jedes Mörsers lag ein Vorrat Flügelbomben. Der in Gent geborene Jean Verhaegen (*1892) war 22 Monate lang Mitglied einer Mannschaft „Crapouillots", wie die Bediener der Mörserganaten genannt wurden.

VI.9 Granaatwerper in actie op post nr. 4 tegenover Diksmuide.
Lance-bombe en action au poste n° 4 en face de Dixmude.
A trench mortar in action at post no. 4 opposite Diksmuide.
Granatwerfer im Einsatz am Posten Nr. 4 gegenüber Diksmuide.

V.
7

Granaatwerper in een loopgraaf achter een borstwering van 'vaderlanderkes'.
Lance-bombe derrière un parapet de tranchée en sacs de sable.
A trench mortar behind a parapet of sandbags in a trench.
Ein Granatwerfer in einem Schützengraben hinter einer Brustwehr aus Sandsäcken.

X.
6

Een machinegeweer in schietpositie op de frontlijn in Noordschote (juni 1917).
Un fusil-mitrailleur en position de tir, sur la 1ère ligne à Noordschoote (juin 1917).
A machine gun in firing position in the front line at Noordschote (June 1917).
Ein Maschinengewehr in Feuerstellung an der vordersten Frontlinie bei Noordschote (Juni 1917).

XXIII.11

XXIII.12

XXIII.11 Vuren met een machinegeweer op steun (loopgraaf 'Het Veerhuis', Noordschote, juni 1917).
Tir sur appui avec le fusil mitrailleur (tranchée « Le passeur », Noordschoote, juin 1917).
Firing with a portable machine gun on support ('Het Veerhuis' trench, Noordschote, June 1917).
Beschuss mit einem Maschinengewehr auf einem Stativ (Schützengraben „Het Veerhuis", Noordschote, Juni 1917).

XXIII.12 Vuren met een machinegeweer in beweging (loopgraaf 'Het Veerhuis', Noordschote, juni 1917).
Tir en marchant avec fusil mitrailleur (tranchée « Le passeur », Noordschoote, juin 1917).
Firing with a portable machine gun on support ('Het Veerhuis' trench, Noordschote, June 1917).
Beschuss mit einem Maschinengewehr in Bewegung (Schützengraben „Het Veerhuis", Noordschote, Juni 1917).

XXI.12

XXI.12 De IJzer overstroomt het puin van de gebombardeerde dorpen (sector Steenstrate, juni 1917).
Les inondations de l'Yser pénétrant dans les ruines des villages bombardés (secteur de Steenstraate, juin 1917).
The flooding of the Yser inundates the ruins of villages destroyed by shellfire (Steenstrate sector, June 1917).
Die IJzer überschwemmt die Trümmer der zerbombten Dörfer (Frontabschnitt von Steenstrate, Juni 1917).

IX. 7

XII. 1

IX.7 Een straat van Nieuwpoort (juni 1917).
Une rue de Nieuport (juin 1917).
A street in Nieuwpoort (June 1917).
Eine Straße in Nieuwpoort (Juni 1917).

XII.1 Betonneringswerken in Steenstrate in juni 1917.
Travaux de bétonnage à Steenstraate, juin 1917.
Concrete works in Steenstrate, June 1917.
Betonierarbeiten in Steenstrate im Juni 1917.

XI.
12

XII.
3

X.
12

XI.12 Geniesoldaten werken aan de dijken van de IJzer (streek van Nieuwpoort, 1917).
Soldats du génie travaillant aux digues de l'Yser (région de Nieuport, 1917).
Sappers working on the dykes of the Yser (Nieuwpoort region, 1917).
Pioniere arbeiten an den Deichen der IJzer (Region von Nieuwpoort 1917).

XII.3 Een '155 long' in Kaaskerke (juli 1917).
Un « 155 long » à Caeskerke (juillet 1917).
A '155 long' in Kaaskerke (July 1917).
Ein 155mm-Geschütz in Kaaskerke (Juli 1917).

X.12 Een hulzendepot op de weg naar Woesten (juli 1917).
Un dépôt de douilles sur la route de Woesten (juillet 1917).
A cartridge case depot on the road to Woesten (July 1917).
Ein Hülsenlager auf der Straße nach Woesten (Juli 1917).

Vier brancardiers met Britse helm op en beenwindsels dragen een gewonde van het front weg. Op de voorgrond stappen twee Belgische officieren; zij hebben de adrianhelm op en zijn gelaarsd. Allen zijn ze in kaki gekleed. Over de gewonde Brit hebben we geen enkele inlichting, we stellen vast dat een deken op hem ligt. Ze stappen parallel met een decauvillespoor in westelijke richting. Sinds het begin van de oorlog en later afwisselend met het Franse leger hebben de Britten zwaar geschut staan in Nieuwpoort om het sluizencomplex van de Ganzenpoot en meteen het hele systeem van de inundatie te beschermen tegen Duitse aanvallen. Het Belgische leger beschikt niet over een dergelijk zwaar geschut, steun van Britten en Fransen is dus onontbeerlijk. Bij het minste onraad openen de batterijen het vuur, wat natuurlijk tegenvuur uitlokt. Als vijandelijke waarnemers eenmaal de plek hebben gelokaliseerd waar de vuurmonden staan, wordt het voor de kanonniers ook heel gevaarlijk. Het is een niet te benijden job, natuurlijk wat verder weg van het front, maar daarom niet minder riskant. Niet te verwonderen dus dat je bij Nieuwpoort eveneens een paar Britse begraafplaatsen aantreft.

Quatre brancardiers portant des casques anglais et des bandes molletières emmènent un blessé du front. A l'avant-plan, marchent deux officiers belges, équipés de casques Adrian et chaussés de bottes. Tous sont en kaki. Nous ne disposons d'aucun renseignement à propos du blessé anglais, on constate simplement qu'il est protégé par une couverture. Tous marchent vers l'ouest, parallèlement à une voie ferrée Decauville. Depuis le début de la guerre et plus tard en alternance avec l'armée française, les Britanniques disposent à Nieuport d'une artillerie lourde destinée à protéger le complexe d'écluses de la Patte d'Oie et tout le système d'inondation contre les attaques allemandes. Comme l'armée belge ne possède pas un tel armement, elle a besoin du soutien des Britanniques et des Français. Au moindre danger, les batteries ouvrent le feu, ce qui entraîne naturellement une réplique ennemie. Lorsque des observateurs allemands localiseront les canons, le danger s'intensifiera pour les canonniers. Leur rôle n'est guère enviable; même un peu à l'écart du front, le risque n'est pas moindre. Il n'est donc pas étonnant que l'on trouve quelques cimetières britanniques à proximité de Nieuport.

Four stretcher-bearers with British helmets and puttees are carrying a wounded comrade away from the front. In the foreground, two Belgian officers, are passing by. They are wearing high boots and Adrian helmets. All the figures are dressed in khaki. We can see almost nothing of the casualty, since he is covered by a blanket. The stretcher team is moving in a westerly direction, alongside a Decauville railway. Right from the very beginning of the war (and later alternating with the French) the British had heavy artillery based in Nieuwpoort, whose purpose was to defend the Ganzenpoot (Goose Foot) lock complex, the opening of which had made possible the flooding of the Yser plain. The Belgian Army was not equipped with this type of heavy-calibre cannon, so that the support of the British and the French was necessary to protect this key sector of the front. At the first sign of trouble, these guns would open fire – which automatically provoked a reaction from the Germans. If the enemy observers were able to pinpoint the location of a particular battery, life could become very dangerous for the artillerymen. Their work kept them further away from the front, but this did not make their task any less dangerous. The rows of graves in the British cemeteries in Nieuwpoort bear testimony to the truth of this fact.

Vier Sanitäter mit britischem Helm und Wickelgamaschen tragen einen Verwundeten weg von der Front. Im Vordergrund gehen zwei belgische Offiziere, sie tragen den Adrian-Helm und Stiefel. Ihre Kleidung ist kakifarben. Was den verwundeten Briten betrifft, haben wir keinerlei Angaben. Man sieht nur, dass er unter einer Decke liegt. Die Männer gehen parallel zu einem Decauville-Gleis Richtung Westen. Seit Kriegsbeginn und später abwechselnd mit dem französischen Heer haben die Briten in Nieuwpoort schwere Geschütze deponiert, zum Schutz des Ganzenpoot-Schleusenkomplexes und zugleich des ganzen Überflutungssystems gegen deutsche Angriffe. Das belgische Heer verfügt nicht über derlei schweres Geschütz, daher ist die Unterstützung von Briten und Franzosen unentbehrlich. Bei der kleinsten Gefahr eröffnen die Batterien das Feuer, was natürlich einen Gegenangriff provoziert. Wenn feindliche Beobachter einmal den Standort der Geschütze lokalisiert haben, wird es für die Kanoniere ebenfalls sehr gefährlich. Kein beneidenswerter Job! Sie sind natürlich weiter von der Front entfernt, was es aber nicht weniger riskant macht. Daher ist es nicht verwunderlich, dass man bei Nieuwpoort auch ein paar britische Friedhöfe findet.

XII.6 Transport van een gewonde Engelsman in Nieuwpoort. ~ Transport d'un blessé anglais à Nieuport.
The transporting of an English casualty in Nieuwpoort. ~ Der Transport eines britischen Verwundeten in Nieuwpoort.

XIII. 7

Belgische soldaten verblind na een gasaanval.
Soldats belges aveuglés après une attaque de gaz.
Belgian soldiers blinded after a gas attack.
Erblindete belgische Soldaten nach einem Gasangriff.

XIII.7 Een schuilplaats in de loopgraven van de frontlijn tegenover Diksmuide (augustus 1917).
Un abri dans les tranchées de première ligne en face de Dixmude (août 1917).
A shelter in the trenches of the front line opposite Diksmuide (August 1917).
Ein Unterstand im Schützengraben an der Front gegenüber Diksmuide (August 1917).

III.
1

XII.
11

XXI.
6

III.1 Op verkenning aan de boorden van de IJzer.
Patrouilleurs en tournée sur les berges de l'Yser.
A patrol on the banks of the Yser.
Eine Patrouille dreht ihre Runde an den Ufern der IJzer.

XII.11 Een sectie luchtafweermachinegeweren in actie nabij de post van 'de Ruiterschans' in Kaaskerke (augustus 1917). ~ Une section de mitrailleuses anti-avions en action près du poste du « Cavalier » à Caeskerke (août 1917). ~ An anti-aircraft machine gun section close to the post of 'de Ruiterschans' in Kaaskerke (August 1917). ~ Fliegerabwehrmaschinengewehre im Einsatz in der Nähe des Postens des „Ruiterschans" bei Kaaskerke (August 1917).

XXI.6 Het 'tankkerkhof': vastgelopen wrakken voor Passendale tijdens het offensief van 1917. Le « cimetière des tanks »: les épaves enlisées devant Passchendaele lors de l'offensive de 1917. ~ The 'tank cemetery': wrecks bogged down in front of Passchendaele during the offensive of 1917. ~ Der „Panzerfriedhof": Während der Offensive von 1917 vor Passendale steckengebliebene Panzer.

VII. 12

XV. 7

V. 5

VII.12 Een hoek van het dorp Noordschote (augustus 1917).
Coin du village de Noordschoote (août 1917).
A corner in the village of Noordschote (August 1917).
Eine Ecke des Dorfes Noordschote (August 1917).

XV.7 Het verslag van de officieren van een sector (Pervijze, augustus 1917).
Le rapport des officiers d'un secteur (Pervyse, août 1917).
The sector officers' report (Pervijze, August 1917).
Der Bericht der Offiziere eines Frontabschnitts (Pervijze, August 1917).

V.5 Een verbindingsgang in Kaaskerke, genoemd 'gang van Quenast'.
Un boyau de communication à Caeskerke, dit « boyau de Quenast ».
A communication trench at Kaaskerke, known as 'Quenast' trench.
Ein Kommunikationsgraben bei Kaaskerke, bekannt als „Graben von Quenast".

XV. 5

XIV. 6

II. 12

XV.5 De teelt in de moestuinen in Pervijze (augustus 1917).
La culture des jardins potagers à Pervyse (août 1917).
The culture in the kitchen gardens in Pervijze (August 1917).
Gemüseanbau in den Gärten in Pervijze (August 1917).

XIV.6 Mortier Van Deuren (MVD) voor vleugelbommen opgesteld in de 'loopgraaf van de Kashba' voor Diksmuide (augustus 1917). ~ Lance-bombe à ailettes V.D. (Van Deuren) mis en position dans la « tranchée de la Casbah » devant Dixmude (août 1917). ~ A V.D. (Van Deuren) bomb thrower for small-winged bombs, set up in 'Kasbah' Trench near Diksmuide (August 1917). Ein im „Schützengraben der Kasbah" vor Diksmuide aufgestellter Granatwerfer vom Typ Van Deuren (August 1917).

II.12 Aan het werk in de loopgraaf.
Au travail dans les tranchées.
Working in the trenches.
Arbeiten im Schützengraben.

Tijdens de vier jaar aanslepende stellingenoorlog ontwikkelen en gebruiken beide partijen nieuwe wapens aangepast aan de typische loopgraventoestanden. Omdat je al een geoefend gooier moet zijn om granaten verder dan dertig meter te werpen, gebruikt het Belgische leger in de loop van de oorlog verschillende naast elkaar ontwikkelde systemen van granaatwerpers. De granaatwerper Delattre, die tot eind 1917 in dienst is, slingert zeven granaten tegelijk maar ongecontroleerd in de richting van de vijand. De mortier Van Deuren (M.V.D. = Merde Voor den Duits) met de vleugelbommen is een geduchte tegenhanger van de zware Duitse Minenwerfer. Maar daarnaast is er ook nog een van de Fransen geleend systeem. Hierbij worden granaten van het type Viven-Bessières afgevuurd met een Lebelgeweer dat voorzien is van een schietbeker op de geweerloop. De soldaat demonstreert hoe het systeem werkt. Het geweer wordt schuin opgesteld, de granaat schuift in de schietbeker en een speciale kogel activeert de ontsteking. Omdat de soldaat op zijn hoede moet zijn voor de terugslag, dient hij het wapen stevig vast te houden. De granaat kan van dertig tot ruim honderd meter ver vliegen. De soldaat draagt de lange bajonet die bij het Lebelgeweer hoort.

Pendant les quatre ans que dura la guerre de position, les deux camps développèrent et utilisèrent de nouvelles armes, adaptées aux conditions paticulières des tranchées. Comme lancer des grenades à plus de trente mètres demande un entraînement spécifique, l'armée belge utilisa au cours de la guerre différents types de lanceurs. Le lanceur Delattre, qui resta en service jusqu'à la fin de 1917, envoie en même temps, mais de matière incontrôlée, sept grenades en direction de l'ennemi. Le mortier Van Deuren (M.V.D. = Merde Voor den Duits), avec des bombes à ailettes, est le pendant redouté du lourd Minenwerfer allemand. Mais il y eut aussi un système emprunté aux Français: un fusil Lebel dont le canon se termine par un tromblon et tirant des grenades du type Viven-Bessières. Le soldat photographié donne une démonstration. Le fusil est tenu en oblique, la grenade glisse dans le tromblon et une balle spéciale active l'allumage. Face au danger du recul, le soldat doit tenir son arme fermement. Une grenade peut parcourir de trente à cent mètres. Le soldat porte la baïonnette du fusil Lebel.

During the seemingly endless war of the trenches, both sides developed new weapons which were better suited to this new type of warfare. Because even the best grenadier could only throw a grenade some 30 metres, the Belgian Army used a variety of different mortars and grenade launchers with a much greater range. The Delattre mortar, which launched seven separate grenades in an uncontrolled manner towards the enemy, was used until the end of 1917. The Van Deuren mortar fired single winged projectiles and was a serious rival for the famous German 'Minenwerfer'. This photograph shows a similar weapon, which was copied from the French: the barrel of a Lebel rifle was fitted with a funnel for firing Viven-Bessières grenades. The soldier is demonstrating how the system works. The rifle is held at an angle, the grenade is pressed into the funnel and it is discharged by firing a special bullet. The rifle needs to be firmly held, since the recoil is great. The range of the grenade is between 30 and 100 metres. On his hip, the soldier is wearing the long bayonet which could also be attached to the Lebel rifle.

Während des sich vier Jahre hinziehenden Stellungskrieges entwickeln und benutzen beide Parteien neue Waffen, die an die typische Schützengrabensituation angepasst sind. Weil man schon ein geübter Werfer sein muss, um Granaten weiter als dreißig Meter zu schleudern, benutzte das belgische Heer im Laufe des Krieges verschiedene zeitgleich entwickelte Granatenwurfsysteme. Der „Granatwerfer Delattre", der bis Ende 1917 im Dienst ist, schleudert sieben Granaten gleichzeitig, allerdings unkontrolliert in Richtung des Feindes. Der Mörser Van Deuren (M.V.D. = Mist für den Deutschen) mit den Flügelbomben ist das gefürchtete Pendant zum schweren deutschen Minenwerfer. Daneben gibt es aber auch noch ein, den Franzosen abgeschautes System, wobei mit einem Lebel-Gewehr, das mit einem Schießbecher auf dem Gewehrlauf versehen ist, Granaten vom Typ Viven-Bessières abgefeuert werden. Der Soldat demonstriert, wie das System funktioniert. Das Gewehr wird schräg aufgestellt, die Granate gleitet in den Schießbecher hinein, dann aktiviert eine Spezialkugel die Zündung. Wegen der gefährlichen Rückkopplung muss der Soldat die Waffe besonders gut festhalten. Die Granate kann 30 bis gut 100 m weit fliegen. Der Soldat trägt das lange Bajonett, das zum Lebel-Gewehr gehört.

XXIII.1 Het geweer Viven-Bessières met schietbeker. Op de borstwering een 14 cm-projector voor optische signalisatie. ~ Le fusil tromblon pour grenades Viven-Bessières: sur le parapet, un projecteur de 14 centimètres pour signalisation optique. ~ A Viven-Bessières grenade-launcher: on the parapet stands a 14 cm signalling lamp. ~ Das Granatgewehr Viven-Bessières: Auf der Brustwehr ein Scheinwerfer von vierzehn Zentimetern für optische Signale.

Een soldaat zit in een kruiwagenbak met een duif in de handen. Tussen de rechtopstaande soldaten merken we gevlochten duivenmanden. Voor deze specifieke job moet je een beetje verstand hebben van duiven, want die snelle vliegers kunnen snel belangrijke boodschappen overbrengen. In de duiventil van het militaire hoofdkwartier, omgeving De Panne, maken doffers en duivinnen nesten, paren, broeden en brengen jongen groot. Zowel de moeder- als de vaderduif hoopt in de krop een melkachtige substantie op, die ze dan via hun bek in de keel van de jongen afscheiden. Vandaar dat duivenhouders ook duivenmelkers worden genoemd. De band tussen het mannetje en het wijfje is heel hecht en als ze van elkaar worden gescheiden, dan willen ze zo vlug mogelijk weer samen zijn. Volgens dit principe werkt de duivensport. Ze worden ergens gelost en vliegen in de kortst mogelijke tijd op hun instinct terug naar de eigen til. De militaire duivenmelkers nemen duiven mee van het hoofdkwartier, bevestigen ergens aan het front een boodschap aan een pootje, waarmee het diertje naar het hoofdkwartier terugvliegt. Soms wordt de duif zelfs van een camera op de borst voorzien. De oorlogvoerende partijen proberen natuurlijk elkaars duiven neer te schieten.

Un soldat tenant dans les mains un pigeon est assis dans une brouette. Entre les soldats debout, on remarque des paniers à pigeons en osier tressé. Ce travail spécifique exigeait certaines connaissances en colombophilie, car ces oiseaux rapides doivent parfois transmettre des messages importants. Dans le pigeonnier du quartier général, dans les environs de La Panne, des pigeons mâles et femelles construisent des nids, s'accouplent, couvent leurs œufs et élèvent leurs jeunes. Tant le père que la mère accumulent dans leur jabot une substance laiteuse qu'ils dégurgitent par le bec dans la gorge de leurs jeunes. On appelle les gens qui tiennent des pigeons: des colombophiles. Les liens entre mâles et femelles sont très étroits. si on les sépare, ils se hâtent de se retrouver. C'est sur ce principe que se base la colombophilie. Les oiseaux lâchés quelque part rejoignent instinctivement leur pigeonnier dans les délais les plus courts. Les colombophiles militaires choisissent des pigeons au quartier général, leur fixent un message à la patte quelque part sur le front avant de les relâcher, après quoi les pigeons regagnent leur pigeonnier. Parfois même, les pigeons sont équipés d'une caméra sur la poitrine. Les parties belligérantes essaient naturellement d'abattre les pigeons de l'adversaire.

A soldier is sitting in a wheelbarrow with a pigeon in his hands. Between the two standing soldiers pigeon baskets can also be seen. This very specific job required some prior knowledge of pigeons and their ways. The fast-flying pigeons had the important task of carrying messages back to command posts behind the front lines. There was actually a pigeon breeding centre near the Military Headquarters in De Panne, where young pigeons were raised and trained. Both the male and female pigeon can produce a milk-like substance in their throats, which they can transfer via their beaks to their young. This is why pigeon breeders are also referred to as pigeon-milkers. The bond between the male and female pigeon is strong. This means that if they are separated, their desire to be reunited as quickly as possible is great. This is the premise on which the sport of pigeon racing – and the military practice of sending messages by pigeon – is based. No matter where the pigeon is released, its homing instinct will lead it back to its nest and its mate in the shortest possible time. Birds were taken from the breeding centre at De Panne to the trenches. If the soldiers at the front needed to send an urgent message to the rear, they simply placed it in a small container tied to the bird's leg and set it free, knowing that it would automatically find its way back to the Headquarters. Some pigeons even had mini-cameras fitted to their breast. Not surprisingly, the soldiers of all armies were trained to shoot down the enemy's pigeons.

Ein Soldat sitzt mit einer Taube in den Händen in einem Schubkarren. Zwischen den stehenden Soldaten kann man geflochtene Taubenkörbe erkennen. Für diese spezielle Aufgabe muss man ein wenig von Tauben verstehen, denn diese schnellen Flieger können rasch wichtige Nachrichten überbringen. Im Taubenschlag des Militärhauptquartiers, in der Gegend um De Panne, bauen Taubenpaare ihre Nester, paaren sich, brüten und ziehen ihre Jungen auf. Sowohl die Weibchen als auch die Männchen sammeln in ihren Kehlen eine milchartige Substanz an, die sie dann über ihre Schnäbel in die geöffneten Kehlen ihrer Brut absondern. Daher stammt auch der niederländische Ausdruck „Taubenmelker" für Taubenzüchter. Das Band zwischen dem Männchen und dem Weibchen ist sehr eng und wenn man sie voneinander trennt, wollen sie so schnell wie möglich wieder zusammen sein. Nach diesem Prinzip funktioniert der Taubensport: Man lässt die Vögel an irgendeiner Stelle frei und in kürzester Zeit fliegen sie ihrem Instinkt folgend zu ihrem eigenen Schlag zurück. Die militärischen Taubenzüchter nehmen die Vögel mit von Hauptquartier, befestigen irgendwo an der Front eine Nachricht an einem Taubenfuß, mit der das Tier dann zum Hauptquartier zurückfliegt. Manchmal wird die Taube sogar mit einer Kamera auf der Brust ausrüstet. Die miteinander Krieg führenden Parteien versuchen natürlich gegenseitig ihre Tauben abzuschießen.

XIV.1 Een post om boodschappen met postduiven over te brengen in een loopgraaf van de eerste lijn tegenover Diksmuide (augustus 1917). ~ Un poste de transmission de messages par pigeons voyageurs dans une tranchée de première ligne en face de Dixmude (août 1917). ~ A communications post with carrier pigeons, in a front line trench opposite Diksmuide (August 1917). ~ Ein Posten zur Nachrichtenüberbringung durch Brieftauben in einem Schützengraben an der Front gegenüber Diksmuide (August 1917).

XV.
9

Op de Sint-Jorisvoetbrug in Ramskapelle (augustus 1917).
Sur la passerelle Saint-Georges à Ramscappelle (août 1917).
On the St.George footbridge in Ramskapelle (August 1917).
Auf der Fußbrücke Sint-Joris bei Ramskapelle (August 1917).

III.
5

Postduiven als boodschappers aan het front.
Poste colombophile de première ligne.
The carrier pigeon service on the front line.
Eine Brieftaubeneinheit an der Front.

XXIII.9

X.2

XXIII.9 Granaatwerpers Delattre voor zeven granaten.
Lance-grenades Delattre pour sept grenades.
A Delattre trench mortar, capable of firing seven small bombs.
Ein Granatwerfer vom Typ Delattre für sieben Granaten.

X.2 Een militaire duivenmelker in De Panne (april 1917).
Un pigeonnier militaire à La Panne (avril 1917).
A military pigeon fancier in De Panne (April 1917).
Ein Taubenzüchter des Militärs in De Panne (April 1917).

III.11 Postduivendienst in de Belgische loopgraven.
Poste colombophile dans les tranchées belges.
The carrier pigeon service in the Belgian trenches.
Brieftaubendienst in den belgischen Schützengräben.

III.11

Na de bewegingsoorlog van 4 augustus tot 10 november 1914 breekt de periode van de stellingenoorlog aan, van 11 november 1914 tot 28 september 1918. Aan het westelijk front van de Noordzee tot de Zwitserse grens bouwen de soldaten aan weerszijden een enorme verdedigingslijn uit. Uit de grote botsingen aan de Somme (1916), Verdun (1916), Passendale (1917) en het Duitse lenteoffensief (1918) blijkt dat aanvallen gelijkstaat met enorme verliezen aan manschappen. In de Belgische sector is dit de tijd van de beperkte nachtelijke razzia's in vijandelijke loopgraven, van sluipschutters en van (hand)granaten. Omdat je die niet zo ver kunt gooien, worden systemen uitgedacht waarmee ze weggeslingerd of afgeschoten kunnen worden. In het museum van de Dodengang staat een exemplaar van het type Delattre, dat tot eind 1917 naast de Mortier Van Deuren in gebruik was. Op dit beeld maakt een daartoe speciaal opgeleide soldaat de mortier klaar voor het afvuren. In de vuurmond steekt een stel van zeven granaten van elk ongeveer 1 kg, die met een elektrische ontsteking afgevuurd zullen worden. Links in de bakken merk je de munitievoorraad. Nadeel van dit wapen is de onnauwkeurigheid: de projectielen kiezen een willekeurige baan in de richting van de vijand. Ze vliegen zo'n 250 meter ver.

Après la guerre de mouvement entre le 4 août et le 10 novembre 1914 s'ouvre la période de la guerre de position, qui durera du 11 novembre 1914 au 28 septembre 1918. Du front ouest de la mer du Nord jusqu'à la frontière suisse, les soldats des deux camps bâtirent de chaque côté une énorme ligne de défense. Les grands affrontements sur la Somme (1916), à Verdun (1916) et à Passchendaele (1917) ainsi que l'offensive allemande du printemps 1918 causèrent de très nombreuses pertes humaines. Dans le secteur belge, c'est l'époque des razzias nocturnes limitées dans les tranchées ennemies, des tireurs embusqués et des grenades à main. Comme ces grenades ne peuvent être lancées de très loin, on imagine des systèmes pour en augmenter la portée. Au musée du Boyau de la Mort, on peut voir un exemplaire du type Delattre employé jusqu'à la fin de 1917 à côté du Mortier Van Deuren. Sur cette photo, un soldat spécialement entraîné à cette mission prépare un mortier pour le tir. Dans la bouche du canon, on peut voir un ensemble de sept grenades d'un poids d'un kilo chacune, qui seront mises à feu par un dispositif électrique. À gauche, dans les bacs, on remarque des réserves de munitions. L'inconvénient d'une telle arme est le manque de précision. les projectiles suivent des trajectoires aléatoires en direction de l'ennemi et parcourent environ 250 m.

After the war of movement between 4 August and 10 November 1914, conflict on the Western Front settled down into a long period of trench warfare, lasting from 11 November 1914 to 28 September 1918. This line of strongly fortified trenches stretched from the North Sea coast at Nieuwpoort to the Swiss border. The great battles of subsequent years – on the Somme (1916), at Verdun (1916), at Passchendaele (1917) and during the German Spring Offensive (1918) – showed that these trenches could only be attacked with enormous losses. In the Belgian sector, trench warfare was characterised by night raids, sniping and grenade attacks. Because it was difficult to throw a grenade far by hand, all the armies developed mechanical systems for throwing them much further. These were the so-called trench mortars. In the museum at the Dodengang (Trench of Death) there is a fine example of the Delattre mortar, which until the end of 1917 was used alongside the more common Van Deuren type. In this photograph, a speciallytrained soldier is getting the mortar ready to fire. The barrel contained seven separate projectiles, each weighing about 1 kilogram, which were fired by an electrical signal. The ammunition supply for the mortar can be seen in the boxes on the left. The main drawback of this weapon was its inaccuracy. The bombs were simply launched in the general direction of the enemy positions, at a maximum range of some 250 metres.

Nach dem Bewegungskrieg vom 4. August bis zum 10. November 1914 beginnt die Periode des Stellungskrieges vom 11. November 1914 bis zum 28. September 1918. An der Westfront von der Nordsee bis zur schweizer Grenze bauen die Soldaten an beiden Seiten eine gigantische Verteidigungslinie. Aus den großen Zusammenstößen an der Somme (1916), bei Verdun (1916), bei Passendale (1917) und während der deutschen Frühjahrsoffensive (1918) wird deutlich, dass Angriffe immer auch enorme Verluste bedeuten. Im belgischen Sektor ist das die Zeit gelegentlicher nächtlicher Überfälle im feindlichen Schützengraben, von Heckenschützen und (Hand-) Granaten. Weil man Letztere nicht so weit werfen kann, werden Systeme erfunden, mit denen sie weggeschleudert oder abgeschossen werden können. Im „Dodengang"-Museum steht ein Exemplar des Typs Delattre, das bis Ende 1917 neben dem Mörser Van Deuren benutzt wurde. Auf diesem Foto macht ein eigens dazu ausgebildeter Soldat den Mörser feuerbereit. In der Mündung steckt ein Satz aus sieben 1 kg schweren Granaten, die mit einem elektrischen Zünder abgefeuert werden sollen. Links in den Behältern erkennt man den Munitionsvorrat. Ein Nachteil dieser Waffen ist ihre Ungenauigkeit: die Projektile wählen eine willkürliche Bahn in Richtung des Feindes und fliegen ca. 250 m weit.

XII.10 Loopgraafmortier opgesteld in Kaaskerke (augustus 1917). ~ Mortier de tranchée mis en position à Caeskerke (août 1917).
A trench mortar in position at Kaaskerke (August 1917). ~ Ein bei Kaaskerke aufgestellter Grabenmörser (August 1917).

XV. 10

XXVI. 6

XV.10 Verschansingshoek in de sector van de 3de Legerafdeling.
Coin de retranchement dans le secteur de la 3ième D.A. (Division d'armée).
An entrenched corner in the sector of the 3rd Division.
Eine Verschanzungsmöglichkeit im Frontabschnitt der dritten Division.

XXVI.6 De voorbereiding van een patrouille: men bestudeert de Duitse stellingen.
La préparation d'une patrouille: on étudie les positions allemandes.
Preparing for patrol: studying the German positions.
Die Vorbereitung für einen Patrouillengang: Man studiert die Stellungen der Deutschen.

VII. 6

XIII. 9

VII.6 Een luchtafweermitrailleur: dit toestel maakt het mogelijk de vlucht van de 'Taubes' te volgen in alle richtingen.
Une mitrailleuse anti-avion: son dispositif lui permet de suivre en tous sens le vol des « Taubes ».
An anti-aircraft machine gun: its firing platform enables it to follow the flight of the 'Taubes' in all directions.
Ein Fliegerabwehrmaschinengewehr: Seine Bauweise ermöglicht es, den Flug einer „Taube" in alle Richtungen zu verfolgen.

XIII.9 Een kleine loopgravenmortier in actie tegenover Diksmuide.
Petit mortier de tranchée en action en face de Dixmude.
A small trench mortar in action opposite Diksmuide.
Ein kleiner Grabenmörser im Einsatz gegenüber Diksmuide.

XII. 9

VIII. 9

XIII. 10

XII.9 De 'gang van het pistool' bij 'de Ruiterschans', in Kaaskerke.
Le « boyau du pistolet », près du « Cavalier » à Caeskerke.
The 'Boyau du Pistolet', near the 'Ruiterschans' at Kaaskerke.
Der „Boyau du Pistolet" in der Nähe des „Ruiterschans" bei Kaaskerke.

VIII.9 De bouw van een schuilplaats in de omgeving van Kaaskerke.
Construction d'un abri aux abords de Caeskerke.
The construction of a shelter near Kaaskerke.
Der Bau eines Schutzkellers in der Nähe von Kaaskerke.

XIII.10 De toegang tot een telefoonpost van de sector Kaaskerke.
L'entrée d'un poste téléphonique du secteur de Caeskerke.
The entrance to a telephone post in the Kaaskerke sector.
Der Eingang eines Telefonpostens im Frontabschnitt von Kaaskerke.

IX. 12

II. 4

IX.12 In de telefoonpost van een 8 duimkanon tijdens het gevecht.
Dans le poste téléphonique d'une pièce de 8 pouces pendant le combat.
In the telephone post of an 8 inch gun during action.
Ein Telefonposten eines 203mm-Geschützes während des Gefechts.

II.4 Voor de ruïnes van de befaamde Tempelierstoren in Nieuwpoort.
Devant les ruines de la fameuse tour des Templiers à Nieuport.
In front of the ruins of the famous Templars' tower in Nieuwpoort.
Vor den Überresten des berühmten Turms des Tempelritter-Ordens in Nieuwpoort.

VIII.7 Gezicht op de stationshalte van Kaaskerke in de richting van Diksmuide.
Panorama de la halte de Caeskerke vers Dixmude.
A view of the railway halt at Kaaskerke, in the direction of Diksmuide.
Blick auf die Haltestelle von Kaaskerke in Richtung Diksmuide.

VIII. 7

In vogelvlucht ligt Oostkerke (deelgemeente Diksmuide) maar een drietal kilometer van de beruchte Dodengang in Kaaskerke (ook deelgemeente Diksmuide). In augustus 1917 is de derde slag om Ieper (tussen Duitsers en Britten) volop aan de gang en daardoor lijkt het in de Belgische sector wel even een adempauze; het is in elk geval tamelijk rustig. De soldaten staan, lopen en rijden er nogal ontspannen bij. Over de beek, waarvan je uiterst rechts een deel van de duiker ziet, ligt een stevige balkenbrug met daarop een decauvillesmalspoor. De centrale figuur in beeld straalt; hij zit voor een hoeveelheid rechtopstaande granaten van zwaar kaliber. Het wagonnetje wordt door een paard met ruiter getrokken. Links en rechts liggen stapels granaten, wat betekent dat in de omgeving heel wat geschut moet staan. Sommige soldaten dragen hun adrianhelm, anderen de politiemuts en nog anderen zijn blootshoofds. De man in het hemd rechts lijkt zich klaar te maken voor een spurtje. Er wordt blijkbaar geen moeite gedaan om in de open vlakte de activiteiten verborgen te houden. Bijna elke eenheid heeft één of meerdere hondjes om met min of meer succes de ratten te bestrijden.

À vol d'oiseau, Oostkerke ne se trouve qu'à trois kilomètres du tristement célèbre Boyau de la Mort à Caeskerke. Les deux villages font maintenant partie de Dixmude. En août 1917, la troisième bataille d'Ypres, entre Allemands et Britanniques, bat son plein. Dans le secteur belge, il règne dès lors un calme relatif. Les soldats semblent plutôt détendus. Sur le ruisseau, à droite duquel on peut voir une partie du petit pont, a été jeté un solide pont de poutres sur lequel passe une voie Decauville à faible écartement. Le personnage central est un soldat au large sourire, assis près d'obus de fort calibre, dressés. Le wagonnet est tiré par un cheval sur lequel est assis un soldat. À gauche et à droite s'empilent les obus, ce qui signifie que l'artillerie est présente en force dans les environs. Certains soldats portent leur casque Adrian, d'autres, un béret et d'autres encore sont nu-tête. L'homme en chemise à droite semble se préparer à un petit sprint. Personne ne se donne visiblement la peine de dissimuler ses activités dans cette plaine ouverte. Presque chaque unité possède un ou plusieurs chiens pour lutter avec plus ou moins de succès contre les rats.

As the crow flies, Oostkerke (part of the town of Diksmuide) is just three kilometres from the notorious Dodengang (Trench of Death) in Kaaskerke (also part of Diksmuide). In August 1917 the Third Battle of Ypres (between the British and the Germans) was raging just 20 kilometres to the south. Perhaps this explains why things seem more relaxed on this part of the Belgian front. The soldiers in the picture are all riding, walking or standing around with a certain ease. Across the brook, whose concreted channel can just be seen on the right, there is a sturdy beamed bridge, which carries a Decauville railway. At the centre of the scene, an unconcerned soldier is sitting next to a number of heavy calibre shells, on a horse-drawn wagon. Further piles of shells are stacked to both left and right, which suggests that the guns must be somewhere close by. Some of the troops are wearing their Adrian helmets, some prefer just a cap and others are bare-headed. The man in the shirt on the right looks as if he is ready to go for a run. Even in this open plain, no attempt is being made to conceal their activities. The unit's dog is also on show: most units had one or more dogs, which were useful for keeping the rats in check.

Aus der Luft gesehen liegt Oostkerke (Teilgemeinde von Diksmuide) nur ca. 3 km vom berüchtigten „Dodengang" in Kaaskerke (ebenfalls in Diksmuide eingemeindet) entfernt. Im August 1917 ist die dritte Schlacht um Ypern (zwischen Deutschen und Briten) in vollem Gang, weshalb es so aussieht, als könne man im belgischen Sektor kurz aufatmen. Es ist dort jedenfalls relativ ruhig. In relativ entspannter Verfassung gehen, stehen und fahren hier die Soldaten. Über dem Bach, in dem man ganz rechts ein Stück eines Dükers sieht, liegt eine stabile Lattenbrücke, über die eine Decauville-Schmalspur führt. Die Hauptperson auf dem Bild ist ein fröhlich dreinblickender Soldat, der neben einer Anzahl schwerkalibriger, senkrecht aufgestellter Granaten sitzt. Der kleine Wagon wird von einem Pferd mit Reiter gezogen. Links und rechts liegen aufgestapelte Granaten, was bedeutet, dass in der Umgebung jede Menge Geschütze stehen müssen. Manche Soldaten haben ihren Stahlhelm auf, andere die Polizeikappe, wieder andere tragen gar nichts auf dem Kopf. Der Mann im Hemd rechts bereitet sich gerade auf einen Kurzsprint vor. Anscheinend gibt man sich auf offenem Feld keinerlei Mühe, Aktivitäten verborgen zu halten. Fast jede Einheit hat einen oder mehrere Hunde, mit deren Hilfe sie mehr oder weniger erfolgreich die Ratten bekämpfen.

XIII.3 Bevoorrading in granaten in de sector Oostkerke (augustus 1917). ~ Ravitaillement en obus dans le secteur de Oostkerke (août 1917).
Supplying shells in the Oostkerke sector (August 1917). ~ Nachschub von Granaten im Frontabschnitt von Oostkerke (August 1917).

De geschiedenis van het polderdorp Sint-Jacobskapelle aan de IJzer begint officieel in de Middeleeuwen in 1247 met een bewaarde bisschoppelijke stichtingsoorkonde. De patroonheilige van het kerkje is de apostel Sint-Jacob de Meerdere, dezelfde als Sint-Jacob in het Spaanse Galicië, waarheen de bekende pelgrimsroute leidt. Op 4 december 1914 om 14 uur wordt de kerk door de Duitse artillerie in puin geschoten. De torenklok 'Ic heete Jacob 1594' wordt uit het puin gered door de toenmalige burgemeester en in een drenkplas voor het vee verborgen voor het geval de Duitsers toch zouden doorbreken, want zij eisen de kerkklokken op om kanonnen te gieten. 'Jacob' overleeft de oorlog en wordt vandaag nog altijd geluid voor de kerkdiensten. De westgevel van het kerkje is in augustus 1917 nog behoorlijk bewaard, in 1918 blijft er niets meer van over. Eén soldaat staat met beide voeten op de grond en kijkt naar zijn collega die tegen een steile ladder opklimt. Op de stam zijn voetsteunen bevestigd om naar een zo hoog mogelijke uitkijk te klimmen. Op luchtfoto's uit die periode wordt duidelijk dat Sint-Jacobskapelle een knooppunt is van loopgraven, gangen, versterkingen en schuilplaatsen, dat door de Duitse artillerie bij het minste teken van leven hevig bestookt wordt.

L'histoire du village de Saint-Jacques-Cappelle, situé dans les polders sur l'Yser, débute officiellement au Moyen Âge, exactement en 1247, comme l'indique l'acte épiscopal de fondation conservé jusqu'à nos jours. Le patron de la petite église est l'apôtre saint Jacques le Majeur, celui-là même que l'on vénère en Galice et à qui mène une route de pèlerinage célèbre. Le 4 décembre 1914 à 14 heures, l'église fut détruite par l'artillerie allemande. La cloche de la tour, « Ic heete Jacob 1594 », est sauvée des ruines par le bourgmestre de l'époque et cachée dans une mare où s'abreuvait le bétail, pour le cas où les Allemands perceraient le front, car ils réquisitionnaient les cloches pour fabriquer des canons. « Jacob » survécut à la guerre et annonce aujourd'hui encore les offices. En août 1917, la façade ouest de l'église était encore relativement bien conservée, mais il n'en restait plus rien en 1918. Un soldat debout regarde son collègue escaladant une échelle dressée presque à la verticale. Des repose-pieds sont fixés au tronc de l'arbre pour offrir le point de vue le plus élevé possible. Sur les photos aériennes de cette période, on voit de façon nette que Saint-Jacques-Cappelle était le point d'intersection des tranchées, couloirs, fortifications et autres abris. Il fut évidemment lourdement bombardé par l'artillerie allemande au moindre signe de vie.

The first recorded mention of the polder village of Sint-Jacobskapelle, near the Yser, occurs in an episcopal act of foundation dating from 1247. The patron saint of the church in question was St. James the Great, the same apostle whose memory is honoured at the major pilgrimage centre of Compostella, in Spanish Galicia. At 2 o'clock in the afternoon of 4 December 1914, the church was reduced to rubble by the German artillery. The church bell, engraved with the words *Ic heete Jacob 1594* (My name is James, 1594), was rescued from the ruins by the local mayor and hidden in a pond, in case the Germans should break through (they requisitioned all such bells to make cannons). The bell survived the war and still calls the faithful of the village to worship in the new church, which was rebuilt after the Armistice. This photograph from 1917 shows that the west façade is still relatively intact but in 1918 there was nothing left. The soldier on the ground is watching his colleague climb the ladder up to an observation post, hidden high in a tree. Aerial photographs from this period show that Sint-Jacobskapelle was a veritable maze of trenches, tunnels, breastworks and shelters, which was shelled by the German guns at the least sign of life.

Die Geschichte des an der IJzer gelegenen Polderdorfs Sint-Jacobskapelle beginnt schon im Mittelalter, wie eine erhalten gebliebene bischöfliche Gründungsurkunde aus dem Jahr 1247 bezeugt. Der Schutzheilige der kleinen Kirche ist der Heilige Apostel Jacobus de Meerdere, derselbe Jakob wie im spanischen Galizien, wohin der bekannte Pilgerweg führt. Am 4. Dezember 1914 um 14 Uhr wird die Kirche von der deutschen Artillerie in Schutt und Asche gelegt. Die Turmglocke „Ic heete Jacob 1594" („Ich hieß Jakob 1594") wird vom damaligen Bürgermeister aus den Trümmern gerettet und in einer Viehtränke versteckt, für den Fall, dass die Deutschen doch durch die Linien stoßen würden, denn sie fordern die Kirchenglocken ein, um daraus Kanonen zu gießen. „Jakob" überlebt den Krieg und läutet noch heute die Gottesdienste ein. Die Westfassade des Kirchleins ist im August 1917 noch ziemlich gut erhalten, 1918 bleibt nichts mehr davon übrig. Ein einzelner Soldat steht beidbeinig da und schaut zu, wie ein Kamerad eine steile Leiter hinaufsteigt. An dem Stamm sind Fußstützen angebracht, damit man so hoch wie möglich auf den Ausguck hinaufklettern kann. Auf Luftaufnahmen aus dieser Zeit wird ersichtlich, dass Sint-Jacobskapelle ein Knotenpunkt von Schützengräben, Gängen, Befestigungen und Unterschlüpfen ist, die von der deutschen Artillerie beim geringsten Lebenszeichen heftig unter Beschuss genommen wird.

XIV.8 In Sint-Jacobskapelle (augustus 1917).
À Saint-Jacques-Cappelle (août 1917).
In Sint-Jacobskapelle (August 1917).
In Sint-Jacobskapelle (August 1917).

V. 10

XV. 12

V.10 Tragisch gezicht op de ruïnes van de kerk van Pervijze.
Vue tragique des ruines de l'église de Pervyse.
A tragic view of the ruined church of Pervijze.
Die tragischen Überreste der Kirche von Pervijze.

XV.12 Het dorpsplein van Pervijze (september 1917).
La grand-place de Pervyse (septembre 1917).
The village square in Pervijze (September 1917).
Der Marktplatz von Pervijze (September 1917).

VI.
11

VI.
12

VI.11 Verkenners in een dorp achter het front.
Dans un village à l'arrière du front belge: une patrouille.
A patrol in a village behind the front.
Eine Patrouille in einem Dorf hinter der belgischen Front.

VI.12 De dorpen achter het Belgische front lagen er overdag verlaten bij wegens de Duitse beschietingen, maar 's avonds was er toch enige drukte in de vernielde straten. ~ Les villages à l'arrière du front belge étaient déserts pendant la journée à cause des bombardements allemands, mais vers le soir il y avait quand même un peu d'animation dans les rues en ruine. The villages behind the Belgian front were abandoned during the day, because of the German shelling, but in the evening the devastated streets were no longer empty. ~ Tagsüber waren die Dörfer hinter der belgischen Front wegen der deutschen Bombardierungen verlassen, abends kehrte wieder Leben in die zerstörten Straßen ein.

XIII.
4

XIII.4 De inundatie aan het Belgische front in de zone van Pervijze (september 1917).
Les inondations au front belge, dans la zone de Pervyse (septembre 1917).
The flooded zone of the Belgian front, of Pervijze (September 1917).
Die Überschwemmungen an der belgischen Front in der Zone von Pervijze (September 1917).

XI. 7

XI. 1

XI.7 Een waarnemer in de frontlijn in Noordschote.
Guetteur en première ligne à Noordschoote.
An observer in the front line at Noordschote.
Ein Beobachter an der Front bei Noordschote.

XI.1 Transport van een zwaargewonde soldaat (streek van Diksmuide 1917).
Transport d'un soldat grièvement blessé (région de Dixmude 1917).
Transport of a seriously injured soldier (region of Diksmuide 1917).
Transport eines schwerverletzten Soldaten (Region von Diksmuide 1917).

XVI. 11

XVI. 5

XVI.11 Op de oevers van de IJzer in de sector Kaaskerke (september 1917).
Sur les berges de l'Yser, dans le secteur de Caeskerke (septembre 1917).
On the banks of the Yser, in the Kaaskerke sector (September 1917).
An den Ufern der IJzer im Frontabschnitt Kaaskerke (September 1917).

XVI.5 Fabrieken van Gaineville: werkplaats voor tijdbuisgranaten.
Usines de Gaineville: atelier de fabrication des fusées fusantes.
The Gaineville munition factory: the rocket workshop.
Fabriken von Gaineville: Eine Werkstatt für Leuchtraketen.

XVI.6 Fabriek van Gaineville in Graville (september 1917): opslagplaats voor bommen voor loopgraafmortieren. ~ Usine de Gaineville à Graville (septembre 1917): dépôt de bombes pour mortiers de tranchées. ~ The Gaineville munition factory in Graville (September 1917): the bomb warehouse for trench mortar shells. ~ Fabrik von Gaineville (september 1917): Lager für die Mörsergranaten in Graville.

XVI. 6

Eind oktober 1914 dreigt een Duitse doorbraak aan het IJzerfront in de richting van de Kanaalhavens Duinkerke, Calais en Boulogne. Om de vijand te stoppen wordt een beroep gedaan op het zeewater. Een deel van de laaggelegen IJzervlakte tussen de linker IJzeroever en de spoorlijn Diksmuide-Nieuwpoort loopt in de nacht van 29 op 30 oktober 1914 onder. Bij deze strategische zet hebben burgers als Karel Cogge van de Veurnse Noordwatering en de Nieuwpoortse schipper Hendrik Geeraert zich erg verdienstelijk gemaakt. Vier jaar lang trekt het Belgische leger de wacht op achter de plas. In het onder water gezette gebied liggen ter hoogte van Ramskapelle aan de Belgische kant en van Schore en Mannekensvere aan de Duitse kant eilandjes die boven het water uitsteken. Voordien lagen daar hoeves, waarvan de ruïnes tussen de Duitsers en de Belgen worden betwist. Ze hebben namen als Roedesterkte, Ter Stille, Wolvennest, Violette, Grote Hemme... en zijn met de achterliggende sector verbonden door middel van passerelles of loopbruggetjes. Hetzelfde geldt ook zuidelijker, ter hoogte van Stuivekenskerke. Deze eilandjes zijn constant bemand en de bezetting wordt regelmatig afgelost. 'Op de planken staan' of 'op scène staan' op de loopbruggen in het volle zicht van de vijand is natuurlijk gevaarlijk. De wacht met het geweer komt van een wankel loopbruggetje op een stevigere oeververbinding.

À la fin d'octobre 1914, les Allemands menacent de percer le front de l'Yser en direction des ports de Dunkerque, Calais et Boulogne. Pour les arrêter, on fera appel à l'eau de la mer. Une partie basse de la plaine de l'Yser, entre la rive gauche du fleuve et la ligne de chemin de fer Dixmude-Nieuport sera inondée dans la nuit du 29 au 30 octobre 1914. Les mérites de cette opération stratégique reviennent à deux civils: Karel Cogge, de la Veurnse Noordwatering, et le marin Hendrik Geeraert,de Nieuport. Pendant quatre ans, l'armée belge montera la garde derrière la zone inondée. Dans cette zone, quelques petites îles surnagent à hauteur de Ramskapelle du côté belge et de Schore et Mannekensvere du côté allemand. Auparavant, on trouvait là des fermes, dont les Allemands et les Belges se disputeront les ruines. Elles ont pour noms Roedesterkte, Ter Stille, Wolvennest, Violette, Grote Hemme... et sont reliées au secteur à l'arrière par des passerelles. On observe la même chose plus au sud, à hauteur de Stuivekenskerke. Elles sont gardées en permanence et les sentinelles sont relevées à intervalles réguliers. Il n'était pas sans danger de se tenir debout « sur les planches » à la vue de l'ennemi. Le garde portant un fusil passe de la passerelle branlante à la terre ferme de la rive.

At the end of October 1914 the German Army threatened to break through the defensive line along the Yser, which would have endangered the vital Channel ports at Dunkirk, Calais and Boulogne. The only way to stop them was to call on the help of the sea. During the night of 29-30 October 1914 a low-lying section of the Yser plain between the left bank of the river and the embankment of the Diksmuide-Nieuwpoort railway was deliberately flooded. This was made possible, at least in part, thanks to the bravery of civilians such as Karel Cogge of the Veurne Water Board and the Nieuwpoort fisherman Hendrik Geeraert. For four long years, the Belgian Army held its positions behind the resulting inundations. In some places – such as Ramskapelle on the Belgian side, and Schore and Mannekensvere on the German side – 'islands' of slightly higher ground rose up out of these watery wastes. These islands were usually the sites of old farms, the ruins of which were fiercely contested by the Germans and the Belgians. These farms – with names such as Roedesterkte, Ter Stille, Wolvennest, Violette, Grote Hemme – were linked to the reserve trenches by a system of footbridges, known as *passerelles*. These island positions were constantly manned, but the garrisons were regularly relieved. Even so, the outward journey across a thin and unstable footbridge in full view of the enemy could also be a nerve-racking experience. In the photograph the sentry with the rifle is hurrying to leave the rickety *passerelle* for the greater security of the dry ground.

Ende Oktober 1914 droht ein Durchbruch der Deutschen an der IJzerfront in Richtung dünkirchener Kanalhafen, Calais und Boulogne. Um sie aufzuhalten, nutzt man das Meerwasser. Ein Teil der niedrig gelegenen IJzerebene zwischen dem Ufer der IJzer und der Bahnlinie Diksmuide-Nieuwpoort läuft in der Nacht vom 29. zum 30. Oktober 1914 unter Wasser. Bei diesem strategischen Zug haben sich Bürger wie Karel Cogge vom Wasserverband Veurnser Nord und der nieuwpoorter Schiffer Hendrik Geeraert besonders verdient gemacht. Vier Jahre lang bleibt das belgische Heer hinter dem Gewässer auf Posten. Auf der Höhe von Ramskapelle auf belgischer Seite sowie bei Schore und Mannekensvere auf deutscher Seite ragen in dem überschwemmten Gebiet kleine Inseln aus dem Wasser heraus. Zuvor lagen dort Gehöfte, um deren Ruinen die Deutschen und die Belgier miteinander kämpfen. Sie haben sprechende Namen wie Roedesterkte, Ter Stille, Wolvennest, Violette, Grote Hemme usw. und über „passerelles", d. h. kleine Fußgängerbrücken, mit den dahinter liegendem Sektor verbunden. Genauso ist es weiter im Süden, auf der Höhe von Stuivekenskerke. Die Posten sind permanent bemannt, sie werden regelmäßig abgelöst. „Auf den Brettern" bzw. „auf der Bühne" der Fußgängerbrücken zu stehen, gut sichtbar für den Feind, ist natürlich eine gefährliche Sache. Der Wachsoldat kommt mit seinem Gewehr von einem wackeligen Brückchen auf eine stabilere Uferverbindung.

III.2 Schildwacht op terugweg van zijn observatiepost in de inundatiezone. ~ Sentinelle rentrant de son poste d'observation dans les inondations.
A sentry returning from his observation post in the flooded plain. ~ Ein Wachsoldat kehrt von seinem Beobachtungsposten in Überschwemmungsgebiet zurück.

XVI. 7

XVI. 8

XV. 6

XVI.7 Fabriek van Gaineville: het vullen van de granaten.
Usine de Gaineville: chargement des obus.
The Gaineville munition factory: filling the shells.
Fabrik von Gaineville: Die Befüllung der Granaten.

XVI.8 Fabriek van Gaineville in Graville: het verven van de gevulde en afgewerkte granaten (september 1917).
Usine de Gaineville à Graville: peinture des obus chargés et finis (septembre 1917).
The Gaineville munition factory in Graville: painting the filled and finished shells (September 1917).
Fabrik von Gaineville in Graville: Das Färben der gefüllten und fertigen Granaten (September 1917).

XV.6 Langs de weg van Oudekapelle naar Diksmuide (september 1917).
Le long de la route de Oudecappelle à Dixmude (septembre 1917).
Along the road from Oudekapelle to Diksmuide (September 1917).
Entlang die Straße von Oudekapelle nach Diksmuide (September 1917).

XII. 12

XV. 2

XII.12 Wachtpost aan de Oude Barrière nabij Kaaskerke.
Poste de garde à Oude Barrière, près de Caeskerke.
A lookout at Oude Barrière, near to Kaaskerke.
Wachposten in Oude Barrière in der Nähe von Kaaskerke.

XV.2 Een observatiepost tegenover Diksmuide (september 1917).
Un poste d'observation en face de Dixmude (septembre 1917).
An observation post opposite Diksmuide (September 1917).
Ein Beobachtungsposten gegenüber Diksmuide (September 1917).

XIII. 1

II. 7

III. 8

XIII.1 Een Belgische loopgraaf voor Diksmuide, op het voorplan een overwelfde beschutting tegen flankvuur. ~ Une tranchée belge devant Dixmude, au premier plan, un abri aérien contre les tirs d'enfilade.
A Belgian trench in front of Diksmuide, in the foreground, a shelter against flank attacks.
Ein belgischer Schützengraben vor Diksmuide, im Vordergrund ein Schutz gegen Flankangriff.

II.7 Observatie- en signalisatiepost aan de frontlijn.
Poste d'observation et de signalisation en première ligne.
An observation and signalling post in the front line.
Ein Beobachtungs- und Signalposten an der vordersten Frontlinie.

III.8 Aanval van granaatwerpers in een vooruitgeschoven post.
Lanceurs de grenades à l'attaque dans un poste avancé.
Grenade throwers launch an attack from an advanced post.
Angriff von Granatwerfern in einer vorgeschobenen Stellung.

III. 6

IV. 3

III.6 Ruïnes kunnen ook als schuilplaatsen dienen in de frontlijn, zoals hier voor een telefoonpost.
Dans les ruines servant d'abri en première ligne: un poste de téléphonistes.
In the ruins of the front line used as shelter: a telephone operator's post.
Ein Telefonposten inmitten der Ruinen, die den vordersten Linien Schutz bieten.

IV.3 Mitrailleurs op de borstwering van een Belgische loopgraaf.
Mitrailleuses en barbette dans une tranchée du front belge.
A machine gun nest in a trench on the Belgian front.
Soldaten an Maschinengewehren auf der Brustwehr eines belgischen Schützengrabens.

III.3 Aankomst van een gewonde bij de eerstehulppost.
Arrivée d'un blessé au poste de premiers secours.
The arrival of a casualty at a first aid post.
Ankunft eines Verletzten am Erste-Hilfe-Posten.

III. 3

Op 15 augustus 1920 verschijnt in nr. 715 (jaargang 7) van *De Legerbode* (door de soldaten ook wel 'De Leugenbode' genoemd) dezelfde foto op de voorpagina met als titel: 'Onvergetelijke landschappen op het IJzerfront: Een door de Belgische Jassen wel bekende plaats'. We lezen: 'Smiske Cabaret, Smiske Herberg' en wat verder op de achtergrond: 'Déposez ici les materiaux abandonnés, Gelieve hier de achtergelaten materialen te leggen'. Die tweetaligheid is er pas in de loop van 1917 gekomen. Er bestond een Smiske Herberg op grondgebied Stuivekenskerke bij Reigersvliet, heel dicht bij Kaaskerke, maar wat ervan overbleef, lijkt hier niet op. Smiske Cabaret bevond zich waarschijnlijk dicht bij de vroegere herberg De Oude Barrière op grondgebied Kaaskerke. Buiten de stevige fiets lijkt de rest allemaal rommel. De cafébaas, een kerel in militaire negligé, is zinnens het kuipje te verplaatsen. Links vooraan liggen kachelhoutjes. Smiske lijkt een met 'vaderlanderkes' en golfplaten in elkaar geflanst prehistorisch hol. De schoorsteen verraadt een kachel. Zowel Franstaligen als Vlamingen kennen de plek. Tussen 25 mei 1915 en 6 juni 1917 beleeft het Belgische front een rustige periode en is het goed denkbaar dat de soldaten direct achter de voorposten tijdens de kalme uren wat ontspanning zochten in het Smiske.

Cette photo est parue le 15 août 1920 en première page du n° 715, 7ième année, de la publication « De Legerbode » (Le messager de l'armée), que les soldats appelaient aussi « De Leugenbode » (Le messager du mensonge). Elle porte comme titre: « Paysages inoubliables du front de l'Yser - Un endroit bien connu des Jass ». On peut y lire « Smiske Cabaret, Smiske Herberg » et juste derrière: « Déposez ici les matériaux abandonnés, Gelieve hier de achtergelaten materialen te leggen ». Le bilinguisme n'est apparu qu'au cours de l'année 1917. Il existait une auberge Smiske sur le territoire de Stuivekenskerke, près de Reigersvliet, tout près de Caeskerke, mais ce qui en resta ne ressemblait guère à celle-ci. Le Smiske Cabaret se trouvait vraisemblablement près de l'ancienne auberge De Oude Barrière, sur le territoire de Caeskerke. À part le robuste vélo, tout n'est que du bric-à-brac. Le patron du café, en tenue militaire négligée, semble vouloir déplacer la marmite. À l'avant gauche, du bois est prêt pour le feu. Faite de sacs de sable, de planches et de tôles ondulées, la Smiske ressemble à une vieille cahute. La cheminée laisse supposer la présence d'un poêle. L'endroit est connu tant des Wallons que des Flamands. Entre le 25 mai 1915 et le 6 juin 1917, le front belge connut une période de calme et on peut penser que les soldats stationnés directement derrière les avant-postes venaient passer ici quelques instants de détente.

On 15 August 1920, this photograph appeared on the front page of edition no. 715 (volume 7) of *De Legerbode* (The Army Messenger, also known by the troops as *De Leugenbode* – The Army Liar). The title read: 'The unforgettable landscape of the Yser front – a place our boys knew well'. The accompanying text identifies the location as 'Smiske Cabaret, Smiske Herberg'. In the background is a sign in French and Dutch, which instructs troops leaving the trenches to 'Leave all your abandoned materials here!' This bilingualism dates the sign to the year 1917 or later. There was a Smiske Cabaret near the Reigersvliet in Stui-vekenskerke, close to Kaaskerke, but these scattered remnants bear little resemblance to it. The Smiske Cabaret was probably close to the former inn 'De Oude Barrière' (The Old Barrier) in the parish of Kaaskerke. Apart from the sturdy bicycle everything else looks a shambles. The owner of the inn, who is wearing a miftyshirt, looks as if he is about to move the bucket. To the left front, there is a pile of firewood for the stove. With its sandbags and corrugated sheeting, the Smiske looks more like a prehistoric dwelling than an inn. The chimney, which betrays the presence of the stove, is almost the only element of 'modern civilisation'. This spot was indeed well known to both Flemish and Walloon troops. Between 25 May 1915 and 6 June 1917 the Belgian sector of the front was relatively quiet, so that it is easy to imagine the soldiers seeking a little relaxation here in their hours away from the front line.

In der Nr. 715 des 7. Publikationsjahres von „De Legerbode" (die Soldaten nennen ihn manchmal auch „Den Lügenboten") erscheint am 15. August 1920 dieses Foto auf der Titelseite mit der Überschrift: Unvergessliche Landschaften an der IJzerfront: „Bei den belgische Mänteln wohlbekannter Ort". Wir lesen: „Smiske Cabaret, Smiske Herberg" und etwas mehr im Hintergrund: „Bitte hinterlegen Sie hier die zurückgelassenen Materialien", steht da auf Französisch und auf Niederländisch. Die Zweisprachigkeit wird erst im Laufe des Jahres 1917 eingeführt. Es existierte eine „Smiske Gaststätte" auf dem Grundgebiet von Stuivekenskerke bei Reigersvliet, ganz nah bei Kaaskerke, aber was davon übrig blieb, hat hiermit keine Ähnlichkeit. Das „Smiske Cabaret" befand sich wahrscheinlich in der Nähe der früheren Gaststätte „De Oude Barrière" auf Kaaskerker Grund. Von dem stabilen Fahrrad einmal abgesehen, sieht der Rest aus wie Gerümpel. Der Kneipenwirt, ein Mann im Schlafgewand der Soldaten, will gerade den Bottich woanders hinstellen. Links vorne liegt Scheitholz. Das „Smiske" sieht aus wie ein aus Sandsäcken („vaderlanderkes") und Wellblech zusammen gezimmerte prähistorische Höhle. Der Schornstein verrät, dass es einen Ofen gibt. Dieser Ort ist sowohl bei den französischsprachigen Soldaten wie auch bei den Flamen bekannt. Zwischen dem 25. Mai 1915 und dem 6. Juni 1917 ist es an der belgischen Front recht ruhig. Daher ist es gut möglich, dass die Soldaten für ein paar Stunden im „Smiske" gleich hinter den Vorposten etwas Zerstreuung suchten.

XVII.6 Een welbekend plekje bij de Belgische soldaten in Kaaskerke (Smiske Cabaret-Smiske Herberg). ~ Un coin bien connu des Jass belges à Caeskerke (Smiske Cabaret-Smiske Herberg).
A corner of Kaaskerke, well-known to the Belgian soldiers: Smiske Cabaret-Smiske Herberg. ~ Ein den belgischen Frontkämpfern wohlbekannter Ort in Kaaskerke (Smiske Cabaret-Smiske Herberg).

XIV.
7

IX.
4

XIV.7 De wacht op een voetbrug die leidt naar de vooruitgeschoven posten.
La garde sur une passerelle conduisant aux postes avancés.
Keeping guard on a footbridge leading to the advanced posts.
Die Wache auf einer Fußbrücke, die zu einer vorgeschobenen Stellung führt.

IX.4 Een konvooi veldartillerie verlaat Hoogstade.
Un convoi d'artillerie de campagne quittant Hoogstade.
A field artillery convoy leaving Hoogstade.
Ein Konvoi der Feldartillerie verlässt Hoogstade.

XIX.1 Een Gotha maakt een 'ruglanding' op het water. ~ Un Gotha descendu fait une « pleine eau sur le dos ».
A Gotha has made a 'back-landing' on the water. ~ Ein Doppeldecker vom Typ Gotha macht eine Bruchlandung auf dem Wasser.

Ligt die eerste frontlijn ten noordwesten van Steenstrate of achter de spoorwegberm Diksmuide-Nieuwpoort? Wat links op het plaatje met de pijl staat, is onleesbaar. Het is januari en ijzig koud. De gewapende wacht in zijn dikke legerjas is beslijkt tot aan de knieën. Rechts op de helling liggen rollen prikkeldraad boven een schuilplaats, waarvan de deur openstaat. Normaal loopt de wacht over een bepaalde afstand op en neer, nu wordt hij net door een overste aangesproken, ofwel vraagt de fotograaf hen even te poseren. Niettegenstaande het vlonderpad ziet het loopvlak er erg smerig, modderig en glibberig uit. Als het niet vriest, dan heerst de modderbrij. De modder heeft geen vrienden, dat is een nieuwe vijand, de vijand van de vijanden, ieders vijand. Modder, *la boue*, *Schlamm*, *mud*... in alle talen wordt hij verwenst. Naast en in de modder zijn er nog andere onzichtbare ingrediënten die de cocktail van afschuw vervolledigen: de luizen en de vlooien, de ratten die in borstkas en buikholte van onbegraven doden wonen. En niet te vergeten: de verpestende geur van lijken in ontbinding. Het troosteloze en uitzichtloze van de eindeloze oorlog wordt hier treffend in beeld gebracht.

Cette première ligne du front se trouve-t-elle au nord-ouest de Steenstrate ou derrière le remblai de la ligne de chemin de fer Dixmude-Nieuport? Ce qui est inscrit à gauche sur la plaque portant une flèche est illisible. Nous sommes en janvier et le temps est glacial. La sentinelle armée portant une capote épaisse est couverte de boue jusqu'aux genoux. À droite, ces rouleaux de fil de fer barbelé sont posés sur un abri dont la porte est ouverte. Normalement, la sentinelle fait des va-et-vient sur une certaine distance. Sur la photo, il est bordé par un supérieur, à moins que le photographe ne leur ait demandé de prendre la pose. Le caillebotis lui-même est boueux et glissant. Quand il ne gèle pas, tout n'est que boue. La boue ne connaît pas d'amis, elle est un nouvel ennemi, l'ennemi numéro un, l'ennemi de tous. Elle est maudite dans toutes les langues: boue, *Schlamm*, *mud*... Dans la boue et à côté, il existe d'autres ingrédients invisibles qui complètent le cocktail des horreurs: les puces et les poux, les rats qui élisent domicile dans la poitrine et l'abdomen des morts, sans oublier l'odeur pestilentielle des cadavres en décomposition. C'est la désolation et l'absence de perspective de cette guerre sans fin qui sont illustrées ici.

Is this front-line trench north-west of Steenstrate or is it behind the embankment of the Diksmuide-Nieuwpoort railway? Sadly, the arrowed board on the left is illegible. It is January, and freezing cold. The thick army coat of the armed guard is covered in mud up to the knees. To the right, on the slope above the shelter, rolls of barbed wire. The door to the shelter is open. The guard usually walks up and down over a fixed stretch of trench, but now he is being spoken to by one of his officers. Or has the photographer simply asked him to strike a pose? Even with the duckboards, the floor of the trench looks very muddy – and slippery. If the weather is not freezing, the trenches quickly turn to liquid ooze. The mud has no friends. It is everyone's enemy. It is even the enemy's enemy. *Modder*, *la boue*, *Schlamm*, mud... it is cursed in every language. In addition to the mud, there are several other 'ingredients' which make the soldiers' cocktail of misery complete: the lice and the fleas, the rats which live in the obdominal cavity of dead comrades and the indescribable smell of decomposing corpses. This photograph somehow captures the wretchedness and the hopelessness of war in the trenches.

Befindet sich die erste Frontlinie nordwestlich von Steenstrate oder hinter der Bahntrasse Diksmuide-Nieuwpoort? Was links auf dem Schild mit den Pfeilen steht, kann man nicht erkennen. Es ist Januar und bitterkalt. Die bewaffnete Wache im dicken Militärmantel ist bis zu den Knien mit Schlamm bespritzt. Rechts auf dem Abhang liegen Stacheldrahtrollen über einem Unterschlupf, dessen Türe offen steht. Normalerweise läuft der Wachposten eine bestimmte Strecke auf und ab. Jetzt wird er gerade von einem Oberst angesprochen oder der Fotograf bittet die beiden, kurz für ihn zu posieren. Trotz des Bretterbodens sieht die Gehfläche dort ziemlich dreckig, schlammig und glitschig aus. Wenn es kein Frost ist, gibt es überall Schlamm. Der Schlamm hat keine Freunde, er ist der neue Feind, der Feind der Feinde, jedermanns Feind. Ob man ihn „modder", „la boue", „Schlamm" oder „mud" nennt... verflucht wird er in jeder Sprache. Neben dem Schlamm und auch darin gibt es noch andere unsichtbare Zutaten, die den verabscheuungswürdigen Cocktail vollständig machen: die Läuse und Flöhe, die Ratten, die in den Brustkörben und Bauchhöhlen der unbegrabenen Toten wohnen und nicht zu vergessen: der bestialische Verwesungsgestank der Leichen. Die Trost- und Aussichtslosigkeit dieses nicht enden wollenden Krieges ist auf diesem Bild deutlich zu erkennen.

VII.5 Schildwacht op post in een loopgraaf van de eerste lijn (januari 1918). ~ Sentinelle faisant sa ronde dans une tranchée de première ligne (janvier 1918).
A guard on duty in a front line trench (January 1918). ~ Ein Wachsoldat dreht seine Runde in einem Schützengraben an der vordersten Frontlinie (Januar 1918).

XVI.13

XVII.3

XVI.3

XVI.13 Lijken van Duitse soldaten in onze lijnen gevallen tijdens de aanval voor Diksmuide (maart 1918). Cadavres de soldats allemands tombés dans nos lignes au cours de l'attaque devant Dixmude (mars 1918). ~ The bodies of German soldiers fallen in the Belgian lines during the attack in front of Diksmuide (March 1918). ~ Die Leichen deutscher Soldaten, die während des Angriffs vor Diksmuide in unseren Linien gefallen sind (März 1918).

XVII.3 Duitse soldaten gevallen in onze loopgraven voor Diksmuide (maart 1918).
Soldats allemands tombés dans nos tranchées devant Dixmude (mars 1918).
German soldiers fallen in the Belgian trenches in front of Diksmuide (March 1918).
Deutsche Soldaten, die in unseren Gräben vor Diksmuide gefallen sind (März 1918).

XVI.3 Verzorgd toilet op zondagmorgen (Merkem, maart 1918).
Toilette soignée du dimanche matin (Merckem, mars 1918).
Getting dressed up on a Sunday morning (Merkem, March 1918).
Körperpflege am Sonntagmorgen (Merkem, März 1918).

XXVI.12

VIII.1

XXVI.12 Na de slag om Reigersvliet (6 maart 1918): koning Albert I onderhoudt zich met majoor Verhavert. ~ Après le combat de Reigersvliet (6 mars 1918), S.M. le roi s'entretient avec le major Verhavert. ~ After the Battle of Reigersvliet (6 March 1918): H.M. the king is speaking to major Verhavert. ~ Nach der Schlacht von Reigersvliet (am 6. März 1918): Seine Majestät der König unterhält sich mit Major Verhavert.

VIII.1 De 'waterpost' nr. 2 in Noordschote (lente 1918).
Le « poste aquatique » n° 2 à Noordschote (printemps 1918).
Water post no. 2 in Noordschote (spring 1918).
Der „Wasserposten" Nr. 2 bei Noordschote (Frühling 1918).

XVII.4 Belgische soldaten hebben zich geïnstalleerd bij een achtergelaten Duits kanon na het offensief van maart 1918 in Merkem. ~ Soldats belges installés près d'un canon allemand abandonné après l'offensive de mars 1918 à Merckem. ~ Belgian soldiers installed close to an abandoned German gun, after the offensive of March 1918 in Merkem. ~ Belgische Soldaten haben sich bei einer Kanone niedergelassen, die von den Deutschen nach der Offensive im März 1918 in Merkem nicht zurückgelassenen wurde.

XVII.4

Bij Merkem verlaten Belgische soldaten op 17 april 1918 hun loopgraven en vallen aan. De fotograaf die de infanterie volgt, maakt een uitzonderlijke opname van een ontploffende granaat. De Duitse doelstelling blijft onveranderd: het front openbreken en doorstoten naar de Kanaalhavens. In de sector ten noorden van Diksmuide proberen de Duitsers tevergeefs de Grote Wacht bij Reigersvliet (Stuivekenskerke) te verrassen op 6 en op 18 maart 1918. Ook in de sectoren ten zuiden van Diksmuide zijn er Duitse troepenconcentraties ter hoogte van Merkem en Bikschote en daar komt het op 17 april 1918 tot een stevige botsing. In het Archief van het Legermuseum in het Brusselse Jubelpark is over de slag bij Merkem alles zorgvuldig bijgehouden. De 3de Belgische Legerdivisie verdedigt de sector en het zijn het 9de, 11de en 12de Linieregiment die er de dienst uitmaken. De Duitse aanval begint volgens hun tactiek van 1918 met een korte, maar krachtige artilleriebeschieting gevolgd door het oprukken van stoottroepen. Maar nadat de Duitse aanval is afgeslagen, gaan de Belgen in de tegenaanval en veroveren een aantal versterkingen op en ten oosten van de weg Diksmuide-Ieper: zoals de Kippe, Ashoop en Jezuïetengoed. Tijdens die gevechten worden honderden Duitsers gevangen genomen.

Le 17 avril 1918, les soldats belges quittent leurs tranchées près de Merckem et se lancent à l'attaque. Le photographe qui suit l'infanterie a réussi un instantané exceptionnel: l'explosion d'une grenade. L'objectif des Allemands reste inchangé: ouvrir le front et poursuivre leur avancée vers les ports de la Manche. Dans le secteur au nord de Dixmude, les Allemands essaient en vain de s'emparer du Grand Garde près de Reigersvliet (Stuyvekenskerke) les 6 et 18 mars 1918. Dans les secteurs situés au sud de Dixmude, on assiste également à des concentrations de troupes à hauteur de Merckem et de Bixschoote et un affrontement acharné a lieu le 17 avril 1918. Tout ce qui concerne la bataille de Merckem a été parfaitement conservé dans les archives du musée de l'Armée dans le parc du Cinquantenaire à Bruxelles. La 3ième Division de l'Armée Belge défend le secteur, tandis que les 9ième, 11ième et 12ième régiments de Ligne étaient au combat. L'attaque allemande commence selon leur tactique de 1918 par un tir d'artillerie nourri suivi d'un assaut des troupes de choc. Après avoir repoussé l'attaque allemande, les Belges passent à la contre-offensive et s'emparent de plusieurs fortifications situées le long de la route Dixmude-Ypres et à l'est de celle-ci. Lors de ces combats, des centaines d'Allemands furent faits prisonniers.

On 17 April 1918 at Merkem, the Belgian soldiers left their trenches and stormed forward to counterattack the enemy. The photographer who advanced close behind the infantry took this remarkable picture of an exploding shell. The German objective in the Belgian sector was still the same as it had been since the beginning of the war: to break through the Allied front and capture the Channel ports. On 6 and 18 March 1918, they had tried unsuccessfully to breech the line near the 'Grote Wacht' position at Reigersvliet (Stuivekenskerke), north of Diksmuide. South of Diksmuide new concentrations of German troops were discovered near Merkem and Bikschote. It were these concentrations which the Belgian Army engaged on 17 April 1918. The archives of the Army Museum in the Jubel Park in Brussels still contain full details of this combat. The attacking Germans used the new tactics which they had introduced in 1918: a short, heavy bombardment, followed by infiltration by lightly-armed, fast-moving groups of storm-troops. They were met by the men of the 3rd Belgian Division, with the 9th, 11th and 12th Line Regiments bearing the brunt of the assault. After the initial onslaught had been repulsed, the Belgians moved to the counterattack, capturing a number of strong-points on or east of the road between Ypres and Diksmuide, such as 'Kippe', 'Ashoop' and 'Jezuïetengoed'. During the fighting, hundreds of Germans were taken prisoner.

Bei Merkem verlassen belgische Soldaten am 17. April 1918 ihren Schützengraben und greifen an. Der Fotograf, der die Infanterie folgt, macht eine außergewöhnliche Aufnahme von einer explodierenden Granate. Das deutsche Ziel bleibt unverändert: durch die Front stoßen und zu den Kanalhäfen vordringen. Im Sektor nördlich von Diksmuide versuchen die Deutschen am 6. und 18. März 1918 vergebens die „Große Wache" bei Reigersvliet (Stuivekenskerke) zu überraschen. Auch in den Sektoren südlich von Diksmuide befinden sich deutsche Truppenkonzentrationen auf Höhe von Merkem und Bikschote. Am 17. April 1918 kommt es dort zu einem heftigen Zusammenstoß. Im Archiv des Militärmuseums im brüsseler Jubelpark hat man alles über „Die Schlacht bei Merkem" sorgfältig dokumentiert. Die 3. Belgische Armeedivision verteidigte den Sektor, das 9., 11. und 12. Frontregiment haben hier das Sagen. Der deutsche Angriff beginnt entsprechend ihrer Taktik von 1918 mit einem kurzen, aber kräftigen Artilleriebeschuss, gefolgt vom Aufrücken der Stoßtruppen. Aber nachdem der deutsche Angriff abgewehrt wurde, gehen die Belgier zum Gegenangriff über, wobei sie ein paar Befestigungen, wie z. B. Kippe, Ashoop und Jezuïetengoed auf dem Weg Diksmuide-Ypern und östlich davon erobern. Während der Gefechte werden hunderte Deutscher gefangen genommen.

XIX.4 De ontploffing van een zware granaat (momentopname tijdens het offensief van april 1918 bij Merkem). ~ L'éclatement d'une marmite (instantané pris durant l'offensive d'avril 1918 devant Merckem).
The explosion of a heavy shell (photograph taken during the offensive of April 1918, close to Merkem). ~ Die Explosion einer schweren Granate (Foto während der Offensive vom April 1918 vor Merkem).

I.
8

XVII.
9

XVII.
10

I.8 Voor de aanval: de infanterie wacht in de loopgraaf op een bevel om de vijand aan te vallen.
Avant l'attaque: l'infanterie attend dans les tranchées l'ordre de se lancer à l'assaut de la ligne ennemie.
Before the assault: in the trenches, the infantry awaits the order to attack the enemy.
Vor dem Angriff: Die Infanterie wartet im Schützengraben auf den Befehl zum Angriff auf die feindlichen Stellungen.

XVII.9 De Belgische infanterie voor de Duitse prikkeldraadversperringen tijdens het offensief van april 1918 dicht bij Merkem. ~ L'infanterie belge devant les barbelés allemands durant l'offensive d'avril 1918 près de Merckem. ~ Belgian infantry approaching the German barbed wire near Merkem during the offensive of April 1918 . ~ Die belgische Infanterie vor deutschem Stacheldraht während der Offensive vom April 1918 in der Nähe von Merkem.

XVII.10 Bij Merkem neemt een sectie van de infanterie deel aan de bestorming van de vijandelijke lijn (april 1918). ~ Près de Merckem, une section d'infanterie part à l'assaut de la ligne ennemie (avril 1918). ~ Close to Merkem, a section of infantry takes part in an attack on the enemy line (April 1918). ~ In der Nähe von Merkem nimmt eine Einheit der Infanterie am Angriff auf die feindlichen Linien teil (April 1918).

I.
2

XIV.
9

I.2 Artilleriebatterij door de Duitsers achtergelaten op het slagveld.
Batterie d'artillerie abandonnée par les Allemands sur le champ de bataille.
An artillery battery on the battlefield, abandoned by the Germans.
Eine von den Deutschen auf dem Schlachtfeld aufgegebene Geschützstellung.

XIV.9 Op het slagveld van 17 april 1918, tussen Merkem en Langemark.
Sur le champ de bataille du 17 avril 1918, entre Merckem et Langemarck.
On the battlefield, 17 April 1918; between Merkem and Langemark.
Auf dem Schlachtfeld am 17. April 1918, zwischen Merkem und Langemark.

XVIII.12 De overblijfsels van een brug bij Merkem die door de Belgen werd veroverd bij de aanval van 17 april 1918.
Les restes d'un pont pris par les Belges près de Merckem lors de l'attaque du 17 avril 1918.
The remains of a bridge close to Merkem, which was conquered by the Belgians during the attack of 17 April 1918.
Die Trümmer einer Brücke in der Nähe von Merkem, welche beim Angriff am 17. April 1918 von den Belgiern erobert wurde.

XVIII.
12

XVI.
10

XIV.
10

XVI.10 Officieren in een observatiepost in Merkem (april 1918).
Officiers dans un poste d'observation à Merckem (avril 1918).
Officers in an observation post in Merkem (April 1918).
Offiziere auf einem Beobachtungsposten bei Merkem (April 1918).

XIV.10 De Belgische soldaten verzamelen de Duitse wapens en het materieel achtergelaten op het slagveld van 17 april 1918, dicht bij Merkem.
Les soldats belges ramassent les armes et le matériel allemands, abandonnés sur le champ de bataille du 17 avril 1918 près de Merckem.
Belgian soldiers collect German weapons and equipment abandoned on the battlefield near Merkem, 17 April 1918.
Die belgischen Soldaten sammeln Waffen und zurückgelassenes Material der Deutschen auf dem Schlachtfeld vom 17. April 1918 in der Nähe von Merkem ein.

VI. 2

XVI. 9

VI.2 In de omgeving van Merkem: Duitse bunker heroverd door de Belgen.
Dans la région de Merckem: blockhaus jadis occupé par les Allemands et repris par les Belges. ~ In the area of Merkem: a pillbox formerly occupied by the Germans but conquered by the Belgians. ~ In der Region von Merkem: Ein von den Belgiern zurückeroberten Bunker, der zuvor von den Deutschen besetzt worden war.

XVI.9 Een duiker gaat in de IJzer om de dijken te herstellen (april 1918).
Un scaphandrier descend dans l'Yser pour réparer les digues (avril 1918).
A diver descends into the Yser to repair the dykes (April 1918).
Ein Taucher steigt in die IJzer, um die Deiche zu reparieren (April 1918).

Na de slag om Merkem van 17 april 1918 is het dorp stevig in Belgische handen. Twee Belgische soldaten zonder helm maar met politiemuts staan bij de oostgevel van de kerk van Sint-Bartholomeus. Vóór de linkse militair merk je een afgeperkt soldatengraf met een krans. Links daarvan zie je nog de toegang tot een schuilplaats naast het grafkruis. Rijke mensen werden zowel vroeger als nu in betonnen grafkelders bijgezet. Het is bekend dat soldaten er niet voor terugschrokken deze grafkelders ook als schuilplaats te gebruiken. Uiterst rechts onderaan: de bekende Steen van Merkem. Dit is wat overblijft van een publieke pompsteen getooid met het borstbeeld van een Merkemse beroemdheid uit de zeventiende eeuw, de jezuïetenpater Sidronius Hosschius (1596-1653). Kort na het nemen van deze foto schilderden Vlaamsgezinde soldaten of leden van de Frontbeweging de kern van de Vlaamse eisen met rode verf op de zijkant: 'Hier ons bloed, wanneer ons recht?'. Of anders geformuleerd: wij Vlamingen geven ons bloed voor dat vaderland, wanneer krijgen we dezelfde rechten als de Walen of de Franstaligen? De authentieke steen staat anno 2009 in de crypte van de vernielde IJzertoren, de woorden zijn nog steeds leesbaar.

Après la bataille de Merckem, le 17 avril 1918, le village est solidement tenu par les Belges. Deux soldats belges sans casque, mais coiffés d'un béret de police se tiennent près de la façade de l'église Saint-Barthélemy. Devant le militaire de gauche, on aperçoit la tombe grillagée d'un soldat ornée d'une couronne. À sa gauche, près de la croix d'une autre tombe, on peut voir l'entrée d'un abri. Comme c'est encore le cas aujourd'hui, les nantis étaient autrefois enterrés dans des caveaux de béton. Il est connu que les soldats n'hésitaient pas à utiliser ces caveaux comme abris, en compagnie des morts. Tout en bas à droite: la célèbre pierre de Merkem. C'est tout ce qui reste d'une pompe publique, ornée du buste d'une personnalité locale du XVIIième siècle, le père jésuite Sidronius Hosschius (1596-1653). Peu de temps après la prise de cette photo, des soldats flamingants ou des membres du Mouvement du Front peignirent en rouge sur le côté de cette pierre « Hier ons bloed, wanneer ons recht? » (Voici notre sang, à quand nos droits?). En d'autres mots: nous, les Flamands donnons notre sang pour cette patrie, quand jouirons-nous des mêmes droits que les Wallons ou les Francophones? La pierre se trouve anno 2009 dans la crypte de l'ancienne tour de l'Yser et les inscriptions sont encore lisibles.

After the Battle of Merkem on 17 April 1918, the village of the same name was firmly in Belgian hands. Two Belgian soldiers, wearing caps instead of their usual helmets, are standing near the eastern façade of St. Bartholomew's church. In front of the soldier standing on the left, the carefully marked grave of a soldier can be seen. Still further to the left, next to the tombstone in the form of a cross, there is an entrance to an underground shelter. In Belgium, both then and now, it is the custom for rich people to be buried in concrete vaults. It is well documented that the soldiers of all armies were happy to share these vaults with the dead, because of the protection they provided against shelling. At the bottom right of the photograph stands the famous Merkem Stone. This is all that remained of a famous public water-trough, which was 'decorated' with the bust of a celebrated resident of Merkem from the 17th century: the Jesuit priest Sidronius Hosschius (1596-1653). Shortly after this picture was taken, Flemisch minded soldiers or members of the pro-Flemish Front Movement painted the side of this stone with one of their protest slogans: *Hier ons bloed wanneer ons recht* (Here is our blood; where are our rights?). This was an allusion to the perceived difference in treatment between the French-speaking and Dutch-speaking soldiers in the Belgian Army. The original stone now stands in the crypt of the dynamited Yser Tower in Diksmuide. The slogan is still legible.

Nach der Schlacht um Merkem vom 17. April 1918 ist das Dorf fest in belgischen Händen. Zwei belgische Soldaten, die statt eines Helms eine Polizeimütze tragen, stehen an der Ostfassade der Kirche von Sint-Bartholomeus. Vor dem links stehenden Soldaten erkennt man ein eingezäuntes Soldatengrab, auf dem ein Kranz hängt. Weiter links neben dem Grabkreuz kann man den Zugang zu einem Unterschlupf erkennen. Reiche Leute wurden damals wie heute in Betongruften beigesetzt. Man weiß, dass Soldaten nicht davor zurückschreckten, die Gruften mit den Toten als Versteck zu benutzen. Ganz rechts unten: der bekannte „Stein von Merkem". Gemeint sind die Überreste eines öffentlichen Spülsteins, den die Büste eines berühmten merkemser Bürgers aus dem siebzehnten Jahrhundert ziert, dem Jesuitenpater Sidronius Hosschius (1596-1653). Kurz nach der Aufnahme dieses Fotos schrieben flämisch gesinnte Soldaten bzw. Mitglieder der Frontbewegung die Kernforderung der Flamen rot auf die Seiten des Sockels: „Hier unser Blut, wann unser Recht". Anders formuliert: Wir Flamen geben unser Blut für das Vaterland, wann bekommen wir die gleichen Rechte wie die Wallonen oder Französischsprachigen? Der Originalstein steht heute in der Krypta des zerstörten IJzerturms, die Worte sind noch immer lesbar.

VII.9 De kerk van Merkem in de lente van 1918. ~ L'église de Merckem au printemps de 1918.
The church of Merkem in the spring of 1918. ~ Die Kirche von Merkem im Frühling 1918.

V. 6

VII. 4

XVIII. 6

V.6 Het park van het kasteel van Merkem (mei 1918).
Le parc du château de Merckem (mai 1918).
The park of Merkem castle (May 1918).
Der Schlosspark von Merkem (Mai 1918).

VII.4 De 'schans Elisabeth' op de frontlijn in Oudekapelle (mei 1918).
La « redoute Élisabeth » en première ligne à Oudecappelle (mai 1918).
The 'Elisabeth redoubt' in the front line at Oudekapelle (May 1918).
Die „Schanze Elisabeth" an der ersten Frontlinie bei Oudekapelle (Mai 1918).

XVIII.6 Frontlandschap in Merkem (mei 1918).
Paysage du front à Merckem (mai 1918).
The landscape of the front in Merkem (May 1918).
Die Frontlandschaft bei Merkem (Mai 1918).

XVII. 5

VII. 2

XIX. 2

XVII.5 Een sportief feest bij de 3de Legerafdeling: 'In volle actie!' (mei 1918).
Une fête sportive à la 3ième D.A. (Division d'armée): « En plein action! » (mai 1918).
A sportive feast at the 3rd Division: 'Full action!' (May 1918).
Ein sportliches Fest bei der dritten Division: „In voller Aktion!" (Mai 1918).

VII.2 Een gelegenheidskeuken in een schuilplaats in Woesten.
Une cuisine de fortune dans un abri à Woesten.
A field-kitchen in a shelter in Woesten.
Eine Feldküche in einem Unterstand in Woesten.

XIX.2 Een Gotha werd neergeschoten op ons front: wat overblijft van de motoren (juni 1918).
Un Gotha a été abattu à notre front: voilà ce qui reste des moteurs (juin 1918).
The wreck of a Gotha, shot down on the Belgian front: what remains of the engines (June 1918).
Ein Doppeldecker vom Typ Gotha wurde über unserem Frontabschnitt abgeschossen: Die Überreste der Motoren (Juni 1918).

Tussen 18 maart 1917 en 24 oktober 1918 maakte koning Albert I als passagier een negental vluchten mee boven het Ieperse en de Belgische frontzone van Noordschote tot Nieuwpoort. Hij vloog met Franse, Britse en Belgische piloten in toestellen met voor kenners nostalgische namen als Farman, Handley-Page, Sopwith, Morane-Parasol, Bristol Fighter en Spad. Voor velen stond vliegen toen gelijk met waaghalzerij. De Belgische regering in ballingschap in Le Havre was met deze uitstapjes helemaal niet opgezet, want zelfs in vredestijd was een vlucht met die fragiele toestellen niet zonder gevaar. Op 13 augustus 1917, tijdens de derde slag om Ieper, steeg de koning op van de Franse basis Biernes nabij Bergues in een Franse Morane-Parasol met piloot Chardonnet. Die verkenningsvluchten werden door een aantal jachtvliegtuigen begeleid, want een toevallige ontmoeting met Duitse toestellen was niet denkbeeldig. Biernes was de thuisbasis van de gevechtsescadrille Les Cicognes met Georges Guynemer, die op 11 september 1917 sneuvelde, maar eerst 53 vijandelijke toestellen neerhaalde. Hij kreeg een gedenkteken in Poelkapelle. Op 8 mei 1918 steeg koning Albert I op met luitenant Henri Crombez vanaf de basis in Houtem bij Veurne in een tweezitter van het type Spad XI. Deze foto werd bij hun terugkeer genomen.

Entre le 18 mars 1917 et le 24 octobre 1918, le roi Albert Ier fit, en tant que passager, environ neuf vols au-dessus de la région d'Ypres et de la zone de front belge située entre Noordschoote et Nieuport. Il vola avec des pilotes français, britanniques et belges dans des avions aux noms empreints de nostalgie pour les connaisseurs: Farman, Handley-Page, Sopwith, Morane-Parasol, Bristol Fighter et Spad. Pour beaucoup, l'aviation était alors réservée aux casse-cous. Le gouvernement belge en exil à Le Havre n'était pas ravi de ces initiatives, car même en temps de paix, un vol à bord d'appareils si fragiles n'était pas dénué de danger. Le 13 août 1917, lors de la troisième bataille d'Ypres, le roi embarqua avec le pilote Chardonnet sur la base française de Biernes, près de Bergues, dans un Morane-Parasol français avec le pilote Chardonnet. Ces vols de reconnaissance étaient accompagnés de plusieurs avions de chasse, car une rencontre avec des appareils allemands était toujours possible. Biernes était la base de l'escadrille de combat Les Cicognes, avec Georges Guynemer, qui allait disparaître le 11 septembre 1917 de l'espace aérien après avoir abattu pas moins de 53 avions ennemis. Un monument lui a été dédié à Poelkapelle. Le 8 mai 1918, le roi Albert Ier s'envola avec le lieutenant Henri Crombez dans un biplace du type Spad XI de la base de Houthem, près de Furnes. Cette photo a été prisse après l'atterrissage.

Between 18 March 1917 and 24 October 1918 king Albert I made about nine flights as a passenger above the Ypres Salient and the Belgian sector between Noordschote and Nieuwpoort. He flew with French, British and Belgian pilots in planes with nostalgic names such as Farman, Handley-Page, Sopwith, Morane-Parasol, Bristol Fighter and Spad. Flying in these days was a dangerous business, even in peacetime, and many – including the Belgian government in Le Havre – found the king's aerial adventures to be unnecessarily risky. On 13 August 1917, at the height of the Third Battle of Ypres, the king took off from the French airfield at Biernes, near Bergues, in a Morane-Parasol biplane piloted by Captain Chardonnet. Reconnaissance flights of this kind were accompanied by a fighter escort, because a chance encounter with German planes was always possible. Biernes was the base of the famous 'Les Cicognes' (Stork) Squadron, led by the legendary French 'ace' Georges Guynemer. Guynemer was shot down and killed on 11 September 1917, having himself claimed 53 enemy 'kills' in the course of his career. There is a monument to his memory in the village of Poelkapelle. On 8 May 1918 king Albert once again took to the skies, this time in a Spad XI from the Houtem aerodrome (near Veurne), piloted by Lieutenant Henri Crombez. This photograph was taken shortly after their landing.

Zwischen dem 18. März 1917 und dem 24. Oktober 1918 ließ sich König Albert I ungefähr neunmal über die yperner und die belgische Frontzone von Noordschote bis Nieuwpoort fliegen. Er begleitete französische, britische und belgische Piloten in Maschinen, die – für Kenner – nostalgischen Namen trugen wie „Farman", „Handley-Page", „Sopwith", „Morane-Parasol", „Bristol Fighter" oder „Spad". Für viele war Fliegen damals nichts anderes als Waghalsigkeit. Die belgische Regierung im Exil in Le Havre war von diesen Ausflügen ganz und gar nicht begeistert, denn selbst in Zeiten des Friedens war ein Flug mit diesen zerbrechlichen Maschinen nicht ungefährlich. Am 13. August 1917, während der dritten Schlacht um Ypern, stieg der König von der französischen Basis Biernes, nahe Bergues, in einer französischen Morane-Parasol mit dem Pilot Chardonnet in die Luft. Die Erkundungsflüge wurden von einer Anzahl Jagdfliegerstaffel begleitet, denn es konnte immer sein, dass man zufällig einer deutschen Maschine begegnete. Biernes war die Ausfallsbasis der Kampf-Cadrille „Les Cicognes" mit Georges Guynemer. Dieser sollte am 11. September 1917 für immer den Luftraum verlassen. Vorher hatte er jedoch noch 53 feindliche Maschinen heruntergeholt, wofür man ihm in Poelkapelle ein Denkmal setzte. Am 8. Mai 1918 stieg König Albert I mit Leutnant Henri Crombez von der Basis in Houtem bei Veurne in einem Zweisitzer des Typs Spad-XI auf, das auf diesem Foto nach der Landung zu sehen ist.

VI.10 Koning Albert I maakte een vlucht over de vijandelijke linies. ~ Le roi vient de survoler en avion les lignes ennemies.
King Albert I has just flown over the enemy positions by plane. ~ Der König hat soeben mit dem Flugzeug die feindlichen Linien überflogen.

XIX. 12

XVII. 7

XVIII. 4

XIX.12 Wandeling van paarden op het strand (juni 1918).
La promenade des chevaux sur la plage (juin 1918).
Walking the horses on the beach (June 1918).
Der Auslauf der Pferde auf dem Strand (Juni 1918).

XVII.7 Neutrale journalisten bezoeken het Belgische front in de sector van Nieuwpoort (juni 1918).
En première ligne, dans le secteur de Nieuport: des journalistes neutres visitent le front belge (juin 1918).
Neutral journalists visit the Belgian front line in the Nieuwpoort sector (June 1918).
Neutrale Journalisten besuchen die belgische Front im Frontabschnitt von Nieuwpoort (Juni 1918).

XVIII.4 Een hoek van het kerkhof van Bikschote in juni 1918.
Un coin du cimetière de Bixschoote, juin 1918.
A corner of Bikschote cemetery in June 1918.
Ein Ecke des Friedhofs von Bikschote im Juni 1918.

I.
1

VIII.
10

XVIII.
11

I.1 Koning Albert I en koningin Elisabeth wonen een defilé bij van de troepen aan het front.
Au front, le roi et la reine assistent à un défilé de troupes.
The king and queen of Belgium attend a troop parade at the front.
Der König und die Königin bei der Abnahme einer Truppenparade.

VIII.10 Wat overblijft van het Konijnenbos in Boezinge (juli 1918).
Ce qui reste du « Bois des Lapins » à Boesinghe (juillet 1918).
The remains of the 'Bois des Lapins' (Het Konijnenbos) in Boezinge (July 1918).
Die letzten Reste des „Konijnenbos" bei Boezinge (Juli 1918).

XVIII.11 Een hoek van de Engelse sector die werd overgedragen aan de Belgische troepen (juli 1918)..
Un coin du secteur anglais remis aux troupes belges (juillet 1918).
A corner of the English sector which was handed over to the Belgian troops (July 1918).
Ein Teil des englischen Frontabschnitts, der an die belgischen Truppen übertragen wurde (Juli 1918).

Achter een lange hoge bakstenen muur staan acht soldaten: zes op de voor- en twee op de achtergrond. De aanwijzing Pumping Station op het bord aan de boom verwijst naar Britse aanwezigheid. De vier Britse soldaten links vooraan dragen kepies en beenwindsels. De twee Belgische soldaten rechts dragen een politiemuts met kwast vooraan. Hun gesprek lijkt eerder op een gemoedelijk praatje dan op een overdracht van militaire geheimen. Het is in elk geval een sector met veel zware artillerieduels. Nadat de Duitsers op 3 maart 1918 met de Russen de vrede van Brest-Litovsk hebben gesloten, kunnen zij aan het oostelijk front divisies vrijmaken en naar het westen overbrengen. De Duitse opperbevelhebber Ludendorff probeert in het voorjaar 1918 alles op alles te zetten en lanceert in maart 1918 een lenteoffensief met kortstondig succes in tijd en ruimte. Maar op 17 april 1918 behaalt het Belgische leger, dat ondertussen volledig gereorganiseerd is en een goede opleiding heeft gekregen, een plaatselijke overwinning in Merkem, waardoor het front enkele kilometers zuidoostwaarts wordt verlengd. Op vraag van het Britse opperbevel komen eind mei 1918 ook de zone Boezinge en enkele weken later ook de zone Brielen ten noorden van Ieper onder Belgisch commando.

Huit soldats se tiennent derrière un long mur de briques, six à l'avant-plan et deux à l'arrière-plan. L'indication Pumping Station sur le panneau fixé à l'arbre trahit une présence anglaise. Les quatre soldats britanniques à gauche portent des képis et des bandes molletières. Les deux soldats belges, à droite, portent un béret avec floche. Leur conversation ressemble plus à un bavardage informel qu'à une transmission de secrets militaires. Nous sommes en tous cas dans un secteur où les duels d'artillerie sont fréquents. Après avoir conclu le 3 mars 1918 la Paix de Brest-Litovsk avec les Russes, les Allemands peuvent libérer des divisions sur le front de l'est et les transférer vers le front occidental. Le commandant en chef allemand Ludendorff essaie au printemps 1918 de jouer le tout pour le tout et lance en mars une offensive couronnée d'un bref succès tant dans le temps que dans l'espace. Le 17 avril 1918, l'armée belge, entre-temps réorganisée et solidement formée, remporte une victoire locale à Merckem, ce qui va prolonger le front de quelques kilomètres en direction du sud-est. À la demande du haut commandement britannique, la zone de Boezinge sera placée sous commandement belge à la fin mai 1918, suivie quelques semaines plus tard par la zone de Brielen, au nord d'Ypres.

Eight soldiers are standing behind a long, brick wall; six in the foreground and two in the background. The sign which shows the way to the 'Pumping Station' indicates that this is – or was – a British zone. The four British soldiers at the front left are wearing caps and puttees. The two Belgian soldiers on the right are also wearing caps, but with a tassel at the front. The conversation has more the appearance of a polite chat, rather than the exchange of secret military information. Even so, the danger of a sudden bombardment is ever present. After signing the Peace of Brest-Litovsk with the Russians on 3 March 1918, the Germans were able to transfer numerous divisions from the Eastern to the Western Front. The German commander-in-chief, General Ludendorff, made use of these fresh troops to launch a last, desperate all-or-nothing offensive in the spring of 1918. For a time, this offensive made significant territorial gains. However, on 17 April 1918 the Belgian Army – which by now was well organised and well trained – achieved a tactical victory at the Battle of Merkem, as a result of which the Belgian front was extended a few kilometres south-eastwards. At the request of the British high command, the Belgians also took over the Boezinge sector at the end of May 1918, followed a few weeks later by the trench lines in front of Brielen, just north of Ypres.

Geschützt durch eine lange, hohe Backsteinmauer stehen acht Soldaten: sechs im Vorder- und zwei im Hintergrund. Der Hinweis „Pumping Station" auf dem Schild am Baum deutet auf die Anwesenheit von Briten hin. Die vier britischen Soldaten links vorne tragen Käppis und Wickelgamaschen. Die beiden belgischen Soldaten rechts tragen die Polizeimütze, die vorne eine Quaste hat. Ihr Gespräch wirkt eher wie eine gesellige Unterhaltung als wie die Überbringung von Militärgeheimnissen. Jedenfalls ist es ein Sektor, wo viele heftige Artillerieduelle stattfinden. Nachdem die Deutschen am 3. März 1918 mit den Russen den Frieden von Brest-Litovsk geschlossen haben, können sie an der Ostfront Divisionen freimachen und sie in den Westen bringen. Der deutsche Oberbefehlshaber Ludendorff versucht im Frühjahr 1918 alles auf eine Karte zu setzen und lanciert im März 1918 eine Frühjahrsoffensive, die kurz zeitlichen und räumlichen Erfolg bringt. Aber am 17. April 1918 erzielt das belgische Heer, das inzwischen vollkommen reorganisiert ist und eine gute Ausbildung bekommen hat, einen lokalen Sieg in Merkem, wodurch die Front einige Kilometer südöstlich verlagert wird. Auf Anfrage der britischen Oberbefehlshaber werden Ende Mai 1918 auch die Zone Boezinge und einige Wochen später auch die Zone Brielen nördlich von Ypern unter belgisches Kommando gestellt.

XVII.12 De Belgen nemen de Britse sector ten noorden van Ieper over in juli 1918: de Geallieerden leggen onze soldaten uit waarop je in deze sector speciaal moet letten. ~ Les Belges relèvent les Anglais au nord d'Ypres en juillet 1918: les Alliés expliquent à nos Jass les particularités du secteur. ~ The Belgians relieving the English to the north of Ypres in July 1918: the Allies exchange information about the sector. Die Belgier lösen im Juli 1918 die Engländer im Norden von Ypern ab: Die Verbündeten klären unsere Kämpfer über die Besonderheiten des Frontabschnitts auf.

XVIII. 10

X. 1

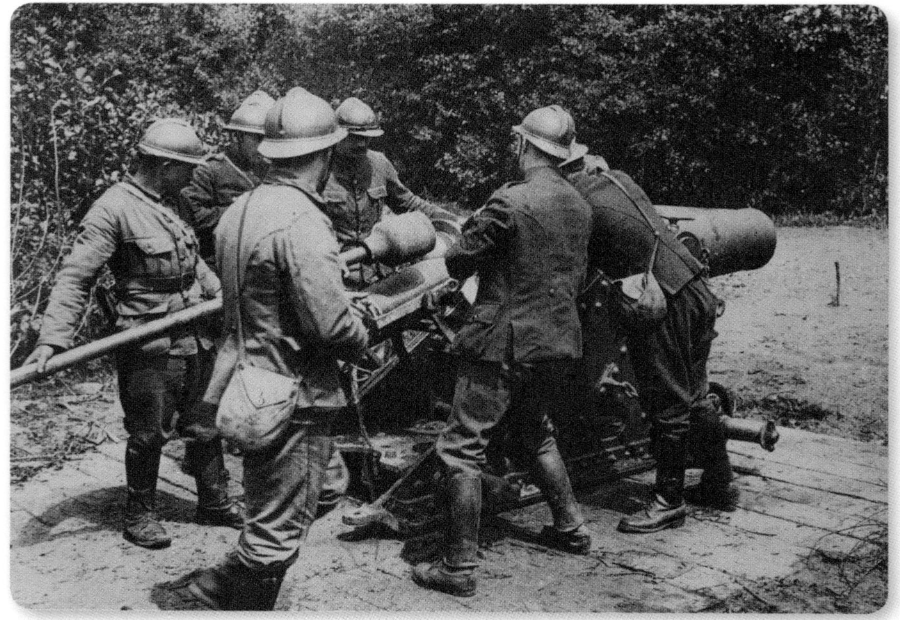

XXI. 3

XVIII.10 De Belgen lossen de Engelsen af ten noorden van Ieper (juli 1918): een infanterieregiment trekt naar de loopgraven van de nieuwe sector. ~ Les Belges relèvent les Anglais au nord d'Ypres (juillet 1918): un régiment d'infanterie monte vers les tranchées du nouveau secteur.
The Belgians relieve the English to the north of Ypres (July 1918): an infantry regiment making its way towards the trenches of the new sector. ~ Die Belgier lösen die Engländer im Norden von Ypern ab (Juli 1918): Ein Infanterieregiment zieht zu den Schützengräben des neuen Frontabschnitts.

X.1 220mm-mortier in batterij op de weg van Woesten. ~ Mortiers de 220 mm en batterie sur la route de Woesten. ~ A 220mm mortar battery on the road to Woesten.
220mm-Mörser in Feuerstellung auf der Straße von Woesten.

XXI.3 Een vijandelijke patrouille probeert een verloren loopgraaf te heroveren maar wordt onder vuur genomen. ~ Le coup de feu contre une patrouille ennemie qui tente de s'approcher dans une tranchée qui vient d'être prise aux Allemands.
Firing at an enemy patrol, which is attempting to approach a trench which has just been taken from the Germans. ~ Eine sich nähernde feindliche Patrouille wird von einem gerade eroberten Schützengraben aus unter Beschuss genommen.

XXI.
1

XI.
2

XXI.1 Belgische troepen bivakkeren ten noorden van Ieper.
Troupes belges bivouaquant au nord d'Ypres.
Belgian troops bivouacking to the north of Ypres.
Belgische Truppen biwakieren nördlich von Ypern.

XI.2 De hartelijke verstandhouding in Woesten.
L'entente cordiale à Woesten.
Cordial understanding in Woesten.
Man begegnet sich freundschaftlich in Woesten.

Pas begin augustus 1918 werd generaal Foch tot maarschalk van Frankrijk bevorderd. Hij en koning Albert I hebben elkaar tijdens de oorlog verschillende malen ontmoet. De Fransman drong er altijd op aan dat de Belgische troepen in het offensief zouden gaan of zouden meevechten in Frankrijk, wat de koning steeds heeft geweigerd. De leuze van Foch was: 'aanvallen tot het uiterste'. Op 9 september 1918 komt maarschalk Foch onze koning in De Panne bezoeken. Koning Albert is weer eens de grootste in het gezelschap en maarschalk Foch staat links van hem op dezelfde lijn. De twee Franse officieren rechts van onze koning zijn herkenbaar aan het blekere uniform en de kepie. Alle anderen zijn Belgische officieren. De man op het mooie paard is onbekend. Op deze bijeenkomst werd een belangrijke beslissing genomen: de koning zou zich bij het volgende belangrijke offensief (start 28 september 1918) onder het commando plaatsen van de geallieerde opperbevelhebber, de Franse maarschalk Foch. Een totale ommekeer in de houding van Albert I, die altijd heel gereserveerd had gestaan tegenover grote offensieven. Met de eindzege in zicht was het zo goed als ondenkbaar dat het Belgische leger niet aan de bevrijding van het land zou deelnemen.

Ce n'est qu'au début août 1918 que le général Foch serait promu au grade de maréchal. Foch et le roi Albert Ier se rencontrèrent à plusieurs reprises pendant la guerre. Le Français insista chaque fois pour que les troupes belges partent à l'offensive et combattent en France, ce que le roi refusa toujours. La devise de Foch était « l'attaque à l'extrême ». Le 9 septembre 1918, le maréchal Foch rendit visite à notre roi à La Panne. Le roi est le plus grand du groupe et le maréchal Foch se trouve à gauche, sur la même ligne. Les deux officiers français à droite sont reconnaissables à la couleur plus claire de leur uniforme et à leur képi. Tous les autres sont des officiers belges. L'homme à cheval est inconnu. Cette rencontre donna lieu à une décision importante: lors de la prochaine offensive importante, qui démarrera le 28 septembre 1918, le roi se placerait sous le commandement du chef suprême allié, le maréchal français Foch. Un revirement total dans l'attitude d'Albert Ier, qui avait toujours fait preuve de la plus grande réserve envers les grandes offensives. Mais, avec la victoire finale en vue, il était impensable que l'armée belge ne veuille pas participer à la libération du pays.

General Foch was finally promoted to the rank of marshal of France in August 1918. Foch and king Albert had met on several occasions throughout the course of the war. Foch's motto was 'Attack, attack, always attack', and the Frenchman was always insisting that the Belgians should be more prepared to take the offensive or to fight in France, but the king had always refused. On 9 September 1918 the now marshal Foch came to visit the Belgian monarch in De Panne. King Albert is by far the tallest of the company and Foch is standing to the left. The two French officers to the right of the king are recognisable by their lighter-coloured uniforms and their kepis. All the other officers are Belgian. The identity of the man on the fine horse is not known. An important decision was taken at this meeting: the king agreed to place himself and his army under the supreme command of marshal Foch during the forthcoming offensive, which was scheduled to start on 28 September 1918. Foch had recently been appointed commander-in-chief of the combined Allied armies. This was a radical change of policy for king Albert, who had always been opposed to large scale (and usually bloody) offensives. But with the end of the war in sight, it was unthinkable that the Belgian Army should not take part in the final offensive to liberate the country.

Erst Anfang August 1918 wurde General Foch zum Generalfeldmarschall von Frankreich befördert. Er und König Albert I sind einander während des Krieges mehrmals begegnet. Der Franzose drang wiederholt darauf, dass die belgischen Truppen in die Offensive gehen sollten oder in Frankreich mitkämpfen, was der König stets ablehnte. Fochs Devise war: „Angreifen bis zum Letzten". Am 9. September 1918 stattet Marschall Foch unserem König in De Panne einen Besuch ab. König Albert ist wieder einmal der Größte in dieser Gesellschaft, Feldmarschall Foch steht zu seiner Linken auf gleicher Höhe. Die beiden französischen Offiziere rechts von unserem König erkennt man an der blasseren Uniform und dem Käppi. Alle anderen sind belgische Offiziere. Wer der Mann auf dem prächtigen Pferd ist, weiß man nicht. Auf diesem Treffen wurde eine wichtige Entscheidung gefällt: Der König wird sich bei der nächsten wichtigen Offensive (Start 28. September 1918) unter das Kommando des alliierten Oberbefehlshabers, des französischen Feldmarschalls Foch begeben. Albert I, der großen Offensiven immer äußerst skeptisch gegenüber gestanden hatte, macht hier eine Hundertachtziggradwende. Mit dem Endsieg in Sicht, war es eigentlich undenkbar, dass das belgische Heer nicht an der Befreiung des Landes teilnehmen sollte.

II.11 Aan het Belgische front: koning Albert I en de Franse maarschalk Foch vergezeld van hun stafofficieren. ~ Au front belge: S.M. le roi et le maréchal Foch accompagnés de leurs états-majors. At the Belgian front: king Albert I and marshal Foch accompanied by their staff. ~ An der belgischen Front: Seine Majestät der König und Feldmarschall Foch in Begleitung ihres Generalstabs.

XVI. 12

IV. 10

XIX. 10

XVI.12 Koning Albert I en maarschalk Foch op wandel tijdens een bezoek van de opperbevelhebber van de geallieerde legers aan het Belgische front. ~ S.M. le roi et le maréchal Foch en promenade, durant une visite du généralissime des armées alliées au front belge.
H.M. the king and marshal Foch taking a walk during a visit by the allied commander-in-chief to the Belgian front. ~ Seine Majestät der König und Feldmarschall Foch spazieren während eines Besuchs des Oberbefehlshabers der alliierten Truppen an der belgischen Front entlang.

IV.10 De postbedeling in de ruïnes van Ieper.
La distribution du courrier dans les ruines d'Ypres.
The distribution of mail in the ruins of Ypres.
Die Verteilung der Post in den Ruinen von Ypern.

XIX.10 Belgische pontonniers verbinden de twee oevers van de rivieren en kanalen in heroverd gebied, zodat de troepen en de artillerie vlug kunnen oprukken (september 1918).
Pontonniers belges reliant les deux rives des rivières et des canaux dans la région reconquise, pour permettre la progression rapide des troupes et de l'artillerie (septembre 1918).
A Belgian pontoon team linking the banks of rivers and canals in reconquered territory, to allow the troops and artillery to advance as quickly as possible (September 1918). ~ Belgische Pontoniere verbinden die beiden Ufer der Flüsse und Kanäle im zurückeroberten Gebiet, um den Truppen und der Artillerie den raschen Vorstoß zu ermöglichen (September 1918).

III. 4

I. 7

III. 9

III.4 De ruiterij op weg naar de frontlijn (september 1918).
Cavalerie montant vers la ligne de combat (septembre 1918).
Cavalry advancing towards the front line (September 1918).
Die Kavallerie bricht in Richtung Front auf (September 1918).

I.7 Bevoorradingskonvooi op weg naar de vuurlijn door terrein dat door zware granaten omwoeld is.
Convoi de ravitaillement en marche vers la ligne de feu à travers le terrain « marmité » par l'artillerie.
A supply convoy moving towards the front line, through a shell-torn landscape.
Eine Versorgungskolonne auf dem Weg zur Front durch das vom Artilleriebeschuss gezeichnete Gelände.

III.9 Geniewerken tijdens het geslaagde offensief van 28 september 1918.
Travaux du génie au cours de l'offensive victorieuse du 28 septembre 1918.
Engineer work during the victorious offensive of 28 September 1918.
Pionierarbeiten während der siegreichen Offensive vom 28. September 1918.

Tijdens het eindoffensief, dat op 28 september 1918 begon, raken veel Duitse soldaten in krijgsgevangenschap. Vier van die mannen dragen een brancard op de schouders met een Belgische gewonde met de helm op. Een zware karwei natuurlijk. Ze worden gevolgd door mannen die hen zullen aflossen, want wie weet hoe ver ze nog moeten lopen. De Duitse soldaten hebben een kepie of een muts op het hoofd, de Belgische hun helm. Het doek over de weg dient als camouflage, dergelijke lappen hinderen en bemoeilijken de waarneming voor de vijandelijke artillerie. Links loopt een decauvillespoor, waarover kleine wagonnetjes beladen met munitie of voedsel meestal met de hand worden voortgeduwd en zo bijna geruisloos aan de aandacht van de vijand ontsnappen. Het spoor ziet er intact uit, wat erop wijst dat we hier niet zo dicht bij het front zijn. Rechts wuiven rietpluimen en in de verte staan bomen met bladeren, we zijn in het najaar. Tijdens het bevrijdingsoffensief zijn de weersomstandigheden heel slecht, vandaar dat de begeleiders te paard van de munitiewagens warm gekleed zijn. De figuur rechts draagt het gasmasker duidelijk zichtbaar, je kunt het maar beter direct bij de hand hebben.

Pendant l'offensive finale, qui débuta le 28 septembre 1918, beaucoup de soldats allemands furent faits prisonniers. Quatre d'entre eux portent sur les épaules un brancard occupé par un blessé belge casqué. La tâche est lourde. Ils sont suivis par des hommes qui vont les relayer, car personne ne connaît la distance à parcourir. Les soldats allemands portent un képi ou un béret, les Belges, un casque. La toile sur la route sert de camouflage. Ces toiles empêchent ou gênent la reconnaissance des lieux par l'artillerie ennemie. À gauche court une voie Decauville, sur laquelle des wagonnets chargés de munitions sont poussés à la main et sans bruit pour échapper à l'attention de l'ennemi. La voie semble intacte, ce qui signifie que nous ne sommes pas tout près du front. À droite, des roseaux s'agitent dans le vent et dans le lointain, les arbres ont encore leurs feuilles, car nous sommes en automne. Lors de l'offensive libératrice, les conditions météorologiques furent très défavorables, c'est pourquoi les cavaliers qui accompagnent les chariots chargés de munitions sont chaudement vêtus. Le masque à gaz du cavalier à droite est nettement visible, mieux vaut en effet l'avoir constamment sous la main.

During the final offensive which began on 28 September 1918, many Germans were made prisoners of war. Four of them are shouldering a wounded Belgian soldier (still wearing his helmet) on a stretcher – a difficult and tiring task. They are followed by other Germans who will take over, when the load becomes too heavy – because who knows how far they still have to travel. The Germans are wearing caps and kepis, whereas the Belgians prefer to stick to their Adrian helmets. The sheeting stretched across the road is a type of camouflage, which is designed to make enemy observation more difficult. On the left there is a Decauville railway – a narrow-gauge track along which small wagons loaded with food or munitions could be moved silently to the trenches, so as not to attract the fire of the German artillery. The fact that the tracks still seem to be intact suggests that this photograph was not taken near the front. This is confirmed by the reeds and the leaf-covered trees in the distance, which also show that autumn is approaching. The weather during the final offensive was anything but good, which accounts for the warm clothing of the men on the munitions wagons. The soldier on the right is carrying a gasmask – something which it was always useful to keep close at hand.

Während der Schlussoffensive, die am 28. September 1918 begann, geraten viele deutsche Soldaten in Kriegsgefangenschaft. Vier der Männer schleppen eine Trage auf ihren Schultern, auf der ein belgischer Verwundeter mit Helm liegt. Das ist natürlich eine schwere Arbeit. Andere Männer, die sie ablösen können, folgen ihnen. Wer weiß, wie weit sie noch gehen müssen. Die deutschen Soldaten haben ein Käppi oder eine Mütze auf dem Kopf, die belgischen ihren Helm. Das Tuch über dem Weg dient der Tarnung, solche Lappen entnehmen bzw. erschweren feindlicher Artillerie die Sicht. Links verläuft ein Decauville-Gleis, über kleine Waggons, die mit Nahrung oder Munition beladen sind, meist von Hand und fast lautlos vorwärts geschoben werden und so der Aufmerksamkeit des Feindes entgehen. Die Schienen sehen intakt aus, was darauf hindeutet, dass wir hier nicht besonders nahe an der Front sind. Rechts wiegt sich das Schilfrohr hin und her und in der Ferne stehen Bäume, an denen Blätter hängen: Es ist Herbst. Während der Befreiungsoffensive sind die Witterungsverhältnisse sehr schlecht, daher sind die berittenen Begleiter des Munitionswagens warm angezogen. Die Figur rechts hat deutlich erkennbar eine Gasmaske umgehängt, die hat man am besten immer griffbereit.

I.6 Duitse krijgsgevangenen dragen Belgische gewonden. ~ Prisonniers allemands transportant des blessés belges.
German prisoners carrying Belgian casualties. ~ Deutsche Gefangene tragen verwundete Belgier.

Tijdens het herfstoffensief van 1918 gaat het er hard aan toe. Hier wacht een aantal ambulances om gewonden naar een verzorgingspost of een militair hospitaal over te brengen. Een man met omzwachteld hoofd ligt op de brancard, die als een lade in de ambulance wordt geschoven. Zijn adrianhelm ligt op zijn schoot. Een viertal Duitse krijgsgevangenen hebben de brancard gedragen, drie van hen staan op de voorgrond links met een muts op het hoofd en één rechts, de Belgische soldaten dragen hun helm. Op de rug van de Belgische soldaat rechts van het midden hangt het gasmasker. Boven het hoofd van de gewonde merken we één schoen, dus daar ligt nog iemand met opgetrokken been of... zonder. Natuurlijk kunnen die ambulances niet te dicht bij het front komen, anders lopen ze het risico te worden getroffen. Zij naderen tot op enkele kilometers van de gevechtslijn. In eerste instantie dient de gewonde op een brancard door mannen gedragen te worden. Op die lastige manier kan een krijgsgevangene zich nog enigszins verdienstelijk maken en kan hij verder misschien op een goede behandeling rekenen. Deze Duitsers hebben het geluk dat ze net op tijd *'Kamerad'* konden roepen en door welwillende Belgen gespaard bleven.

L'offensive de l'automne 1918 fut particulièrement pénible. Ici, quelques ambulances attendent pour transporter des blessés vers un poste sanitaire ou un hôpital militaire. Un homme à la tête bandée est couché sur le brancard, qui est glissé comme un tiroir dans l'ambulance. Son casque Adrian est posé sur ses genoux. Quatre prisonniers allemands ont porté le brancard, trois d'entre eux sont à l'avant-plan à gauche, coiffés d'un béret, alors que le quatrième est à droite. Les soldats belges portent leur casque. Sur le dos du soldat belge au milieu à droite pend un masque à gaz. Au-dessus de la tête du blessé, on remarque une seule chaussure, l'homme a replié une jambe ou a été amputé. Naturellement, ces ambulances ne peuvent pas s'approcher trop près du front, sous peine d'être touchées par le feu ennemi. Elles restent à quelques kilomètres de la ligne des combats. Les blessés doivent d'abord être transportés par des hommes sur des brancards. Les prisonniers de guerre peuvent donc rendre des services en assurant cette tâche pénible et espérer par là bénéficier d'un meilleur traitement. Ces Allemands ont eu la chance de pouvoir crier juste à temps « Kamerad » et d'être épargnés par des Belges bienveillants.

The final offensive in the autumn of 1918 was no easy victory. On the contrary, it was a hard-fought affair, with many casualties on both sides. Here a number of ambulances are waiting to take the wounded to a first aid post or military hospital. A man with a bandaged head is lying on a stretcher, which is being slotted into the ambulance like a drawer. His Adrian helmet is resting on his lap. The stretcher has been carried this far by four German prisoners of war, three of whom are now standing in the left foreground, with the other on the right. The Germans are all wearing caps; the Belgians are wearing their helmets. A gasmask case is visible on the back of the Belgian soldier standing in the right-middle of the picture. Above the head of the wounded soldier we can see a single boot. Someone else is already lying in the ambulance. Perhaps he has his leg pulled up or perhaps it has been blown off. The ambulances were unable to travel right up to the front, because the risk of shellfire was too great – they could only approach to within a few kilometres of the firing line. This means that the wounded first needed to be removed from the field of battle on stretchers. This was one of the ways in which a prisoner of war could hope to make himself useful to his captors – and thereby obtain good treatment. These Germans were all fortunate enough to surrender in time (which they usually did by raising their hands and shouting 'Kamerad') – and fortunate enough that the Belgians were prepared to spare them.

Während der Herbstoffensive von 1918 geht es hart zu. Hier warten einige Krankenwagen, um Verwundete zu einem Versorgungsposten oder einem Lazarett zu transportieren. Ein Mann mit bandagiertem Kopf liegt auf einer Trage, die wie eine Schublade in den Krankenwagen hinein geschoben wird. Auf seinem Schoß liegt sein Stahlhelm. Vier deutsche Kriegsgefangene haben ihn getragen, drei von ihnen stehen vorne links mit Mützen auf dem Kopf und einer rechts. Die belgischen Soldaten tragen Helme. Auf dem Rücken des belgischen Soldaten in der Mitte rechts hängt die Gasmaske. Über dem Kopf des Verwundeten kann man einen Schuh sehen, also liegt dort noch jemand, der ein Bein angewinkelt hat oder dessen Bein fehlt. Die Krankenwagen können natürlich auch nicht zu dicht an die Front heranfahren, weil sie sonst riskieren würden, selbst getroffen zu werden. Sie nähern sich bis auf wenige Kilometer der Kampflinie. In erster Linie sollen Verwundete auf einer Trage transportiert werden. Keine leichte Aufgabe, aber es gibt einem Kriegsgefangenen die Chance, sich noch irgendwie verdient zu machen und vielleicht auf eine gute Behandlung hoffen zu dürfen. Diese Deutschen haben das Glück, dass sie gerade rechtzeitig „Kamerad" rufen konnten und so von wohlwollenden Belgiern verschont wurden.

I.10 Het Rode Kruis op het slagveld. Einde van de eerste etappe van de calvarietocht voor een gewonde: hij wordt in de ambulance gehesen. ~ Le service de la Croix-Rouge sur le champ de bataille: l'arrivée d'un blessé à la voiture-ambulance qui va le transporter au poste sanitaire le plus proche. ~ The Red Cross in action on the battlefield: a casualty arrives at an ambulance which will transport him to the nearest first aid post. ~ Das Rote Kreuz auf dem Schlachtfeld: Ein Verwundeter erreicht einen Krankenwagen und wird zur nächstgelegenen Rettungsstation gebracht.

I.11

I.3

XX.7

I.11 Duitse krijgsgevangenen worden achteruit gebracht tijdens het Belgische offensief in de sector ten noorden van Ieper en ten zuiden van Diksmuide. ~ Prisonniers allemands ramenés vers l'arrière lors de l'offensive déclenchée par les Belges du nord d'Ypres au sud de Dixmude. German prisoners being moved behind the lines during the Belgian offensive between Ypres and Diksmuide. ~ Deutsche Gefangene werden während der belgischen Offensive im Norden von Ypern südlich von Diksmuide hinter die Linien gebracht.

I.3 Een balkenweg in de Ieperboog: bevoorradingstroepen ploeteren al drie dagen in de modder en de regen. ~ Un chemin d'artillerie dans le saillant d'Ypres: les échelons de ravitaillement bivouaquent depuis trois jours dans la boue et dans la pluie. ~ An artillery way in the Ypres salient: supply troops have been bivouacking in the mud and rain for three days. ~ Eine Artilleriestraße im Ypernbogen: Die Versorgungstruppen biwakieren seit drei Tagen in Schlamm und Regen.

XX.7 Een hoek van het slagveld ten zuiden van het bos van Houthulst (september 1918).
Coin du champ de bataille au sud du bois de Houthulst (septembre 1918).
A corner of the battlefield to the south of Houthulst forest (September 1918).
Ein Teil des Schlachtfeldes südlich des Waldes von Houthulst (September 1918).

XX.6

II.2

XX.6 Aan de vooruitgeschoven posten in Moorslede (29 september 1918).
Aux avant-postes à Moorslede (29 septembre 1918).
Advanced posts in Moorslede (29 September 1918).
In der vorgeschobenen Stellung bei Moorslede (29. September 1918).

II.2 Munitiewagens gaan de artillerie bevoorraden op het slagveld.
Caissons allant ravitailler l'artillerie sur le champ de bataille.
Ammunition wagons on their way to supply the artillery on the battlefield.
Munitionswagen auf dem Weg zum Schlachtfeld, um die Artillerie mit Nachschub zu versorgen.

XIX.5

XIX.5 Op de weg van Poelkapelle naar Houthulst hebben de terugtrekkende Duitsers al hun materieel achtergelaten. ~ Sur la route qui mène de Poelcappelle à Houthulst, les Allemands en retraite ont abandonné tout leur matériel. ~ On the road from Poelkapelle to Houthulst, the retreating Germans have abandoned all their equipment. Auf der Straße von Poelkapelle nach Houthulst haben die sich zurückziehenden deutschen Truppen ihr Material zurückgelassen.

Is deze eindeloze colonne munitiewagens op weg naar de vooruitgeschoven artillerie tijdens het bevrijdingsoffensief dat op 28 september 1918 begint of rijdt ze gewoon naar de batterijen op hun betonnen standplaatsen in 1916 of 1917? Moeilijk om uit te maken. De begeleiders dragen hun helm, zij zijn in gevechtskledij en hebben ook hun gasmasker bij. Bij een beschieting mengen de Duitsers gewone granaten en granaten met mosterdgas door elkaar, wat het geheel tot een verraderlijke cocktail maakt. Het komt eropaan het gasmasker bij zich te hebben, het snel op te zetten en te hopen dat er geen traangas- of niesgranaten tussen zitten. Wie zijn gasmasker niet bij de hand heeft, weet dat hij straf krijgt en terecht. Keukenpieten met de pollepels in de hand dragen hun politiemuts. Rechts staat de mobiele veldkeuken met schoorsteen en dampende soepketel en nog verder rechts naar achteren hangen laaggespannen camouflagenetten die het tafereel voor de blikken van de vijand afschermen. Natuurlijk hebben de soldaten recht op voedsel, maar de bevoorrading is gemakkelijker voor soldaten op rust dan voor diegene ergens onderweg of aan het front. Het beeld verraadt een grimmige sfeer, de mannen kunnen niet lachen. Ofwel smaakt de soep niet, ofwel vrezen ze onheil.

Une colonne interminable de chariots chargés de munitions se dirige-t-elle vers les postes d'artillerie avancés pendant l'offensive libératrice qui commença le 28 septembre 1918 ou roule-t-elle tout simplement en 1916 ou 1917 vers les batteries installées sur leurs emplacements de béton? Il est difficile de le savoir. Les accompagnateurs portent leur casque, ils sont en tenue de combat et ont aussi emporté leur masque à gaz. Lors des bombardements, les Allemands mélangent les bombes ordinaires et les bombes chargées de gaz moutarde: un cocktail particulièrement traître. Il importe donc d'avoir constamment son masque à gaz à portée de main, de le mettre sans attendre et d'espérer qu'il n'y a pas de bombes lacrymogènes ou sternutatoires parmi les autres. Celui qui n'a pas son masque à gaz sur lui sait qu'il sera, à juste titre, puni. Les cuistots, la louche à la main, portent leur béret. À droite se trouve la cuisine de campagne mobile, avec sa cheminée et sa cuve pleine de soupe fumante. Un peu plus loin à droite sont suspendus des filets de camouflage censés protéger la scène des regards ennemis. Les soldats ont naturellement droit à de la nourriture, mais l'approvisionnement est plus facile pour ceux qui sont au repos que pour ceux qui sont quelque part en route ou au front. La photo trahit une ambiance sinistre: aucun des hommes ne parvient à sourire. Soit ils n'apprécient pas la soupe, soit ils craignent un danger imminent.

Is this seemingly endless column of ammunition wagons on its way to forward artillery positions during the liberation offensive of 28 September 1918 or are they driving to batteries in fixed positions behind the lines during the period 1916-1917? It is difficult to say. The supply troops are wearing helmets and combat uniform, and most are carrying a gasmask. This was always necessary at the front, since the Germans often mixed (mustard) gas shells in with their normal artillery barrages – a deadly cocktail which could take an unsuspecting soldier by surprise. A quick response could save your life – but only if you had your gasmask with you. For this reason, failure to carry a mask near the front was often punished by the military authorities. The kitchen detail at the side of the road seems less concerned by such matters. They are all wearing ordinary caps and holding soup ladles in their hands. On the right stands a mobile field kitchen with a cauldron of piping hot soup. Further to the right there is camouflage sheeting, which hopes to hide this scene from the prying eyes of the enemy. Feeding the troops at the front was never an easy task, especially when they were on the move. The faces of the men betray a sombre mood: either the soup is not good or danger is close at hand.

Ist diese endlose Kolonne von Munitionswagen unterwegs zur vorgerückten Artillerie während der Befreiungsoffensive vom 28. September 1918 oder fährt sie einfach zu den Batterien auf ihren betonierten Standorten im Jahr 1916 oder 1917? Schwer zu sagen. Die Begleiter tragen ihren Helm, sie sind in Kampfkleidung und haben auch ihre Gasmasken im Gepäck. Bei einem Beschuss mischen die Deutschen gewöhnliche Granaten mit Granaten, die Senfgas enthalten, was das Ganze zu einem heimtückischen Cocktail macht. Es ist wichtig, die Gasmaske dabeizuhaben und sie rasch aufzusetzen. Ansonsten kann man nur hoffen, dass nicht auch noch Tränen- oder Reizgas verwendet wird. Wer seine Gasmaske nicht bei sich trägt, weiß, dass ihn eine Strafe erwartet. Und das zu Recht. Küchenjungs mit Schöpfkellen in der Hand tragen Polizeimützen. Rechts steht die mobile Feldküche mit Schornstein und dampfendem Suppenkessel und etwas weiter hinten rechts hängen niedrig gespannte Tarnnetze, die diese Szene vor feindlichen Blicken schützen. Natürlich haben die Soldaten Recht auf Nahrung, aber die Verköstigung von sich ausruhenden Soldaten ist einfacher als die von solchen, die irgendwo unterwegs oder an der Front sind. Dieses Bild zeigt eine ernste Stimmung, keiner der Männer lacht. Entweder schmeckt ihnen die Suppe nicht oder sie fürchten Unheil.

I.12 Lekker dampende soep om de dappere mannen die naar de vuurlijn trekken op te kikkeren. ~ La bonne soupe fumante ragaillardit ces braves qui montent vers la ligne de feu. Good hot soup invigorates this brave men advancing to the front line. ~ Die dampfende Suppe stärkt die tapferen Männer, die an die Front ziehen.

Alle wegen richting Diksmuide zullen voor de oorlog wel met prachtige bomen zijn afgezoomd. De stad is vanuit de vier windstreken via een weg te benaderen. Tijdens de jarenlange stellingenoorlog waren drie van die vier wegen in Duitse handen. Hoogstwaarschijnlijk gaat het hier niet om een van die drie, maar wel om de weg vanuit Veurne richting Diksmuide. Aan de stukgeschoten bomen merk je natuurlijk dat we in de frontzone zijn. De militair op de voorgrond, bijna zeker een officier, kijkt de andere kant op. Misschien wacht hij op verdere bevelen. Zijn tas ligt op enkele 'nougablokken' en zijn stafkaart op drie andere vóór hem. De gewapende betonblokken van Belgische makelij hebben het uitzicht van te groot uitgevallen nougarepen; ze worden door de soldaten zo genoemd en dienen om snel schuilplaatsen te kunnen bouwen. Opdat de kaart niet zou wegwaaien, heeft hij er nog een steentje bovenop gelegd. Achter hem staat een merkwaardig voorwerp. Uit vergelijking met Duits fotomateriaal zou je kunnen besluiten dat het om een toestel voor lichtsignalen gaat, want telefoonlijnen kunnen ook niet zo snel worden aangelegd of zijn soms stukgeschoten. Of is het toch een statief om een fototoestel op te plaatsen?

Avant la guerre, toutes les routes qui menaient à Dixmude étaient probablement bordées d'arbres magnifiques. La ville est accessible par la route depuis les quatre points cardinaux. Pendant cette guerre de position qui dura des années, trois des quatre routes étaient aux mains des Allemands. Ici, il ne s'agit vraisemblablement pas d'une de ces trois routes, mais de la route venant de Furnes. L'état pitoyable des arbres indique que nous sommes dans la zone du front. Le militaire à l'avant-plan, presque certainement un officier, regarde de l'autre côté. Peut-être attend-il des ordres. Son sac est posé sur un tas de quelques blocs de nougat et sa carte d'état-major est étalée sur trois autres blocs. Ces blocs en béton armé sont de fabrication belge et les soldats belges leur ont donné ce nom en raison de leur forme. Ils servent à construire rapidement des abris. Pour que la carte ne s'envole pas, le militaire y a posé un caillou. Derrière lui se trouve un objet remarquable. Par comparaison avec le matériel photographique allemand, on pourrait conclure qu'il s'agit d'un appareil servant à lancer des signaux lumineux, car l'installation d'une ligne téléphonique prend du temps et ces lignes sont parfois très vulnérables. Ou peut-être s'agit-il simplement du pied d'un appareil photographique.

All the roads leading to Diksmuide were probably lined with beautiful trees before the war. The town was a major crossroads and could be approached from every direction. During the period of trench warfare, three of the four main thoroughfares leading into the town centre were in the hands of the Germans. This photograph was probably taken on the fourth road, the one which remained under Belgian control: the road from Veurne. The shell-blasted trees are a sure sign that we are quite near the front line. The soldier in the foreground (almost certainly an officer) is looking in the opposite direction. Perhaps he is waiting for further orders. His bag is resting on some 'nougat' blocks; his map rests on three others in front of him. These reinforced concrete blocks were so named because of their likeness to the blocks of nougat. The blocks were used rather like modern day Lego blocks, to make concrete bunkers quickly and easily. The soldier has placed a stone on his map, to stop it blowing away. Behind him stands a rather unusual object. Comparison with German photographs suggests that it might be a signalling lamp, since these were often preferred to telephones, whose lines were difficult to lay and could easily be cut by shellfire. Or could it be a tripod for a camera?

Alle Wege nach Diksmuide waren wohl vor dem Krieg von prächtigen Bäumen gesäumt. Man kann sich der Stadt aus allen vier Himmelsrichtungen über Straßen nähern. Während des Jahre andauernden Stellungskrieges waren drei der vier Straßen in deutscher Hand. Höchstwahrscheinlich handelt es sich hier nicht um eine dieser drei, jedenfalls ist es der Weg von Veurne Richtung Diksmuide. An den zerschossenen Bäumen erkennt man natürlich, dass wir uns in der Frontzone befinden. Der Militär im Vordergrund, mit ziemlicher Sicherheit ein Offizier, schaut in die entgegen gesetzte Richtung. Vielleicht wartet er auf weitere Befehle. Seine Tasche liegt vor ihm auf einem Stapel von einigen „Nougatblöcken", seine Generalstabskarte auf drei anderen. Die Stahlbetonblöcke von belgischer Machart sehen wie zu groß geratene Nougattafeln aus, weshalb die Soldaten sie so nennen. Mit ihnen lassen sich rasch Unterschlüpfe bauen. Damit die Karte nicht fortweht, hat er einen kleinen Stein darauf gelegt. Hinter ihm steht ein seltsamer Gegenstand. Aus Vergleichen mit deutschem Fotomaterial gelangte man zu dem Schluss, dass es sich um ein Gerät zum Senden von Lichtsignalen handelt, denn Telefonleitungen können nicht so schnell gelegt werden, manchmal wurden sie auch zerschossen. Oder ist es vielleicht doch ein Stativ für einen Fotoapparat?

II.3 Deze weg richting Diksmuide was vroeger met prachtige bomen afgezoomd. ~ Jadis, cette route qui conduit à Dixmude était bordée d'arbres magnifiques.
This road, leading to Diksmuide, was once lined with magnificent trees. ~ Diese Straße nach Diksmuide war früher von prächtigen Bäumen umsäumt.

XX. 12

XX. 9

XX. 11

XX.12 Een kampement in het bos van Houthulst (Klerken, oktober 1918).
Un bivouac dans la forêt de Houthulst (Clercken, octobre 1918).
A bivouac in Houthulst forest (Klerken, October 1918).
Ein Feldlager im Wald von Houthulst (Klerken, Oktober 1918).

XX.9 Duitse kanonnen en munitiewagens veroverd door het Belgische leger (Klerken, oktober 1918).
Canons et caissons allemands conquis par l'armée belge (Clercken, octobre 1918).
German guns and ammunition wagons captured by the Belgian Army (Klerken, October 1918).
Von der belgischen Armee erbeutete deutsche Kanonen und Munitionswagen (Klerken, Oktober 1918).

XX.11 Transport van een gewonde vanuit Staden naar de achterlinie (oktober 1918).
Transport d'un blessé de Staden vers l'arrière (octobre 1918).
Transport of a casualty from Staden to a place of safety behind the front lines (October 1918).
Ein Verwundeter wird von Staden zu den hinteren Linien transportiert (Oktober 1918).

XIX. 11

XX. 10

XIX.11 Een batterij houwitsers neemt positie op heroverd terrein (september 1918).
Une batterie d'obusiers prend position sur le terrain reconquis (septembre 1918).
A battery of howitzers taking up position in reconquered territory (September 1918).
Eine Haubitzenbatterie bezieht Stellung auf zurückerobertem Gebiet (September 1918).

XX.10 Duitse lijken in een loopgraaf in Woumen (oktober 1918).
Cadavres allemands dans une tranchée à Woumen (octobre 1918).
German corpses in a trench at Woumen (October 1918).
Deutsche gefallene Soldaten in einem Schützengraben bei Woumen (Oktober 1918).

XXI.2 Een Duitse observatietoren is overeind gebleven tussen het puin van Diksmuide (september 1918). ~ Un observatoire allemand resté debout dans les ruines de Dixmude (septembre 1918). ~ A German observation tower is still standing among the ruins of Diksmuide (September 1918). ~ Ein deutscher Beobachtungsturm, der aus den Ruinen von Diksmuide ragt (September 1918).

XXI. 2

Van de achterkant bekeken staat alleen nog de voorgevel van het kasteel overeind. De Belgische artillerie neemt het van de overkant van de IJzer onder vuur op zaterdag 27 oktober 1917. Artillerieofficier Arthur Pasquier is ooggetuige en vermeldt de gebeurtenis in zijn dagboek *De Grote Oorlog van onderluitenant Arthur L. Pasquier. Veldtochtnotities van een Waal in de Westhoek*. Het gebouw is tot op dat ogenblik redelijk gespaard gebleven maar de Belgische legerleiding vermoedt terecht dat er Duitse officieren verblijven. Met enkele treffers van 280mm-geschut wordt de mooie residentie van baron Gustave de Coninck de Merckem in puin geschoten. Zijn weduwe verblijft op dat ogenblik in Brugge. Het Blankaartbekken en het puin van het kasteel worden op 28 september 1918 vanuit Merkem heroverd door de 9de Cie van het Belgische 20ste Linieregiment, waarbij luitenant Colmant een belangrijke rol speelt. Het profiel van zijn gezicht hangt in een medaillon aan een herdenkingsmuurtje bij de toegang tot het herbouwde kasteel, dat nu het bezoekerscentrum vormt van Natuurpunt De Blankaart. Het verslag van de herovering werd in het Frans bijgehouden door kapitein Van Mierlo. Heel wat Belgen en tientallen Duitsers kwamen hierbij om het leven en vele anderen werden in het kasteelpark gevangengenomen.

Vue ici de l'arrière, seule la façade avant du château est restée debout. L'artillerie belge l'a pris sous son feu depuis l'autre rive de l'Yser le samedi 27 octobre 1917. Arthur Pasquier, officier d'artillerie en fut le témoin oculaire et mentionne l'événement dans son journal « La Grande Guerre du sous-lieutenant Arthur L. Pasquier. La campagne d'un Wallon dans le Westhoek ». Jusque-là, le bâtiment avait été relativement épargné, mais le commandement belge le soupçonnait, à raison, d'héberger des officiers allemands. Avec quelques obus de 280 mm, la belle résidence du baron Gustave de Coninck de Merckem fut réduite en ruines. À ce moment-là, sa veuve séjournait à Bruges. Le bassin du Blankaert et les ruines du château furent reconquis le 28 septembre 1918 depuis Merckem par la 9ième compagnie du 20ième régiment de Ligne, le lieutenant Colmant jouant un rôle important dans cette opération. Le profil de son visage est visible dans un médaillon apposé sur le petit mur du souvenir à l'entrée du château reconstruit, qui sert maintenant de centre des visiteurs au Natuurpunt De Blankaart. Le rapport de la reconquête a été rédigé en français par le capitaine Van Mierlo. De nombreux Belges et des dizaines d'Allemands perdirent ici la vie et beaucoup d'autres furent faits prisonniers dans le parc du château.

Only the front façade of the castle is still standing (here viewed from behind). This was the result of a bombardment on Saturday 27 October 1917 by Belgian artillery based on the far bank of the Yser. Arthur Pasquier a young artillery officer, witnessed this bombardment and recorded the details in his diary, which was published after the war as *De Grote Oorlog van onderluitenant Arthur L. Pasquier. Veldtochtnotities van een Waal in de Westhoek*. Until this time, the castle had been spared the full ravages of war, but the Belgian high command now suspected that it was being used to house senior German officers. A few direct hits by giant 280mm shells were all that were necessary to reduce the once beautiful home of Baron Gustave de Coninck de Merckem to rubble (his widow had moved to Bruges when the war began). The Blankaart lake and the ruins of the castle were recaptured on 28 September 1918 by troops of the 9th Company of the 20th Line Regiment, advancing from Merkem under the leadership of Lieutenant Colmant. His face (in profile) can still be seen on a commemorative plaque which hangs on a wall of remembrance at the entrance to the rebuilt castle, which is now a visitors' centre for the 'De Blankaart' nature reserve. A report of this assault was made in French by Captain Van Mierlo. He noted that many Belgians and Germans were killed in the fight, which also resulted in the capture of many prisoners of war.

Von der Rückseite betrachtet, steht nur noch die Fassade des Schlosses. Die belgische Artillerie nimmt es vom gegenüberliegenden Ufer der IJzer unter Beschuss am Samstag, den 27. Oktober 1917. Als Artillerieoffizier ist Arthur Pasquier Augenzeuge der Geschehnisse, die er in seinem Tagebuch „Der Große Krieg von Unterleutnant Arthur L. Pasquier. Feldtagebuch eines Wallonen in der Westhoek" mitteilt. Bis zu jenem Augenblick war das Gebäude ziemlich verschont geblieben, aber die belgische Heeresführung vermutete zurecht, dass sich deutsche Offizieren darin aufhielten. Mit einzelnen Treffern aus einem 280mm-Geschütz wird die schöne Residenz des Baron Gustave de Coninck von Merckem in Schutt und Asche gelegt. Dessen Witwe hält sich zu diesem Zeitpunkt in Brügge auf. Das Blankaart-Becken und die Überreste des Schlosses wurden am 28. September 1918 von Merkem aus von der 9. Co. des belgischen 20. Linienregiments zurückerobert, wobei Leutnant Colmant eine wichtige Rolle spielt. Das Profil seines Gesichts hängt in einem Medaillon an einer kleinen Gedenkmauer am Eingang des wiedererrichteten Schlosses, das jetzt als Besucherzentrum des „De Blankaart" dient. Der Bericht über die Rückeroberung wurde von Kapitän Van Mierlo auf Französisch geführt. Eine Menge Belgier und Deutsche kamen hierbei ums Leben und viele andere wurden im Schlosspark gefangen genommen.

I.5 Het Blankaartkasteel, waar de Duitsers spijts hun hardnekkige weerstand toch voor de aanvalsdrift van de Belgen moesten wijken. ~ Le château Blankaert dans lequel les Allemands, malgré leur résistance opiniâtre, durent céder devant le « cran » des Belges. ~ Blankaart castle, which the Germans, in spite of their obstinate resistance, were forced to yield to the determined Belgians. Das Schloss Blankaart, das die Deutschen trotz hartnäckigen Widerstands aufgrund der Entschlossenheit der Belgier aufgeben mussten.

XX. 5

XX. 4

XX.5 De resten van de molen van de Blankaart.
Les restes du moulin de Blankaert.
All that remains of Blankaart mill.
Die Trümmer der Mühle von „de Blankaart".

XX.4 De Belgische soldaten in een straat van Diksmuide die zij met geweld heroverd hebben (30 september 1918). ~ Les soldats belges dans une rue de Dixmude qu'ils viennent de reconquérir de haute lutte (30 septembre 1918). ~ Belgian soldiers in a street in Diksmuide, which they have just reconquered by force (30 September 1918). ~ Belgische Soldaten in einer Straße von Diksmuide, die sie soeben nach einem erbitterten Kampf zurückerobert haben (30. September 1918).

IV. 5

IV. 9

IV.5 Vernielde brug over de Handzamevaart.
Pont détruit sur le canal de Handzaeme.
A destroyed bridge over the Handzame canal.
Eine zerstörte Brücke über den Kanal von Handzame.

IV.9 Het station van Diksmuide na herovering door de Belgen (30 september 1918).
La gare de Dixmude après sa reprise par les Belges (le 30 septembre 1918).
The railway station at Diksmuide, when it was reconquered by the Belgians (30 September 1918).
Der Bahnhof von Diksmuide nach dessen Rückeroberung durch die Belgier (30. September 1918).

IV.8 Artilleriebatterij in actie tijdens het eindoffensief (oktober 1918).
Batterie d'artillerie en action durant l'offensive de la victoire (octobre 1918).
An artillery battery in action during the victory offensive (October 1918).
Eine Artilleriebatterie im Einsatz während der siegreichen Offensive (Oktober 1918).

IV. 8

V.
2

I.
4

V.2 Het station van Diksmuide in puin.
La gare de Dixmude en ruine.
The railway station at Diksmuide in ruins.
Der Bahnhof von Diksmuide in Trümmern.

I.4 Duitse krijgsgevangenen mogen even uitrusten in de wegberm achter de frontlijn. Convoi de prisonniers allemands capturés par les Belges, se reposant le long d'une route à l'arrière. ~ A convoy of German prisoners captured by the Belgians, resting along a road behind the front line. ~ Von Belgiern gefangen genommene deutsche Soldaten rasten an einer Straße hinter der Front.

II.
6

IV.
4

II.6 Belgische artillerie in actie – de kanonnen staan niet meer op een betonnen ondergrond omdat ze de snelle opmars van de Belgische infanterie volgen. ~ Artillerie belge en action. - Ces pièces n'occupent plus leurs emplacements stabilisés. Mises en batterie en rase campagne, elles ont suivi la progression rapide de l'infanterie belge. ~ Belgian artillery in action. These guns are no longer firing from fixed sites, but are following the advance of the Belgian infantry. ~ Belgische Artillerie im Einsatz. – Die Geschütze stehen nicht mehr auf ihren Betonbettungen, weil sie dem raschen Vorstoß der belgischen Infanterie folgen müssen.

IV.4 Keukenwagens op weg naar de vuurlijn.
Cuisines roulantes montant vers la ligne de feu.
Mobile kitchens advancing towards the firing line.
Mobile Küchen auf dem Weg zur Front.

IV.6 Duits artilleriegeschut door de Belgen in het oktoberoffensief van 1918 buitgemaakt.
Pièces d'artillerie allemandes enlevées par les Belges durant l'offensive d'octobre 1918.
German artillery guns conquered by the Belgians during the offensive of October 1918.
Deutsches Artilleriegeschütz, das während der Oktoberoffensive von 1918 von den Belgiern erbeutet wurde.

IV.
6

VII. 7

VII. 8

VIII. 4

VII.7 Honderden mannen stappen uit de vrachtwagens die hen dichter bij het front gebracht hebben (oktoberoffensief 1918). ~ Colonne de renfort débarquant des camions qui les ont emmenés à proximité du front (offensive d'octobre 1918).
A column of reinforcements leaving their vehicles to go to the front (October Offensive, 1918).
Mehrere Hundertschaften beim Verlassen der Lastwagen, die sie näher zur Front gebracht haben (Oktoberoffensive 1918).

VII.8 Een overdekte loopgraaf bij de steenbakkerij van Kaaskerke.
Une tranchée couverte à la briqueterie de Caeskerke.
A covered trench in the brickyard of Kaaskerke.
Ein überdachter Schützengraben auf der Ziegelei von Kaaskerke.

VIII.4 In het minst beschadigde deel van Diksmuide.
Dans les ruines les moins éprouvées de Dixmude.
In the least damaged part of Diksmuide.
Im am wenigsten zerstörten Teil von Diksmuide.

VIII.
3

XXV.
12

VIII.3 De sluis Het Sas in Boezinge.
L'écluse « Het Sas » à Boesinghe.
The 'Het Sas' lock in Boezinge.
Die Schleuse „Het Sas" in Boezinge.

XXV.12 Uitzicht op de voetbruggen van Ramskapelle.
Vue sur les passerelles de Ramscappelle.
A view on the footbridges in Ramskapelle.
Blick auf die Fußbrücken von Ramskapelle.

XXIV.5 De Duitse stellingen: een batterij voor het park van het Palace Hotel in Oostende.
Les positions allemandes: une batterie devant le parc du Palace Hôtel à Ostende.
The German positions: a battery in front of the park of the Palace Hotel in Oostende.
Die deutschen Stellungen: Eine Geschützgruppe vor dem Park des Palace Hotels in Oostende.

XXIV.
5

XXVIII.12

XXI.5

XXVIII.12 Goed verscholen in een loopgraaf bij Kaaskerke.
Au fond d'une tranchée près de Caeskerke.
At the bottom of a trench, near Kaaskerke.
Unten im Schützengraben in der Nähe von Kaaskerke.

XXI.5 Een vroegere Duitse schuilplaats veroverd door de Belgen ten zuiden van Diksmuide (oktober 1918). ~ Un ancien abri allemand conquis par les Belges au sud de Dixmude (octobre 1918). ~ A former German shelter conquered by the Belgians to the south of Diksmuide (October 1918). ~ Ein ehemaliger Unterstand der Deutschen südlich von Diksmuide, der von den Belgiern eingenommen wurde (Oktober 1918).

XX. 2

VIII. 12

XX.2 Binnenzicht op het vermaarde 380mm-langeafstandsgeschut, opgesteld in Leugenboom, dat Duinkerke beschoot (oktober 1918). ~ Intérieur de la fameuse pièce de 380 mm à longue portée, installée à Leughenboom et qui tirait sur Dunkerque (octobre 1918). Interior view of the famous 380mm long-range gun, mounted at Leugenboom and firing on Dunkirk (October 1918). ~ Innenansicht des berühmten 380mm-Langrohrgeschützes, das zum Beschuss von Dünkirchen in Leugenboom in Stellung gebracht wurde (Oktober 1918).

VIII.12 De Berkelhofhoeve in Ramskapelle.
La ferme Berkelhof à Ramscappelle.
'Berkelhof' farm in Ramskapelle.
Der Berkelhof bei Ramskapelle.

XXIX.11 Een Duitse kustbatterij nabij Blankenberge (oktober 1918).
Une batterie côtière allemande près de Blankenberghe (octobre 1918).
A German coastal battery, close to Blankenberge (October 1918).
Eine deutsche Küstenbatterie in der Nähe von Blankenberge (Oktober 1918).

XXIX. 11

Bemerk hoe klein de Belgische soldaten rechts wel lijken. Door het eindoffensief van 28 september 1918 verrast, moeten de Duitsers zich heel snel terugtrekken. Maar ze willen niet dat Lange Max in Leugenboom (Moere, deelgemeente Koekelare) tegen hun eigen troepen wordt gebruikt en besluiten het kanon te vernietigen. De afstand tussen het uiteinde van de vuurmond en de betonnen omheiningsmuur is minder dan een meter, de granaat is langer. Hopelijk zal de loop bij het afvuren van de granaat tegen de muur onherstelbare schade oplopen. Maar de kogel jaagt er dwars door en valt 800 meter verder. Het geschut is intact. Tijdens het interbellum wordt Leugenboom een toeristische topper, maar in de Tweede Wereldoorlog wordt het kanon door de Duitsers ontmanteld. Leugenboom had een ongeveer identieke voorganger in Predikboom langs de Steenstraat in Klerken (deelgemeente Houthulst). Predikboom vuurt voor het eerst op Poperinge op 26 april 1915, enkele dagen na de eerste Duitse gasaanval bij Steenstrate en daarna vooral op Duinkerke. Op 9 augustus 1915 wordt het reuzenkanon uitgeschakeld door geallieerde artillerie. Leugenboom schiet voor het eerst op 27 juni 1917 en voor het laatst op 16 oktober 1918. Samen vuurden ze 411 380 mm-granaten af, vooral op Duinkerke.

Remarquez d'abord combien les soldats belges, à droite, semblent petits. Surpris par l'offensive finale du 28 septembre 1918, les Allemands doivent très rapidement battre en retraite. Mais ils ne veulent pas que leur Lange Max, installé à Leughenboom (Moere, dans l'entité communale de Koekelare) soit utilisé contre leurs propres troupes. Ils décident donc de détruire le canon. La distance entre la bouche du canon et le mur d'enceinte en béton est de moins d'un mètre, la longueur de l'obus est supérieure. Sans doute, lors du tir d'un obus, le canon subira-t-il des dégâts irréparables en heurtant le mur. Mais l'obus le traversa et tomba 800 mètres plus loin. La pièce est donc restée intacte. Entre les deux guerres, le « Leughenboom » deviendra une attraction touristique de premier plan, mais l'ensemble sera démantelé par les Allemands en 1940-1944. Leughenboom avait un précédent presque identique à Predikboom, le long de la Steenstraat à Klercken (commune de Houthulst). Les Allemands tirèrent pour la première fois de là sur Poperinge le 26 avril 1915, quelques jours après la première attaque aux gaz près de Steenstrate et après surtout sur Dunkerque, la dernière fois le 9 août 1915, quand il fut éliminé par l'artillerie alliée. Le premier tir à partir de Leughenboom eut lieu le 27 juin 1917 et le dernier, le 16 octobre 1918. Ensemble, les deux postes tirèrent 411 obus de 380 mm, surtout sur Dunkerque.

Note how small the figures of the Belgian soldiers on the right seem to be! The offensive launched on 28 September 1918 took the Germans by surprise and forced them into a hasty retreat. They did not want their famous 'Lange Max' (Long Max) gun in Leugenboom (at Moere, near the village Koekelare) to fall into enemy hands and so they decided to destroy it themselves. The distance between the end of the barrel and the retaining wall was less than one metre, which was shorter than the length of one of its giant shells. By depressing the gun to its lowest angle and firing a shell into the wall, the Germans hoped to damage the barrel beyond repair. However, the shell burst straight through the retaining wall and landed in a field some 800 metres further. The gun remained in perfect working order! Between the world wars Long Max became something of a tourist attraction, but it was dismantled by the Germans during their occupation of 1940-1944. The Leugenboom gun had an almost identical 'sister' at Predikboom in Klerken (near Houthulst). The Predikboom gun was first used to bombard Poperinge on 26 April 1915, just a few days after the first German gas attack at Steenstrate. Afterwords, it mostly bombarded Dunkirk. It fired its last shells on 9 August 1915, before being put out of action by the Allied artillery. The Leugenboom piece was in operation between 27 June 1917 and 16 October 1918. Between them, the two guns fired a total of four hundred and eleven 380mm shells, most of them targeted on Dunkirk.

Wie klein die belgischen Soldaten rechts im Bild wirken! Von der Endoffensive am 28. September 1918 überrascht, müssen die Deutschen sich sehr schnell zurückziehen. Aber sie wollen nicht, dass der „Lange Max" in Leugenboom (Moere, Teilgemeinde von Koekelare) gegen ihre eigenen Truppen eingesetzt wird und beschließen daher, die Kanone zu zerstören. Der Abstand zwischen der Mündung und der Begrenzungsmauer aus Beton beträgt weniger als einen Meter, die Granate selbst ist länger. Man hofft, dass das Kanonenrohr irreparabel beschädigt wird, wenn die Granate gegen die Mauer prallt. Doch die Kugel schießt quer hindurch und schlägt 800 m weiter ein. Das Geschütz ist intakt geblieben. Zwischen den beiden Weltkriegen wird Leugenboom zur Touristenhochburg, aber während des Zweiten Weltkriegs wird es von den Deutschen demontiert. In Predikboom an der Steenstraat in Klerken (Teilgemeinde von Houthulst) hatte Leugenboom einen fast identischen Vorgänger. Predikboom feuert zum ersten Mal auf Poperinge am 26. April 1915, wenige Tage nach dem ersten deutschen Gasangriff bei Steenstrate und nachdem meistens auf Dünkirchen. Vor dem letzten am 9. August 1915, ausgeschaltet durch die Artillerie der Alliierten. Leugenboom schießt zum ersten Mal am 27. Juni 1917 und zum letzten Mal am 16. Oktober 1918. Beide Weiler feuerten zusammen vierhundertelf 380mm-Granaten ab, v. a. auf Dünkirchen.

XX.1 Zicht in Leugenboom op het beruchte 380mm-kanon met grote reikwijdte, dat op Duinkerke schoot (oktober 1918). ~ Aspect extérieur de la fameuse pièce de 380 mm à longue portée, installée à Leughenboom et qui tirait sur Dunkerque (octobre 1918). ~ Exterior view of the famous 380mm long-range gun, mounted at Leugenboom and firing on Dunkirk (October 1918). Außenansicht des berühmten 380mm-Langrohrgeschützes, das zum Beschuss von Dünkirchen in Leugenboom in Stellung gebracht wurde (Oktober 1918).

Op 28 september 1918 in de vroege morgen na een urenlange beschieting van de Duitse lijnen gaan infanteristen met de bajonet op het geweer en voorzien van handgranaten in de aanval. Tijdens het oprukken krijgen ze opschuivende vuursteun van de kanonnen om te beletten dat de Duitsers te snel weerstand zouden bieden. De Duitse soldaten in de voorste lijnen komen om of zijn ontredderd door de voortdurende explosies. Als de infanterie buiten de reikwijdte van de kanonnen komt, verandert de situatie. De Duitse tegenstand wordt grimmiger en veel Belgische soldaten sneuvelen. Begin oktober wordt de artillerie door de vroegere frontzone gesleurd en komt aan de rand van het bos van Houthulst terecht in een terrein met bomen en struikgewas. Drie zware kanonnen staan hier verdekt opgesteld. De munitie van zwaar kaliber ligt kriskras op de voorgrond en dat maakt de situatie allesbehalve gezellig, vooral niet bij vijandelijk tegenvuur. De mannen wachten duidelijk verdere bevelen af. Het komt er vooral op aan niet op eigen volk te schieten. De kanonniers hebben moeite om de snel oprukkende infanterie te volgen. In het midden op de houten stellage is de springkop al op de granaat geschroefd en klaar om te worden afgevuurd. De kanonlopen zijn in camouflagekleuren geschilderd.

Le 28 septembre 1918 à l'aube, après un long bombardement des lignes allemandes, les fantassins, munis de grenades à main, partent à l'attaque baïonnette au canon. Pendant leur marche, ils reçoivent l'appui de l'artillerie pour empêcher les Allemands d'offrir une résistance trop rapide. Les soldats allemands des premières lignes sont tués ou désemparés par les explosions continues. La situation change évidemment quand l'infanterie cesse d'être à portée des canons. La réaction allemande s'intensifie et beaucoup de soldats belges périssent. Au début octobre, l'artillerie se déplace à travers l'ancienne ligne du front et arrive en bordure du bois de Houthulst dans un terrain couvert d'arbres et de buissons. Sur la photo, trois lourds canons sont postés à l'abri de la végétation. Les munitions de gros calibre jetées pêle-mêle à l'avant-plan ne rendent pas la situation particulièrement confortable, surtout en cas de riposte de l'ennemi. Les hommes attendent visiblement de nouveaux ordres, il importe surtout de ne pas tirer sur ses propres hommes. Les canonniers éprouvent des difficultés à suivre l'avance rapide de l'infanterie. Au milieu, sur le chevalet en bois, la charge explosive est déjà fixée sur l'obus, qui est donc prêt à être tiré. Les fûts des canons sont peints dans des tons de camouflage.

In the early morning of 28 September 1918, following an intense bombardment of the German lines which lasted several hours, the Belgian infantry, armed with rifles, bayonets and grenades, moved forward to attack. As they advanced, their artillery barrage moved ahead of them, to stop the Germans from leaving their shelters too quickly and also to prevent their reserves from reaching the battlefield. In the front-line trenches, most of the enemy were either killed or were too stunned by the shelling to resist. But once the Belgians moved beyond the range of their guns, it soon became a different matter. Here the Germans fought like lions and the Belgian casualties began to mount. At the beginning of October, the Belgian guns were moved forward across the old battlefield and relocated at the edge of Houthulst forest, where they were camouflaged by trees and shrubs. Here we can see three pieces of heavy artillery in their new positions. Their ammunition is large calibre and is stocked around their gun-pits. This could be dangerous if the enemy spots them and opens fire. The gunners are awaiting further orders. It was not always easy to know exactly where your own infantry was, particularly when they were advancing rapidly – and nobody wanted to risk shooting at their own side. On the wooden frame in the centre stands a large shell, to which the detonator cap has already been fitted, so that it is ready to fire. The barrels of the guns are painted in camouflage colours.

In den frühen Morgenstunden des 28. September 1918 gehen die Infanteristen nach langem Beschuss von den deutschen Linien mit Bajonett auf dem Gewehr und Handgranaten ausgerüstet zum Angriff über. Während des Aufrückens erhalten sie Feuerschutz von den Kanonen, die sich mit vorwärts bewegen, damit die Deutschen nicht allzu schnell Widerstand leisten können. Die deutschen Soldaten in den vordersten Linien kommen entweder um oder sie sind mürbe geworden von den andauernden Explosionen. Als die Infanterie außer Reichweite der Kanonen ist, wendet sich das Blatt. Der Widerstand von deutscher Seite wird erbitterter, es fallen viele belgische Soldaten. Anfang Oktober wird die Artillerie durch die ehemalige Frontzone gepeitscht und gelangt an den Rand des houthulster Waldes, einem Gelände voller Bäume und Gebüsch. Drei schwere Kanonen sind hier verdeckt aufgestellt. Kreuz und quer liegt hochkalibrige Munition verteilt. Vorne sieht es nicht gerade gemütlich aus, v. a. wenn der Feind gerade zurückfeuert. Die Männer warten offensichtlich weitere Befehle ab. Es kommt hauptsächlich darauf an, nicht auf die eigenen Leute zu schießen. Die Kanoniere müssen sich anstrengen, der rasch vorrückenden Infanterie zu folgen. In der Mitte auf dem Holzgerüst ist der Sprengkopf bereits auf die Granate geschraubt und somit abschussbereit. Die Kanonenrohre sind in Tarnfarben angestrichen.

IV.12 Zware artillerie in actie in het Vrijbos van Houthulst tijdens het bevrijdingsoffensief van oktober 1918. ~ Batterie d'artillerie lourde en action dans le bois de Houthulst durant l'offensive d'octobre 1918. ~ A battery of heavy artillery in action in Houthulst forest during the offensive of October 1918. ~ Schweres Artilleriegeschütz im Einsatz im Wald von Houthulst während der Oktoberoffensive von 1918.

Een Belgische soldaat brengt de militaire groet aan de graven van Duitse gesneuvelden in het bos van Houthulst na de herovering eind september, begin oktober 1918. Dit serene gebaar symboliseert het respect voor de geduchte tegenstander en voor zijn graf. Dit beeld biedt ons geen overzicht op de begraafplaats, we hebben geen idee van de oppervlakte. Na de Grote Oorlog liggen 184 Duitse militaire begraafplaatsen op diverse plaatsen direct bij of achter het front verspreid, net zoals er in de Ieperboog 173 Britse begraafplaatsen liggen met Tyne Cot Cemetery als grootste. Belangrijk verschil: de Britse zijn gebleven, de Duitse worden na de Tweede Wereldoorlog omstreeks 1956 herleid tot vier in West-Vlaanderen: Hooglede, Langemark, Menen en Vladslo. Zelfs relatief grote begraafplaatsen verhuizen, zoals dat bij Roggeveld, waar meer dan 1538 graven liggen en de beelden prijken van het Treurende Ouderpaar van Käthe Kollwitz bij het graf van zoon Peter. Het ontgraven gebeurt machinaal maar met *'deutsche Gründligkeit'*. De stoffelijke resten worden in een jutezak geborgen, verzegeld en gegroepeerd in kleine grafkeldertjes geplaatst onder een arduinen deksteen met meestal twintig vergulde namen. In vergelijking met de Britse begraafplaatsen zijn de Duitse indrukwekkend door hun soberheid.

Un soldat exécute le salut militaire sur les tombes des Allemands morts dans le bois de Houthulst après la reconquête fin septembre-début octobre 1918. Ce geste serein est une marque de respect pour des adversaires tant redoutés et pour leurs sépultures. La photo ne nous donne pas une vue d'ensemble du cimetière, nous n'avons aucune idée de sa superficie. Après la Grande Guerre, 184 cimetières militaires allemands étaient disséminés à divers endroits près du front ou directement à l'arrière. Dans le saillant d'Ypres, on dénombra 173 cimetières britanniques, dont le plus grand est le Tyne Cot. Il existe cependant une différence importante: les dépouilles des Britanniques sont restées sur place, tandis que les cimetières allemands ont été ramenés au nombre de quatre en Flandre occidentale vers 1956, soit après la Seconde Guerre Mondiale: Hooglede, Langemark, Menin et Vladslo. Des cimetières relativement grands ont été déplacés, comme celui des environs de Roggeveld, où l'on trouve plus de 1538 tombes ainsi que le « Couple de parents en pleurs », groupe sculpté de Käthe Kollwitz. Les exhumations se firent à l'aide de machines, mais avec toute la « Deutsche Gründligkeit ». Les corps furent placés dans des sacs de jute scellés et regroupés dans des petits caveaux sous une plaque de pierre bleu portant généralement vingt noms en lettres dorées. En comparaison avec les cimetières britanniques, les nécropoles allemandes frappent par leur sobriété.

A Belgian soldier salutes the graves of the German dead in Houthulst forest, after its recapture at the end of September and the beginning of October 1918. This simple but moving gesture shows the respect which the soldiers of all armies often felt for their enemies. The photograph does not give an overal impression of the cemetery; we have no idea of its size or the number of graves. At the end of the war there were no fewer than 184 German military cemeteries in Belgium, most of them near the front. In the old Ypres Salient there were also 173 British cemeteries, the largest of which was Tyne Cot. The British cemeteries still exist today, but the German burial grounds were concentrated after the Second World War (circa 1956) into larger sites, four of which are located in West Flanders: Hooglede, Langemark, Menen and Vladslo. Even relatively large cemeteries were included in this exercise, such as the one at Roggeveld with its 1,538 graves (including that of Peter Kollwitz, whose mother Käthe sculpted the famous 'Grieving Parents', now in Vladslo). The exhumations were carried out by machine and with typical German *Gründligkeit* (thoroughness). The remains from each grave were carefully placed in a jute sack, bearing the details of the casualty (if known). These were then reburied in a series of small burial vaults, which were sealed with a blue stone, bearing the names of the dead in gilt lettering. In comparison with the British cemeteries, the German burial grounds are impressive by their sheer size and austerity.

Ein belgischer Soldat salutiert an den Gräbern deutscher Gefallener im houthulster Wald nach der Wiedereroberung Ende September/Anfang Oktober 1918. Diese Geste symbolisiert den Respekt vor dem gefürchteten Gegner und seinem Grab. Dieses Foto verschafft uns keinen Überblick über den Friedhof, wir können die Gesamtoberfläche nicht einschätzen. Nach dem Großen Krieg liegen in Frontnähe oder dahinter 184 deutsche Soldatenfriedhöfe verteilt. Im Ypernbogen sind es 173 britische Friedhöfe, deren größter der „Tyne Cot Cemetery" ist. Ein bedeutender Unterschied: Die britischen sind geblieben, die deutschen wurden nach dem Zweiten Weltkrieg um das Jahr 1956 auf insgesamt vier in Westflandern reduziert: Hooglede, Langemark, Menen und Vladslo. Sogar recht große Friedhöfe wurden umgesiedelt, wie der bei Roggeveld mit über 1538 Gräbern und den Statuen des „Trauernden Elternpaares", das Käthe Kollwitz für das Grab ihres Sohnes Peter angefertigt hat. Die Exhumierung geschieht maschinell, aber mit der sprichwörtlichen „deutschen Gründlichkeit". Die sterblichen Überreste werden in einem Jutesack aufbewahrt, versiegelt und geordnet in kleine Grabgewölbe gelegt. Auf der darauf liegenden Quadersteinplatte stehen meist zwanzig in Gold gefasste Namen. Im Vergleich zu den britischen Friedhöfen sind die deutschen von beeindruckender Schlichtheit.

XXI.4 De ontelbare graven op de Duitse begraafplaats in het bos van Houthulst. ~ Les innombrables tombes du cimetière allemand du bois de Houthulst.
The countless graves in the German cemetery in Houthulst forest. ~ Die unzähligen Gräber auf dem deutschen Friedhof des Waldes von Houthulst.

Waar we ons bevinden is niet duidelijk: aan de rand van het bos van Houthulst, in Staden, Moorslede? Het eindoffensief, dat op 28 september 1918 begint, verloopt in fasen: de tweede periode begint op 4 oktober. Op dit beeld wachten een vijftal gewonde soldaten ellendig op verdere hulp. Ze zijn op brancards tot hier gebracht in de hoop dat ambulances hen snel komen oppikken. De eerste rechtop zittende ziet er niet bepaald opgewekt uit, je hoort hem als het ware kreunen. De tweede draagt duidelijk verbanden om het hoofd en ook van de volgende liggende figuur is het hoofd omzwachteld. De medische hulpdiensten onder leiding van dokter Antoine Depage volgen het oprukkende leger, maar kunnen de grote hoeveelheid gewonden moeilijk aan. Ook het aantal dodelijke slachtoffers ligt heel hoog, want aanvallende troepen die de bescherming van de loopgraven hebben verlaten, lijden zware verliezen. Ook op zekere afstand achter de aanvallers blijft het gevaarlijk. Zo sneuvelt op 29 september 1918 in de omgeving van het bos van Houthulst Marcel Bulcke (°1886) van Oudekapelle, toegewijd aalmoezenier van het 3de Linieregiment. Hij zit in militair gezelschap in het hoge gras, wanneer een aansissende verloren kogel hem in het hoofd treft. Hij is op slag dood.

Il est difficile de préciser où se déroule cette scène: en bordure du bois de Houthulst, à Staden, à Moorslede? L'offensive finale, lancée le 28 septembre 1918, se déroule en plusieurs phases: la seconde débute le 4 octobre. Sur cette photo, cinq soldats blessés attendent désespérément de l'aide. Ils ont été amenés ici sur des brancards et attendent que des ambulances viennent les chercher. Le premier des deux soldats assis n'a pas l'air en forme, on l'entend presque gémir. Le second porte des bandages à la tête, tout comme le soldat suivant, couché par terre. Les services d'aide médicale, sous la direction du docteur Antoine Depage, suivent l'armée dans son avance, mais peuvent difficilement soigner les blessés, tant ils sont nombreux. Le nombre de morts est également très élevé, car, privés de la protection des tranchées, les soldats à l'attaque subissent de lourdes pertes. À une certaine distance des assaillants aussi, le danger subsiste. C'est ainsi que Marcel Bulcke (°1886), l'aumônier dévoué du 3ième de Ligne, originaire de Oudekapelle, perdit la vie le 29 septembre 1918 dans les environs du bois de Houthulst. Assis dans les hautes herbes en compagnie de militaires, il fut touché à la tête par une balle perdue et mourut sur le coup.

It is not clear where this photograph was taken: at the edge of Houthulst forest, in Staden, or Moorslede? The final offensive which opened on 28 September 1918 was conducted in phases. The second phase began on 4 October. A group of pitiful soldiers is awaiting medical attention. They have been brought here on stretchers, in the hope that ambulances will soon be able to pick them up and take them back to safety behind the lines. The first of the soldiers, who is sitting up, does not look too good: you can almost hear him moaning in pain. The second soldier is bandaged around the head and the head of the lying figure next to him is also covered in bandages. The medical services under the leadership of Dr. Antoine Lepage moved forward after the advancing Belgian Army, but had difficulty in coping with the large numbers of wounded. The number of fatal casualties was also unexpectedly high – a testimony to the danger of leaving the trenches and attacking over open ground. But during an offensive even the zones behind the front were not free from danger. For example, on 29 September 1918 Marcel Bulcke (°1886), the much loved and respected chaplain of the 3rd Line Regiment, was killed in the relative safety of Houthulst forest. He was sitting with a group of soldiers in the tall grass, when a spent bullet hit him in the head, killing him instantly.

Es ist unklar, wo wir uns exakt befinden: am Rand des houthulster Waldes, in Staden oder Moorslede? Die Endoffensive, die am 28. September 1918 startet, verläuft in Phasen: Die zweite Phase beginnt am 4. Oktober. Auf diesem Foto müssen fünf verwundete Soldaten allein gelassen auf weitere Hilfe warten. Sie wurden auf Tragen an diesen Ort gebracht, in der Hoffnung, die Krankenwagen kämen sie rasch abholen. Der erste Aufrechtsitzende sieht alles andere als munter aus, man hört ihn geradezu stöhnen. Der Kopf des Zweiten ist verbunden und auch der Kopf der nächsten liegenden Person ist bandagiert. Die medizinischen Hilfsdienste unter Leitung von Doktor Antoine Depage folgen dem aufrückenden Heer, können aber schwerlich die große Zahl der Verwundeten verarzten. Und auch die Zahl der Todesopfer ist sehr hoch, denn angreifende Truppen, die die Deckung des Laufgrabens verlassen haben, erleiden schwere Verluste. Auch mit einem gewissen Abstand zu den Angreifern bleibt es gefährlich. So fällt am 29. September 1918 in der Nähe des houthulster Waldes Marcel Bulcke (*1886) aus Oudekapelle, treu ergebener Militärgeistlicher des 3. Linienregiments. Er sitzt in jenem Augenblick bei Soldaten im hohen Gras, als ihn eine heranzischende verirrte Kugel am Kopf trifft. Er ist sofort tot.

IV.1 Brancardiers hebben gewonde Belgische soldaten uit de gevechtszone weggebracht en nu wachten die op verdere evacuatie naar een medische hulppost (bevrijdingsoffensief oktober 1918).
Blessés belges relevés par les brancardiers sur le champ de bataille en attendant leur évacuation vers un poste de secours (offensive d'octobre 1918).
Wounded Belgian soldiers, awaiting evacuation to an aid post, are cared for by stretcher-bearers near the battle field (during the October Offensive of 1918).
Träger haben belgische verwundete Soldaten aus der Kampfzone wegtransportiert und nun warten die Verletzten auf den Transport zu einem Erste-Hilfe-Posten (Oktoberoffensive 1918).

XXIV.7

XXIX.3

XXIV.4

XXIV.7 De beroemde sluizen van Nieuwpoort, die het in 1914 mogelijk maakten om een deel van de IJzervallei onder water te zetten. ~ Les fameuses écluses de Nieuport qui ont permis d'inonder la ligne de l'Yser en 1914.
The famous lock gates at Nieuwpoort, which made it possible to flood a part of the plain of the Yser. ~ Die berühmten Schleusen von Nieuwpoort, dank derer 1914 das Tal der IJzer unter Wasser gesetzt werden konnte

XXIX.3 Brug die de Duitsers hebben laten springen bij Heist (oktober 1918).
Pont que les Allemands ont fait sauter près de Heyst (octobre 1918).
A bridge blown up by the Germans, close to Heist (October 1918).
Eine von den Deutschen gesprengte Brücke in der Nähe von Heist (Oktober 1918).

XXIV.4 De Duitse stellingen: een schuilplaats voor vier onderzeeërs ten westen van Namardières en ten zuiden van het dok van de Leopoldsluis (Oostende).
Les positions allemandes: un abri pour quatre sous-marins à l'ouest de Namardières et au sud du bassin de retenue de l'écluse Léopold (Ostende).
The German positions: a shelter for four submarines, located west of Namardières and south of the Leopold sluice (Oostende).
Die deutschen Stellungen: Ein Bunker für vier U-Boote westlich von Namardières und südlich des Beckens der Leopoldschleuse (Oostende).

I. 9

XXX. 1

XXX. 3

I.9 De Duitse defensie aan de Belgische kust: hoe zij het strand voor Oostende versterkten. L'organisation défensive de la côte belge par les Allemands: comment ils fortifièrent la plage devant Ostende. ~ The German defence organisation along the Belgian coast: how they turned the beaches of Ostend into a stronghold. ~ Die deutsche Verteidigung an der belgischen Küste: Befestigungsanlagen am Strand vor Oostende.

XXX.1 De overwinningsterugkeer: koning Albert I, koningin Elisabeth en prins Leopold verlaten het Provinciehuis van Brugge op 25 oktober 1918. ~ Le retour victorieux: L.L.M.M. le roi, la reine et le prince Léopold sortent de l'Hôtel Provincial de Bruges, le 25 octobre 1918. The victorious return: their majesties the king, the queen and prince Leopold leaving the Provincial Government Building in Bruges on 25 October 1918. ~ Die siegreiche Rückkehr: Seine Majestät der König und ihre Majestät die Königin verlassen mit Prinz Leopold am 25. Oktober 1918 das Haus der Provinzregierung in Brügge.

XXX.3 De koninklijke familie, vergezeld van de koninklijke prins van Engeland, doet haar triomfantelijke terugkeer in Brussel op 22 november 1918. ~ Le retour victorieux: la famille royale, accompagnée du prince royal d'Angleterre, fait sa rentrée triomphale à Bruxelles le 22 novembre 1918. ~ The victorious return: the Belgian royal family, accompanied by the prince of Wales, triumphantly entering Brussels on 22 November 1918. ~ Die siegreiche Rückkehr: Die königliche Familie in Begleitung des Prinzen von England bei ihrer triumphalen Rückkehr nach Brüssel am 22. November 1918.

Terwijl de strijd nog in volle gang is, houdt de koninklijke familie haar blijde intrede in het bevrijde Brugge op 25 oktober 1918. De Duitsers trekken zich strategisch terug en op 10 november bevinden de voorposten van het Belgische leger zich bij Gent, wachtend op een nieuw offensief. Maar op 11 november 1918 luidt het dagorder van het Belgische leger: 'De vijandelijkheden zullen over het hele front worden gestaakt vanaf vandaag 11 november om 11 uur'. Op 13 november noteert onderluitenant Arthur L. Pasquier: 'Vandaag brengt de koning samen met de 1ste Legerdivisie een bezoek aan Gent. Maar ik ben slachtoffer van het noodlot en heb wacht bij de commandopost. Het is mooi weer, uit alle huizen weergalmt gezang, barst gelach los of stijgen vreugdekreten op.' Duizenden mensen zijn op de been om de vorsten in Gent te verwelkomen, je kunt er op de koppen lopen. De koninklijke familie is gemakkelijk op één rij te herkennen: links op het witte paard rijdt de achttienjarige gehelmde kroonprins Leopold, in het midden koning Albert I ook gehelmd, en rechts koningin Elisabeth in een bleke outfit. Pas op 22 november wordt de koninklijke familie ook in triomf in Brussel ontvangen.

Alors que les combats n'ont rien perdu de leur intensité, la famille royale belge fait sa joyeuse entrée le 25 octobre 1918 dans la ville libérée de Bruges. Les Allemands entament une retraite stratégique et le 10 novembre, les avant-postes de l'armée belge se trouvent près de Gand, attendant une nouvelle offensive. Mais le 11 novembre 1918, l'armée belge reçoit le message suivant: « Les hostilités cesseront sur tout le front à partir du 11 novembre à 11 heures ». Le 13 novembre, le sous-lieutenant Arthur L. Pasquier note: « Aujourd'hui, le roi se rend en visite à Gand avec la 1ière Division. Mais je suis victime du sort et dois monter la garde au poste de commandement. Il fait beau et de toutes les maisons retentissent des chants, des rires ou des cris de joie ». Des milliers de personnes sont présentes pour accueillir les souverains à Gand, on se marche littéralement sur les pieds. Les membres de la famille royale avancent à cheval sur un même rang. À gauche, sur le cheval blanc, on reconnaît le prince héritier Léopold, âgé de 18 ans et coiffé de son casque, au milieu se tient le roi Albert, également casqué, et à droite, la reine Élisabeth, vêtue de clair. Il faudra attendre le 22 novembre pour que la famille royale soit accueillie triomphalement à Bruxelles.

Even while the fighting was still going on, the royal family made a triumphal entry into the liberated city of Bruges on 25 October 1918. The Germans continued to make a series of strategic withdrawals and by 10 November 1918 the advance units of the Belgian Army found themselves approaching Ghent where they awaited orders for a new attack. However, it was a very different kind of order which they received on the morning of 11 November: 'Hostilities will cease along the entire front today, 11 November 1918, at 11 o'clock.' The war was over. On 13 November second-lieutenant Arthur Pasquier noted in his diary: 'Today the king intends to visit Ghent, accompanied by units of the 1st Division. I am once again the victim of fate, since I am on duty in the command post. It is lovely weather. The sound of singing comes from almost every house, mingled with laughter and shouts of joy.' Thousands of people took to the streets to welcome the king and to celebrate their liberation. The royal family can easily be identified. To the left, on a white horse, rides a helmeted crown prince Leopold, just 18 years old. In the centre we can see king Albert, who is also wearing a helmet. On the right is queen Elisabeth, dressed in a light-coloured outfit. It would be until 22 November that the royal family was able to make their triumphal entry into the capital city of Brussels.

Während der Kampf noch im vollen Gange ist, hält die königliche Familie am 25. Oktober 1918 Einzug im befreiten Brügge. Die Deutschen ziehen sich strategisch zurück. Am 10. November befinden sich die Vorposten des belgischen Heers bei Gent, auf eine neue Offensive wartend. Aber am 11. November 1918 lautet der Tagesbefehl der belgischen Armee: „Die Feindseligkeiten werden ab heute, dem 11. November um 11 Uhr an der gesamten Front eingestellt werden". Am 13. November notiert Unterleutnant Arthur L. Pasquier: „Heute stattet der König zusammen mit der 1. Heeresdivision der Stadt Gent einen Besuch ab. Wie es das Schicksal so will, muss ich heute am Kommandoposten Wache halten. Das Wetter ist schön, aus allen Häusern erschallt Gesang oder erklingen Freudenschreie." Tausende sind unterwegs, um die Fürsten in Gent willkommen zu heißen, die Leute stehen dicht gedrängt. Die königliche Familie reitet nebeneinander und ist leicht zu erkennen: links auf dem weißen Pferd reitet der achtzehnjährige behelmte Kronprinz Leopold, in der Mitte König Albert I, ebenfalls mit Helm und rechts die hell gekleidete Königin Elisabeth. Erst am 22. November wird die königliche Familie auch triumphal in Brüssel empfangen.

XXX.2 Intrede van de koninklijke familie in Gent op 13 november 1918. ~ Entrée de la famille royale à Gand le 13 novembre 1918.
The arrival of the Belgian royal family in Ghent on 13 November 1918. ~ Ankunft der königlichen Familie in Gent am 13. November 1918.

INDEX

INDEX LOCORUM

PROMINENTE BEZOEKERS EN MILITAIREN
VISITEURS PROMINENTS ET MILITAIRES
PROMINENT VISITORS AND MILITARY MEN
PROMINENTE BESUCHER UND MILITÄRE

DE KONINKLIJKE FAMILIE
LA FAMILLE ROYALE
THE ROYAL FAMILY
DIE KÖNIGLICHE FAMILIE

PROMINENTE BUITENLANDSE BEZOEKERS
VISITEURS PROMINENTS ETRANGERS
PROMINENT FOREIGN VISITORS
PROMINENTE AUSLAENDISCHE BESUCHER

BELGISCHE GENERAALS EN OFFICIEREN
GENERAUX ET OFFICIERS BELGES
BELGIAN GENERALS AND OFFICERS
BELGISCHE GENERAELE UND OFFIZIERE

VERBETERING FRANSE BRONTEKST (1919)

In *N'oublions jamais* werden de oorspronkelijke beelden voorzien van uitleg in het Frans, die we in deze uitgave overgenomen hebben. Maar tijdens ons onderzoek stootten we af en toe op kleine onnauwkeurigheden, en die hebben we aangepast. Deze lijst toont wat we veranderd hebben.

CORRECTION TEXTE FRANÇAIS DE SOURCE (1919)

Dans *N'oublions jamais*, les illustrations originales étaient pourvues de légendes en français. Au cours de nos recherches, nous y avons trouvé quelques imprécisions, que nous avons corrigées. Cette liste montre ce que nous avons changé.

EMENDATION FRENCH SOURCE TEXT (1919)

In *N'oublions jamais* the original photographs were given captions in French, which we have kept in this edition. But during our research we came across occasional small inaccuracies and these we have corrected. The list shows what we have changed.

VERBESSERUNG QUELLENTEXT (1919)

In *N'oublions jamais* begleiteten ursprünglich Erklärungen in französischer Sprache die Bilder, diese wurden für die vorliegende Ausgabe übernommen. Die bei der Recherche aufgedeckten kleineren Ungenauigkeiten haben wir überarbeitet. Die Liste zeigt, was wo verändert wurde.

31	XXIX.12	Dixmude ▶ près de Dixmude
36	XXIX.1	à Knocke ▶ au Fort de Knocke (samenvloeiing Ieperlee en IJzer)
47	XIX.3	Labeettehoek ▶ Labiettehoek
57	XXIII.5	Les ruines de la Tour Noire à Ypres ▶ Les ruines de la porte du cloître Saint-Martin à Ypres
69	XII.2	Oude-Barrell ▶ Oude Barrière
70	XXX.4	Hoeren ▶ Oeren
81	XXII.7	à ▶ près de Dixmude
88	V.9	à ▶ près de Dixmude
99	XXVI.9	Alveringhen ▶ Alveringhem
99	XXVI.7	Ransbrugge ▶ Roesbrugge-Haringe
106	XIV.11	...se dirigeant vers les tranchées de Vinckem ▶ se dirigeant de Vinckem vers les tranchées
110	XVI.4	d'Houthem ▶ de Houthem
115	IV.7	(1917) ▶ (juillet 1918)
127	V.4	Nieuwcapelle ▶ Oudecappelle
135	VI.9	à ▶ en face de Dixmude
142	XIII.7	à ▶ en face de Dixmude
149	XIV.1	à ▶ en face de Dixmude
169	XII.12	Oude-Barrell ▶ Oude Barrière
169	XV.2	à ▶ en face de Dixmude
184	XIV.10	août ▶ avril
188	VII.4	à Nieuwcapelle ▶ Oudecappelle
189	VII.2	à Woestem ▶ à Woesten
206	XX.7	d'Houthulst ▶ de Houthulst
212	XX.12	d'Houthulst ▶ de Houthulst
227	IV.12	d'Houthulst ▶ de Houthulst
229	XXI.4	d'Houthulst ▶ de Houthulst

BIBLIOGRAFIE BIBLIOGRAPHIE BIBLIOGRAPHY BIBLIOGRAFIE

Bauwens, J., 2008, *De IJzer, Het ultieme front*, Davidsfonds, Leuven.

Christens, R. & De Clercq, K., 1987, *Frontleven 14/18, Het dagelijks leven van de Belgische soldaat aan de IJzer*, Lannoo, Tielt.

De Bruyne, T.R., *Soldatentaal 1914-1918*, Decock, Aartrijke.

De Bruyne T.R., Delannoo, E., Goossens P., Verbeke, R.V., 1999, *Lustrum nummer, Shrapnel, Vierde kwartaal 1999*, WFA-België, Denderleeuw.

De Jongh, G., Goossens, P., Sims, C., De Win, G, 1991, *Vijfenzeventig jaar geleden, ... 1916... beleefd door de Belgen*, Gent, WFA-België.

De Launoy, J., 2000, *Oorlogsverpleegsters in bevolen dienst*, vertaling André Gysel, Snoeck-Ducaju & Zoon, Gent.

Devliegher, L. & Schepens., L., 1968, *Front 14/18*, Lannoo, Tielt.

D'haene, J.S., 2008, *Huldeboek Wichelen 1914-1918 'Aan de slachtoffers van Schellebelle, Serskamp en Wichelen. Oorlogsbelevenissen van drie dorpen uit de duizend'*, Cultura Wetteren.

Massart, J., 1919, *Le Front de Flandre*, Touring-Club, Bruxelles.

Meiresonne, L., 2002, *Mijn soldatenleven 1914-18*, tentoonstellingsbrochure, Denderleeuw, WFA-België.

Pasquier, A.L., 1999, *De Grote Oorlog van onderluitenant Arthur L. Pasquier, Veldtochtnotities 1914-1919 van een Waal in de Westhoek*, vertaling André Gysel, Snoeck-Ducaju & Zoon, Gent.

Pernet, A., 1964, *Oorlogsvliegtuigen 1914-1918*, Maraboe-Flash, Brussel.

Schepens, L. & Vandewoude, E., 1984, *Albert & Elisabeth 1914-1918, Albums van de koningin, Nota's van de koning*, Gemeentekrediet, Brussel.

Seys, R. & Commeine, L., 2002, *Lange Max, Het groot kanon van Leugenboom*, Devriendt. Koekelare.

Snoeck, R., 1998, *In de Modderbrij van de IJzervallei, Oorlogsdagboek 14-18 van onderluitenant Raoul Snoeck*, vertaling André Gysel, Snoeck-Ducaju & Zoon, Gent.

Thys, R., 1922, *Nieuport 1914-1918*, Berger-Levrault, Paris.

DANKWOORD REMERCIEMENTS ACKNOWLEDGEMENTS DANKSAGUNG

Nathalie De Baere, Elisabeth Ghysels, Eddy Huylebroeck

www.lannoo.com

Vertaling ~ Traduction ~ Translation ~ Übersetzung
Herment Pierre & Anne-Laure Vignaux (Frans / Français / French / Französisch)
Alastain Wein & Ian Connerty (Engels / Anglais / English / Englisch)
Katrin Bosse & Isabel Eva Hessel (Duits / Allemand / German / Deutsch)
Foto's - Archief Koninklijk Legermuseum, Brussel ~ Photos - Musée Royal de l'Armée, Bruxelles
Images - Archive of the Royal Army Museum, Brussels ~ Bilder - Archiv des Königlichen Kriegsmuseums, Brüssel
behalve ~ sauf ~ except ~ ausgenommen p.-S. 95, 142: André Gysel
Kaarten ~ Cartes ~ Maps ~ Karten p.-S. 20-21: Tatjana Matysik
Concept ~ Conception ~ Concept ~ Konzept: Julus Serafien D'haene
Teksten ~ Textes ~ Texts ~ Texte: André Gysel
Tekst 'Glazen platen vertellen' ~ Texte « Des plaques de verre racontent » ~ Text 'Glass plates have a story to tell' ~ Texte „Glasplatten erzählen":
Anne Godfroid, Koninklijk Legermuseum Brussel, Musée Royal de l'Armée Bruxelles, Royal Army Museum Brussels, Königlichen Kriegsmuseums, Brüssel
Vormgeving ~ Mise en pages ~ Design ~ Design: Keppie & Keppie

Vierde druk

D/2009/45/725 – ISBN 978-90-209-8615-0 – NUR 689